政治文化与政治文明书系

主　编：高　建　马德普

行政文化与政府治理系列

执行主编：吴春华

本书获教育部人文社会科学青年基金项目资助
（批准号　10YJC810040）

政治文化与政治文明书系

中国公共政策制定的
时间成本管理研究

Analysis of Time Cost Management
in China's Public Policy-making

宋林霖 ◎著

天津出版传媒集团

天津人民出版社

图书在版编目（ＣＩＰ）数据

中国公共政策制定的时间成本管理研究 / 宋林霖著
. — 天津：天津人民出版社，2016.8
（政治文化与政治文明书系）
ISBN 978-7-201-10898-8

Ⅰ.①中… Ⅱ.①宋… Ⅲ.①公共政策－研究－中国
Ⅳ.①D63-31

中国版本图书馆 CIP 数据核字（2016）第 238115 号

中国公共政策制定的时间成本管理研究

ZHONGGUO GONGGONG ZHENGCE ZHIDINGDE
SHIJIAN CHENGBEN GUANLI YANJIU

出　　版	天津人民出版社
出 版 人	黄　沛
地　　址	天津市和平区西康路35号康岳大厦
邮政编码	300051
邮购电话	（022）23332469
网　　址	http://www.tjrmcbs.com
电子信箱	tjrmcbs@126.com

策划编辑	王　康
责任编辑	郑　玥
特约编辑	王　倩
装帧设计	卢炀炀

印　　刷	高教社（天津）印务有限公司
经　　销	新华书店
开　　本	710×1000毫米　1/16
印　　张	15.75
插　　页	2
字　　数	200千字
版次印次	2016年8月第1版　2016年8月第1次印刷
定　　价	50.00元

政治文化与政治文明书系

天津师范大学政治文化与政治文明建设研究院·天津人民出版社

编　委　会

前　言

从遥远的远古时代开始，人类由于群居的实践生活总会滋生出各种各样的问题，于是在这样的生存背景下，人类逐步探索出通过集体行动来有效地解决社会公共问题的一套使用的程序和办法。随着时间的推移、社会的发展，到了近代社会，人类遇到的社会公共问题随之增多，为了快速有效地解决这些问题，开始出现解决公共问题的理论。然而当时的这些理论并没有覆盖上公共政策的名义。公共政策正式发端于二战后，而发源地则是主要的工业发达国家。同时公共政策学是战后社会科学领域发展最迅速、影响面最大、应用领域最广、实证性最强、社会效用最明显的学科之一。

随着公共政策学科的深入发展，研究者们逐渐意识到公共政策的制定与执行的每个环节都是至关重要的，并且制定与执行必须保持高度的一致性，才能保证整个公共政策的准确性。社会环境的日益复杂导致整个公共政策面临的问题也呈现出复杂化态势。在此基础上，公共政策学的研究开始借鉴政府管理的经验与办法，在注重经济的同时考虑效率的因素。在政府管理的过程中，有两个因素一直制约着管理的效果，即时间与成本。当在公共政策的研究中融入了政府管理的理念后，这两个因素也必然引起了公共政策研究者的关注。

时间成本虽然被讨论已久，但被引入公共政策分析和政府行政管理的时间较晚。如今中国处在社会转型期，正在着力打造服务型政府。政府职能的转变，是深化行政体制改革的核心。推进责任重点转移，充分认识到市场在经济社会中所起的主体作用，减少政府对市场的干预，在可控范围内发挥市场的基础性作用；推进职能下放，着力解决职责交叉、推诿扯皮问题，提高行政效能；推进职能加强，着力改善和加强宏观管理，注重完善制度机制。要想完成上述任务，仅仅依靠研究现有的公共政策的理论实践知识是不能奏效的，因此本书将公共政策全过程和时间成本两者结合起来作为研究的基础,在具体分析政府公共政策执行过程中的管理活动现状、时间成本类型及其干扰因素的基础上,对公共政策执行的时间成本进行较深入、系统的研究,并且在公共政策的每一个部分插入相关的案例,这样可以帮助我们充分地了解公共政策时间成本的内涵,本书试图为我国公共政策执行提供更具有效率和节约成本的方式样本,并探索构建一个能较全面、系统地反映公共政策执行时间成本的管理体系。公共政策时间成本的分析建立在公共政策理论的基础上,公共政策时间成本理论包含行为成本、组织上的研究和决策上的研究,在行动理论、组织理论和博弈理论等各种有代表性的研究基础上,为政府行为提供新的管理方向,拓展和革新公共政策中时间成本的理论,开辟新的视角。

除前言之外本书分为七章。第一章是公共政策制定过程的时间成本。在这一章中主要介绍了公共政策的基本概念和时间成本的内涵。主要回答了什么是公共政策的时间成本和时间成本如何进行管理控制的问题。从第二章开始以逻辑顺序阐述了公共政策各个过程中的时间成本。第二章先对公共政策议程的时间成本管理进行分析,并以议程设置的本质为基础分别采取五个案例分析时间成本的计量。第三章主要阐述了公共政策制定时间成本,与上一章不同的是,在这章中我们在分析时间成本上采用的方式是不同维度不同视角,主要包括:财务成本维度、外部成本维度、机会成本维度、综合维度四个方面。第四章进入到公共政策制定阶段,本章在分析了执行成本和成本形成的原因后列举相关案例进行详细的分析。第五章和第六章分别对公共政策评估和政策终结的时间成本管理进行阐述。第七章对公共政策制定的时间成本管理优化的基本构想。

目　录

第一章 公共政策制定过程的时间成本

世间万物唯一不变的,就是变化本身。组成我们生活的各种因素无一不在变化着。环境的变化、自然因素的改变总会带给我们各种各样的问题。有些是由于自然界的运动给人类的生存和生活带来的问题,如气温变高、刮风下雨、地震海啸,这些自然现象对于自然界本身来说,无所谓是问题还是不是问题,它们只是单纯的一种自然现象。但是一旦将自然界的变化与人类的具体生活联系起来,或者从人类的角度来观察这些现象时,有些自然现象本身就是问题。如全球变暖、地震、海啸,由于这些现象的出现会造成人类生命或财产的损失,因此它们不仅仅是一种不可控的自然情况,而且是已经涉及了人类正常生活的问题,于是它们有了社会的特征。从这个角度讲,它们属于公共政策研究的范畴,公共政策正是解决社会问题的工具。

政府向社会提供公共物品时缺乏合理的市场机制的调节,而是在单一的政治途径下运用行政权力支撑决策机制,向纳税人提供基本的国防、法律、基础教育等社会服务。而对这一过程的合理解释即为制定公共政策的过程,政府通过公共政策的执行来厘清社会中存在的公共问题与社会矛盾,实现社会利益的最大化。因此,政府几乎每天都要作出大大小小与资源配置相关的各种选择,作出选择的过程即为公共政策过程。公共政策就是政府选择做与选择不做的事情。政府通过制定公共政策来决定如何向社会提供公共物品,提供哪些公共物品,公共物品的提供需要覆盖什么样的目标群体等。因此,公共政策是考查政府效率的主要指标,决定着社会资源配置的效率和结果。效率的实现一般是与成本联系在一起的,公共政策作为衡量政府行政效率的手段,要实现公共政策的效率性必须将成本的考核放在比较突出的位置上。公共政策作为理论与实践相结合的产物,成本的核算比较复杂,既包括会计学领域内可量化的经济成本,也包括社会影响与进行社会选择所需的机会成本等。总之,我们将公共政策制定过程的各部分成本进行明确的划分后,得到时间成本的概念。

探讨时间成本评估就不可能将时间成本的概念完全局限于公共政策理论当中,而是需要借鉴其他学科的理论。从经济学的角度可以从成本的基本概念来论证时间在公共政策中的重要性,以量化的方法来衡量时间成本,缩减时间成本。从管理学的角度分析时间与成本之间的关系,是把时间从各项活动中单独抽取出来,作为独立的元素影响着政府管理活动。政府作为公共服务部门的职责是维护社会和公民利益,即在保证私人利益的前提下,实现社会利益的最大化,当然这里所说的私人利益并不是广泛的私人利益,而是在产权制度下个人合法的权利与义务。而社会公共利益是一个比较宽泛难以量化的概念,政府实现社会公共利益的途径是单一的,即向社会提供公共物品,以此满足人们对那些"必要而又不愿意自己提供的物品或服务"的需求。在政府管理中,时间成本作为一种管理工具,可以用来加强时间的规划与管理,进而提高工作效率,促进服务型政府、节约型政府的构建。

第一节　公共政策的基本概念

一、公共政策含义

公共政策概念不同于一般意义上的其他概念,它最突出的特点是具有公共性与时效性。政策制定者们针对现实生活中存在的公共问题制定出具有一定合法性的有关公共事务的计划、规定和法规,同时这些规章制度必须为公共利益服务。根据这样的性质,研究者们在公共政策的制定过程中加入了许多规范性的价值性要素,并根据这一标准来确定研究方向和研究方式。

我国学者严强从中国转型社会的现实出发,认为公共政策是以执政党和政府为主的公共机构,在一定的政治背景下,经辩论、竞争、合作的民主途径,以科学的方法选择合适的工具,采取行动解决社会公共问题,求得社会进步的活动过程。虽然不同学者从不同角度对公共政策进行定义,但基本的含义是不变的,例如政府主体一定是政策主体,政策一定是为解决社会问题存在的。

公共政策系统是指"政策制定过程中所包含的一整套相互联系的因素,

包括公共机构、政策制度、政府官僚机构以及社会总体的法律和价值观",我们认为现代公共政策系统主要包括公共政策主体、公共政策组织、公共政策权力和决策体制等主要内容。公共政策主体是指直接与间接参与公共政策制定、执行、评估和监督控制的组织与个人。公共政策的组织系统包括信息系统、研究咨询系统、决断系统、执行系统、监控与评估系统。决策权力是法律赋予的对公共事务进行决断的权力,政府组织内部与外部,围绕着决策权力的行使进行着不同的权力划分。公共政策决策体制既是决策权力划分的体现,同时又是不同国家,不同文化、历史、民族传统在决策权力行使中的制度体现。

目前我国正处于社会转型期、社会发展的攻坚期,在坚持以经济建设为中心的基础上,新旧制度交替、摩擦,社会利益出现新的格局和配置,这些都会导致原有利益团体产生不满的情绪、社会新的弱势群体出现。如何解决社会利益分配的不均衡,如何正确贯彻新制度,这就需要由公共政策来平息矛盾,化解危机,营造和谐的社会秩序。纵观世界历史,每个国家在经历政治转型或经济转型时,总是这个国家最动荡的时期,在这一时期如果正确及时地处理社会问题总能事半功倍地促进整个社会的转型。而在这一过程中,公共政策起着举足轻重的作用。

二、公共政策制定过程

公共政策制定过程有广义和狭义之分:一类是广义上的公共政策制定过程,从政策问题的确认开始,一直到政策评估和政策终结为止;一类是狭义上的公共政策制定过程,指从确认政策目标到抉择政策方案的过程。前者从宏观的角度,关注从问题的确认到政策终结的一个完整周期;后者从微观角度,研究政策方案的决策过程。

宏观上,公共政策制定过程从对问题的确认开始,通过政策议程设定使社会问题进入政策议程,决策者制定公共政策,优选出方案并将其合法化,之后由执行机构执行方案;在方案执行后对其评估以测其效,并对方案进行终结的操作。这是"政策循环"的一个典型过程。

政策制定可以看作一个过程——政策是如何按一定步骤制定的。但是在现实中这些过程是相互交织的。(见表1-1)

表1-1　公共政策制定的五大环节

过　程	行　为
议程设定	针对某些社会问题作出决策,决定哪些问题需要解决
政策制定	对已经决定解决的问题提出相应的政策和方案
政策执行	组织有关的部门和机构,提供相关费用与服务、征税
政策评估	对已经执行的政策方案进行有效性评估,以测其效
政策终结	已经施行的政策在解决社会问题后终止该政策

(一)议程设定

公共政策议程设定是整个公共政策制定过程的首要环节，科布和爱尔德将政策议程界定为："那些被决策者选中或决策者感到必须对之采取行动的要求构成了政策议程"。我国学者张金马认为："政策议程就是将政策问题纳入政治或政策机构的行动计划的过程，它提供了一条政策问题进入政策过程的渠道和一些需要给予考虑的事项。"①综上所述,议程设定就是一种过程,是将公共问题纳入决策领域的过程,只有将一个公共问题通过具体的渠道纳入政府议事日程,才能使公共问题得到有效的处理与解决。

(二)政策制定

政策制定的概念有广义与狭义之分。广义上的政策制定是指一个政策周期的全部内容,即议程设定、政策制定、政策执行、政策评估、政策终结。而狭义的政策制定可以理解为政策形成或政策规划，具体而言是指政策规划与政策合法化的过程。

在一项公共问题被纳入政府政策议程的范围内后，接下来的环节就是要规划设计解决问题的方案阶段。叶海卡·德罗尔认为,政策规划就是"为达到目标所采取的手段,即对未来所采取的行动作最后决定的准备过程"。我国学者陈振明认为："所谓方案规划(政策规划),指的是对政策问题进行分析研究并提出相应解决办法或方案的活动过程。它包括问题界定、目标确

---

① 张金马:《政策科学导论》,中国人民大学出版社,1992年,第146页。

立、方案设计、后果预测、方案抉择五个环节。"①

　　总之，政策规划就是政策制定主体在政策制定的过程中，通过运用一定的技术手段与相关的知识方法，为决策社会问题预先建立方法框架的行为。

　　政策合法化是政策规划的后续环节。顾名思义，政策合法化就是当一项政策规划完成后并不能马上投入使用，而是要将其纳入相关的程序使之合法化，让政策方案具有权威性和合法性。德国学者哈贝马斯从政治角度出发，认为合法化"意味着某种政治秩序被认可的价值……统治秩序的稳定性也依赖于自身(至少)在事实上的被承认"②。我国学者大多从政策制定与发布的角度提出政策合法化观点。张金马认为："政策的合法化是指经政策规则得到的政策方案上升为法律或获得合法地位的过程。它由国家有关政权机关依照法定权限和程度所实施的一系列立法活动与审查活动所构成。"③陈振明认为："政策合法化是指法定主体为使政策方案获得合法地位而依照法定权限和程序所实施的一系列审查、通过、批准和颁布政策的行为过程。"④综上，政策合法化就是政策制定与实施的主体根据自身的权威性所实施的一定的政治行为，目的在于使政策规划的方案能够获得认可和承认的合法地位。政策合法化是公共政策得以顺利实施的前提，只有政策合法化后，政策方案才会被最终采纳与运用。

　　(三)政策执行

　　政策经过合法化的程序后，就进入到重要的执行环节。政策执行的过程就是将理论上的观念转变为现实的过程。一般我们认为政策执行是整个公共政策过程中最重要的环节。美国著名行政学者G.艾利森指出："在实现政策目标的过程中，方案确定的功能只占10%，而其余的90%取决于有效的执行。"⑤通过这段话我们不难看出政策制定的意义与作用。公共政策执行是指："国家行政机关及其组成人员通过运用各种手段，将公共政策的内容转化为现实，从而实现公共政策决策目标的一种行为。政策执行也就是从政策生效起到决策目标实现的整个过程。这些行为包括两方面的内容：一是将决

---

① 陈振明：《公共政策分析导论》，中国人民大学出版社，2003年，第191页。

② [德]哈贝马斯：《交往与社会进化》，张博树译，重庆出版社，1993年，第184~185页。

③ 张金马：《政策科学导论》，中国人民大学出版社，1992年，第172页。

④ 陈振明：《政策科学》，中国人民大学出版社，1998年，第245页。

⑤ 引自王福生：《政策学研究》，四川人民出版社，1991年，第167页。

策转化为可以操纵的过程,二是按照决策所确定的目标而进行的努力。"①

(四)政策评估

一项科学有效的政策,在进行了有效的政策制定与执行之后,还应该对已经完成的政策过程进行分析,对政策的价值是否完全得以发挥进行相应的评价,这一过程就是政策评估。由于社会资源具有有限性,所以政府在解决社会问题时总是会进行一定的选择,选择的标准是社会问题的公共性与急迫性。所以公共政策制定的好与坏,关系百姓的切身利益的实现,制约着社会的和谐发展。因此对公共政策进行评估是必要的而且是必须的。

政策评估指对一项公共政策的反馈,将政策的影响及时回馈到政策的每一个过程,即将政策的效用扩大,将政策中的不足与经验放大,以便在下一政策过程中作出调整,以提高政策的效率。

(五)政策终结

公共政策是为了解决社会问题而存在的,也就是说当社会问题得到解决,社会秩序恢复正常时,该项公共政策便完成了存在的使命,这时如果继续存在只会浪费有限的社会资源,政策决策者就要采取必要的手段来终结该政策。另一种情况是,当经过政策评估过程后,通过评估结果发现,某项政策没有达到预期的目的,成了无效多余的政策,这时也应采取必要的措施予以政策终结。对于整个政策周期而言,政策的终结是最后一个关键环节,同样也意味着一项新的政策的开始。

三、公共政策制定的影响因素

公共政策制定的出现是作为一个政策从议程设置到终结的过程来论述的,但是在实际生活中,这种过程并不是有序且依次发展进行的。通过观察不同的公共政策,可以发现有些过程几乎是同时发生的,甚至是相互交织的。在整个政策制定的过程中,代表不同利益的参与者——政治家、利益集团、行政人员、报告人与评论家等,可在同一时间参与到不同的政策过程中。

---

① 王传宏、李燕凌:《公共政策行为》,中国国际广播出版社,2002年,第152页。

表1-2　公共政策制定环节的参与主体

过　程	影响因素
议程设定	大众媒体、利益集团、公民组织
政策制定	精英、行政组织人员、媒体
政策执行	行政部门和机构、目标群体、媒体
政策评估	评估组织、行政部门、目标群体
政策终结	行政部门和机构、目标群体

第二节　时间成本

一、时间成本研究起源及意义

随着经济的迅猛发展,科学技术水平也在不断地提高,但是人们发现,无论出现多少新科学产生多少新技术, 我们总是对时间无能为力, 无法暂停、无法复制。时间作为一种特殊的资源看不见摸不着,并且它的供给丝毫没有弹性,时间的浪费就是价值的损失。时间成本的研究是从时间管理的基础上开始的,最初人们的研究目光集中在时间的控制与管理上,正如彼得·德鲁克在《有效的管理者》中提到的:"有效的管理者不是从他们的任务开始,而是从他们的时间开始。他们也不是从计划开始,而是从发觉他们的时间实际花在什么地方开始。然后,他们尝试管理他们的时间,减少用于非生产性需求方面的时间。一个人是不是有效的管理者,最大的区别在于他是否珍惜时间,此外没有别的办法"。在现实中,无论是工作还是生活,人们总是希望拥有大量的时间做他们感兴趣的事, 或者总是想方设法在有限的时间里,达到自己做事的最高效率。

随着市场经济的深入发展, 无论是企业还是政府都深刻认识到时间管理在整个生产过程中所起到的积极的作用,于是产生了时间管理理论。第一代时间管理理论主要是研究如何能够在既定的工作任务内将时间有效分配,我们称之为"便条备忘录型"。这类管理理论只是在既定的任务内被动地调整分配时间。第二代时间管理理论把重点放在为未来的任务有计划地分配出时间,也就是"行事历和日程表型"。这类管理理论在上一代理论的发展基础上,已经开始注意未来计划的重要意义。第三代管理理论已经发现效率在工作中所起到的突出作用,于是在任务的时间分配上,着重考虑"最重要的事",将任务分为轻重缓急,并在此基础上制定短中长期目标,在实际的工作中根据已经制定的目标有序进行时间的分配。这样做的目的简单来说就是为了争取获得最高的效率。当第三代管理理论发展到一定阶段时,人们发现简单地以有效率衡量时间管理并不科学,它们并不能满足寻求事业、家庭与社会生活平衡的需要。在这种时刻,第四代时间管理理论应运而生。该理论认为把工作重点放在时间上只是一种机械的管理方法,而如果采用个人管理的方式就能够达到时间最有效的配置。因为个人管理会把重心放在维持产品与产能的平衡上,追求一种成本与效益之间的平衡,最终达到提升个人生活品质的目的。从时间管理理论的变化与更新来看,其重点从"正确地做事"转移到"做正确的事"上,将目标与手段统一起来,试图在有限的时间内完成最优质的目标。

当对企业或生产的时间关注越来越高时,对时间的关注不仅限于时间本身的长短,而是从时间管理转移到时间成本的衡量上,尤其是财务成本的细化,越来越方便对时间成本的概念化衡量。在生产部门中,每一项支出都能够用数字进行量化,对于财务成本的核算大多是对有形费用支出的核算。随着知识经济概念的提出,更多的成本概念出现在企业核算体系中,比如人力成本、环境成本、社会责任成本等,通过精密的计算将它们纳入成本体系中。但是,时间成本的核算还是没有引起企业生产管理者的重视。时间成本贯穿于企业发展的始终,从生产部门到管理部门,许多环节都存在着大量的时间浪费,这种时间浪费一方面大大地增加了生产的时间,也就是降低了生产效率,另一方面无形中增大了企业实际成本,导致价值流失。研究时间成本对于企业的发展有着不可忽视的重要作用,企业经营的目的是为了赢得更高的利润,在这个竞争日益激烈的市场社会中,每个企业为了独占鳌头总是想尽各种办法,其中降低生产成本提高经济效益是每个企业想要成功的必经之路。传统的降低二维生产成本已经不能满足生产的需要,这时要想获得新突破就必须重视无形的时间成本。当企业对时间成本的关注得到普遍赞同后,越来越多的研究者对时间成本的普遍定义和分类等提出自己的见解,扩充了有关时间成本的研究内容,同时从企业自身的经营角度出发,根据自己的实际情况开始对时间成本展开更深入的讨论。

目前对时间成本的定义在理论界并无一个明确而广泛的认知，不同学科从不同角度形成各自的学术观念。融合这些学科的研究成果，对于研究时间成本的普世概念具有积极意义。本书借助经济学、管理学、会计学和时间竞争理论等多个学科中的研究成果来探讨时间成本的理论基础问题。

时间作为一种有限的稀缺资源，具有不可再造性，因此时间只能通过努力节约而不能创造，那么提高效率就显得至关重要，在做出选择时压缩时间就是节约时间的有效途径之一，但是把一个选择放入它当时所处的情境当中，可以说决策者面对的是一个十分复杂的环境。在私人领域当中，可能只要考虑私人利益，相对于公共决策所面对的公共利益要简化得多，但从会计学角度决策者仍然要面对固定成本、冗余成本等成本—收益的计算。压缩时间就是减少时间的浪费，在纷繁复杂的情况下，提高资源的合理配置率以达到时间的高效运转。因此作为时间成本必须包含着与压缩时间有关的成本。

综合以上各个角度对时间成本的概括、结合时间成本的含义和特定领域时间成本的概念，由此认为，时间成本是在完成活动目标前提下，活动主体在整个活动中由于非必要时间的浪费，所造成的资源耗费和无形损失，这些损失可以是可衡量的资金损失、物质损失等，或是不可衡量的机会成本、信息资源等。

二、时间成本的应用

（一）企业时间成本

从企业生产角度来看，时间成本作为企业发展过程中一种不同类型的支出，与一般成本在本质上并无多大区别，都是为了达到一定的目的而损耗的物质，只不过这种支出是无形的，与企业压缩时间活动有关。时间成本在企业中的本质要求就是试图用压缩时间的办法减少生产成本，同时提高效率，满足客户的需要。这种无形的时间成本在表现形式上就是指在企业生产范围内所有与企业时间压缩有关的活动。时间成本与其他人力物力成本的不同点在于它只在企业压缩时间活动时产生，也就是说，如果企业在正常时间范围内能够完成生产任务，满足市场的需要，那么就不需要压缩时间，也就没有相关的成本支出，即无时间成本产生。简单来说，企业在生产过程中必要的时间消耗不算在时间成本内，只有多余的时间浪费才是时间成本产生的来源。如今产品的更新换代越来越快，许多企业为了占据更加广阔的市场，不断提高自身产品的上市速度和交货速度，速度的提高就意味着对时间的重视。但是综合现实来看，一些企业在陷入"时间陷阱"之后，没能获得比之前更多的预期利润，导致企业规模无法扩大，经济效益没有达到预期的目标。造成这种局面的原因，归根结底是没有把时间和成本的经济性结合起来考虑，时间的经济性就是指时间成本，即时间的缩短或延长对成本的影响，企业时间管理的现实迫切需要准确的时间成本信息对时间的经济性作出评价。不同性质的企业在研究时间成本方面的内容与重点是不同的，在只关注会计准则要求的企业中，关于时间成本的研究主要集中于从会计报表的角度进行分析，也就是为了提高生产效率而产生的财务成本；如果考虑到最终的决策是否达到最终的目的，那么除了考虑传统的为提高效率所付出的成本外，还应该计算在这个过程中所浪费的成本，如存货周转停滞所产生的机会成本、罚款、退货、订单的损失等相关损失或支出。

在国内，企业时间成本的管理也被越来越多的人重视。不同的企业经营不同的项目，但是每一个企业的生产过程都是由若干个环节构成的。研究企业的时间成本应该重视整个的生产过程，在每一个环节上都要强调时间的压缩，就目前的实际来看，企业领导者把主要的精力放在采购和生产的具体环节上，试图通过这些环节时间的压缩来降低整个生产的时间成本。不可否认的是，这一部分时间的耗费的确是巨大的，但是要想达到最优化的经济效益，应该做到的不仅是处理最多时间成本浪费的环节，更重要的是具有整体全局的意识。值得注意的是，我们所研究的时间成本的前提是时间能够压缩，这就回到了之前我们所交代的问题上，就是说不是所有与成本相挂钩的时间都可以被用来压缩，有时一些成本的耗费是必要的，如果盲目地压缩不仅不能够减少成本，反而会影响生产的继续进行，从而造成更多的不必要的浪费。在现实的生活中，许多企业领导者总是分不清哪些成本能够压缩，往往将工人的工资、原材料的费用等不包括在时间成本中的因素进行压缩。这样会影响工人工作的积极性从而影响生产的进度。

(二)项目管理时间成本

项目管理时间成本相对于企业时间成本而言比较简单，该时间成本是一个相对固化的概念。它主要包括三个方面，一是固定成本，二是比较成本，三是损失成本。固定成本是指在一个项目启动之初时间的花费已经存在于计划之中,是既定的。比较成本是指该项目完成后计算真正的完成使用时间与同项目社会平均时间之间的差值。如果实际花费的时间低于平均时间,意味着时间成本较低;反之,意味着时间成本较高,应该引起企业领导者的重视。在一个项目进行的过程中,总会面临突发的问题。有些问题的出现也许会带动技术水平的提高,在这种情况下,该项目总会提前完成,这时损失成本就为负值。而有些意外突发问题的出现会造成项目延期完成,这时损失成本就为正值。

虽然项目时间成本比较容易理解,研究项目时间成本也具有重要的意义。当一个项目的比较成本是正值时,说明该项目的完成已经超过了平均社会成本,这时就要认真分析该项目的可行性,并研究时间的具体花费以期降低成本。而损失成本的出现往往是一把双刃剑,当损失成本为负值时,代表项目不仅按时完成而且降低了时间成本。这时我们可以进行方式方法的总结与归纳,进一步推广成功的方式。但是当损失成本为正值时,代表项目超出了限定的时间,这种影响是双倍的。

(三)行政时间成本

时间不仅仅主宰企业的生产发展,国家政府的行政工作也受到时间的制约。由于政府的各项工作都与营利无关,所以对时间成本的敏感程度较之与企业大大降低。甚至一些地方政府没有时间成本的概念意识,导致其行政成本居高不下,不仅影响了自身的公信力,也影响了社会的稳定、百姓的生活。企业时间成本的研究从本质上来看,可以通过降低成本来获得更高的效益。而对行政时间成本的衡量不能以量化的效益为标准,研究行政时间成本可以为建立服务型政府提供必要的依据。

行政时间成本亦即行政管理过程中资源闲置和非必要的时间浪费所蕴涵的价值损失。行政时间成本具有以下三个特征:一是稀缺性,我们都知道每天24个小时的时间是永恒不变的,那么如何在有限的时间内进行最有效的政府工作,是摆在政府面前的首要问题。面对竞争日益激烈的市场,面对科技不断更新的技术,政府作为市场秩序的维护者,商品经济发展的管理者,承担着最重要的责任,因此它们必须分秒必争保持高效率以完成其责任。二是有效性,也就是价值性。用最少的时间获得最高的效率,是时间管理理论的中心论点。行政时间成本即秉承这一原则,当机构臃肿、流程僵化、教条主义、形式主义泛滥,行政机关的工作效率必然低下。有效的时间不能得到充分的利用,无法创造出应有的价值。三是唯一性,在正常的工作中,我们经常面临一种工具在该种情况下不能满足生产的需要,这时我们会采用另外的工具进行代替。但是时间的发生是单向不可逆的,同时没有任何方式可以替代时间。

政府在进行社会管理过程中所支出的时间成本主要由三大类构成。一是工作时间成本,二是管理时间成本,三是会议时间成本。工作时间成本也可以称为项目时间成本,就是指在行政管理中由于行政主体在具体工作中能力不足、方式不对等引起的时间成本。管理时间成本主要是指政府机构设置不合理、规章制度不规范等造成的时间成本。会议时间成本,顾名思义,就是在行政管理过程中各级各类会议产生的大量时间成本。

研究我国政府行政管理的时间成本高居不下的原因,对政府自身的发展、整个社会经济水平的提高有着重要的意义,也是构建和谐社会的题中之义。

三、时间成本的特征

由时间成本的定义可以分析出时间成本具有以下特征:

①时间界定以活动开始到目标完成的时间结束。从活动开始为起点开始界定时间成本衡量的起始时间,以目标完成为终结时间,只有在这个时间范围所出现的浪费时间才能作为衡量的标准。②活动主体也是造成时间成本损失的主体。时间成本的耗费不是自动出现的,必然是主体由于各种原因所造成的时间耗费才能形成时间成本。③只有非必要时间造成的损失才是时间成本。时间成本从根本上来说是由于多余的时间浪费所多消耗的资源,所以要先界定哪些时间是非必要时间,才能衡量在这段时间中的时间成本。④一些时间成本可以被具体衡量,一些只能估算。企业生产的时间成本是最容易衡量的,因为有具体的投入和产出,但是在另外一些领域,时间成本只能用估算,寻找差不多可以等价的衡量标准然后进行估算。

四、时间成本的基本分类

（一）据隐蔽性可将时间成本分为隐性时间成本和显性时间成本

显性时间成本是指能够通过计量直接显示的成本，这一部分成本往往在财政预算中可以得到体现。对于显性时间成本的把握常常比较容易，在每一项具体的开支中采用一定的技术手段便可以使之得到降低。成本降低的幅度取决于政府和企业的管理调控能力。隐性时间成本相对比较复杂，在预算中不能直接显示，通常由两部分构成。一是机会成本，是指在选择一个方案后必然放弃其他方案而损失的最佳效益。二是社会成本，社会成本主要在政府方面涉及得较多，当政府作出一项决策时，必然会引起社会各方面的改变。由于政府的错误决策导致的经济、生态、文化等方面的损失就是社会成本。社会成本并不是通过量化的货币来显示，而是存在于社会公众中的心理感受与社会环境变化。

（二）从行政成本的效能来看可分为有效成本和无效成本

有效成本是指政府在进行社会管理时，为了更好地履行职责建立行政机构、招聘行政人员、配备行政设备等所花费的必要的成本。而无效成本是指政府行政中所不必要的浪费，比如机构臃肿、人员冗余等。这些成本的出现导致资源的浪费、时间的耗费，因此属于无效成本。

（三）从政策制定的时间成本的发生过程来看可分为机构成本、运行成本和专门成本

针对政府而言，机构成本包括建立机构所花费的经济成本、购买办公设备的成本、机构运行的交通及通讯成本，等等。运行成本是指政府在行政过程中的花费，包括行政人员的工资等。专门成本，顾名思义就是在进行特定的行政工作时的资源耗费。

第三节　公共政策制定的时间成本

一、研究背景与理论基础

（一）研究背景：社会转型期

社会转型期是指旧的社会体系已经不适应当今社会的发展，甚至阻碍了经济的发展，而新的社会体系的建立需要一定的时间，由此形成的新旧社会体系的过渡时期，就是社会转型期。在这样的时期内，社会存在着动荡的因素，不确定性大大提高。正是在这样特殊的社会背景中，政策制定比以前更关注目标群体，更要提高自己的效率，缩减不必要的浪费，让转型期的各种社会问题可以更好、更平稳地解决。

（二）理论基础

1. 服务型政府理论

服务型政府是对管理型政府的完善，服务型政府的主要特征就是将高效率作为政府行政的主要目标与任务。而高效率对应的就是低成本，提高政府的行政效率可以将政府的行政成本降到最低。通过研究时间成本，有助于对政府政策制定和执行等过程进行有效控制，缩短政府办公时间，减少政策制定时间成本，提高政策运行的效率。

2. 马克思政治经济学

从马克思政治经济学来讲，剩余价值学说就是以对时间的分析为基础的，同时马克思的劳动价值论也指出，商品价值由生产商品的社会平均劳动时间所决定。在马克思经济学理论中，价值是贯穿始终的核心概念，无论劳动价值理论、剩余价值理论还是生产价格理论，都以价值这一概念为基础。价值具有质的规定性和量的规定性，价值的量是用社会劳动时间，进而用社会必要劳动时间来度量的，价值衡量的尺度就是时间。[①]

马克思在《政治经济学批判（1857—1858年草稿）》中进一步明确提出了"真正的节约（经济）=节约劳动时间=发展生产力"这样的命题，直接和深刻

---

① 胡钧、张广兴：《深入理解马克思的价值决定论》，《经济学动态》，2004年第8期。

地揭示了时间所具有的经济性内涵(余绪缨,1999年),即时间的节约就意味着经济上的节约,反之浪费时间即代表时间价值损失,损失的价值构成了企业的成本。

3. 成本收益分析法

成本收益分析是指以货币单位为基础对投入与产出进行估算和衡量的方法,它是一种预先作出的计划方案。在市场经济条件下,每一个市场中的主体都希望获得最大的绝对收入,这种收入是成本与收入的差值。政策执行虽然不能简单地进行投入产出分析,但是也有其政策回报的计算,从成本及收益的经济学角度可以对政策执行的时间成本进行类似的分析。

4. 贝克尔的时间价值论

贝克尔对时间成本的研究在西方经济学领域内属于较早的集大成者。在观察家庭生活后,贝克尔认为在消耗掉我们通常所考虑的物力和人力资源外,时间的消耗常常被我们忽视,而这种资源又是最稀缺的。进而贝克尔提出了时间价值的概念,时间价值就是时间的"机会成本",用于家庭活动的时间如果用于其他工作中所能带来的额外收益,就是该时间价值。那么对时间的合理分配,即研究如何达到资源的有效配置,用最少的投入获得最大的产出就是时间价值论所要研究的具体内容。

马克思与贝克尔都认为时间能够有效地衡量价值的大小,时间和价值之间存在着密不可分的关系,只有科学合理地进行时间的分配,才不会产生由浪费时间所造成的时间价值损失,损失的价值构成企业的成本支出即时间成本。

5. 时间的成本动因理论

从管理会计角度来讲,时间是一个重要的成本动因。时间和成本之间存在着这样一种关系,在工作完成的过程中所消耗的一切资源与信息都可以用时间来表示,而这些消耗也都可以转化为货币价值。比如,工资实际上就是企业为取得劳动时间而支付给工人的报酬、支付场地租金就是为了取得在一定时间内对该场地的使用权,等等。

二、公共政策制定时间成本含义

公共政策制定的时间成本指制定主体在政策制定过程中, 由于非必要的时间浪费和资源、信息闲置，以及在政策问题界定和政策方案选择中所意味的机会成本引起的资源浪费和价值损失。研究政策制定的时间成本有利于提高政府的工作效率并且能够有效抑制政府成本的无限增加。具体而言，它包括以下三方面内涵：

一是时间本身的消耗。公共政策的制定是一项政府工作量较大的任务，需要消耗大量时间。当社会中存在的公共问题比较突出易于被发现时，这时将该问题纳入公共问题的解决范围内，并及时地制定出相关的政策来解决该问题。在这种情况下，公共政策的整个制定过程相对而言是快速的，公共问题对社会的危害程度能够控制在较低的范围内。但是在现实生活中我们可以看到，由于个人与利益集团所要追求的利益是不同的，因此涉及的因素就比较复杂，在这种情况下公共政策制定时要考量的因素繁多，时间本身的消耗将是巨大的，最终避免不了对社会造成一定程度的不良影响甚至是无法挽回的损失。

二是某段时间内资源、信息闲置和浪费。公共政策制定的主体在社会中占有大量的政府资源和信息，而这些资源往往都是有限的，这就会导致政府主体垄断了这一部分有效的消息。但是由于政策制定主体身份的特殊性，他们往往处于高层甚至是顶层，这就使得他们常常会陷入被动的境地，其所掌握的资源与信息必然会闲置浪费；另一方面公共政策的制定主体并未直接参与市场活动，所以当政策制定时，没有充分地尊重市场规律就会导致政策对市场进行干预与控制，社会资源不能充分地得到有效配置，阻碍了市场经济的运行。在这两种情况下资源、信息就会遭到闲置和浪费。

三是机会成本。简单来说，机会成本就是当做出一种选择时所放弃的其他选择所能获得的最高收益。社会中面临的问题是多种多样的，情况也是纷繁复杂的，在层出不穷的问题中，政策制定主体面临多种选择，哪个公共问题需要最先解决，用何种方式能够有效解决，这时政府就会面临选择的难题。当政府决定某个社会公共问题最重要并且着手制定政策时，就没有精力解决其他社会问题，而由这些没解决的社会问题引起的社会价值损失就是机会成本。而在解决社会问题的时候，政府总要制定出几个备选方案，在进行方案的抉择时也会面临机会成本。从一定意义上讲，这种机会成本是一种时间价值损失,它也构成了公共政策制定时间成本的重要组成部分。①

三、公共政策制定时间成本的特殊性

(一)公共政策自身性质的特殊要求

公共政策最突出的特征就是时效性,当一个公共问题发生时,只有在特定的时空范围内制定有针对性的公共政策才能有效地得以解决。当时效已过时,政策就会失去它原有的功效,或终结或被新政策所取代。正是公共政策这一时效性特征要求政策制定主体在分析与制定过程中首先要深入调查研究,尊重客观规律,以事实为依托,制定出相应的计划,保证时间的科学分配,在最短的时间内制定出最合理的政策,提高政府的工作效率并且降低工作成本。

(二)复杂的政府机构、冗杂的办公人员

我国政府存在的突出问题是机构重叠、人员冗杂。机构重叠易导致政府工作的无序性和迟缓性,上传下达不能及时进行,沟通协调机制不完善直接影响着政府的行政效率。在政策制定方面导致公共政策制定过程中时间成本的增加。同时冗杂的办公人员导致一部分人无所事事、互相推诿工作任务,人浮于事,而公共政策制定的主体正是政府的工作人员,这种状况直接降低了政府的行政效率。政府机构和办公人员的精简能够减少行政成本,而行政成本的降低将带来行政效率的提高,高效率和低成本是相辅相成的,两者之间的关系紧密。

(三)不透明的政府财务、不同利益的角逐

政府财政一直隐藏于公众的视野之外,其涉及庞大的收入、支出和众多政府项目,要从政府财务中对某一政策制定的成本进行衡量具有较大难度。政府的工作人员并不完完全全是透明的"政治人",他们在很大程度上具有"经济人"的特征。为了追求个人的经济利益,满足自身的需求,不同利益集团和个人不会轻易妥协,不停地进行索取,而利益集团之间的互相牵制影响了政策制定的时间,浪费了资源。

---

① 宋林霖、柳雪莲:《我国公共政策制定的时间成本管理探析》,《中国行政管理》,2010年第9期。

第四节 公共政策制定的时间成本管理

一、公共政策制定时间成本管理理念

（一）整体性理念

即对整个公共政策制定的整体过程进行分析。公共政策是一个整体系统，将各个阶段看成整个系统的分系统，对每个分系统进行分析。公共政策要经过问题确定、议程设定、制定政策、执行政策、政策评估、政策终结等过程，每个过程都涉及时间成本的内容，同时每个过程中时间成本的耗费表现形式与侧重点不同，必须认真区别对待。

（二）动态性理念

动态性就是指公共政策本身处在不断变化的外部环境之下，需要不断完善与适应环境的变化。按照理性学派的观点，公共政策是通过管理者和专家的精心设计而制定的最优方案，但是理性决策的观点受到来自西蒙等满意决策学派的挑战。西蒙提出，并不存在最优决策，只有不同方案中的满意决策，就是因为人们的理性是"有限理性"，有很多现实条件和理性限制制约着理性决策的水平，客观条件的千变万化也时时刻刻影响着决策方案的实施。所以决策是在客观环境变化中"渐进调适"的过程，通过对客观环境的分析和对决策的调整而不断完善，使决策朝着目标发展。由于政策本身的动态性决定了时间成本并不是一成不变的，它必然存在一个动态变化的过程，因此我们必须根据环境的变化分析出不同时期影响时间成本的因素，以期将时间成本降低。

二、建立研究框架

西方现代政策科学（Modern Policy Science）始于20世纪50年代，到了20世纪80年代中期，中国公共政策学科在引进西方政策科学研究成果的基础上应运而生。纵观中国政策实践研究的历程可以发现，我们逐步建立了以政策议程设立、政策制定、政策执行、政策评估和政策终结为基本流程，以政策

功能、政策模型、政策环境、政策价值等为基本概念,通过政策科学方法论等基本方法的理论框架进行分析。但是对于公共政策的时间成本研究还处于前期的探讨中,无论理论还是实践都缺少完善的理论体系和实践应用。

(一)相关成本计量

根据上文所提到的内容, 公共政策的时间成本主要分为决策成本(D)、信息成本(I)、参与成本(P)和机会成本(O)四方面。在公共政策的成本构成中,决策成本是指由公共政策中问题决定活动的结果而产生的成本,而信息成本、参与成本和机会成本都外在于决策的本身,因此,这些成本可以称作公共政策问题决定过程的外部成本。如果我们用D表示决策成本,用I表示信息成本,用P表示参与成本,用O表示机会成本,用E来代表外部成本,那么:

外部成本(E)=I+P+O

公共政策的时间成本(C)=D+E

由公共政策时间成本的含义可知,时间成本包含两方面内容,即某段时间内资源、信息的闲置与浪费所造成的价值损失和政策问题选择过程中的机会成本。如果我们用R来代表一段时间内资源与信息的浪费,因而公共政策的决策成本可以表示为:

D=R+O

另外在公共政策过程中,信息成本与参与成本也是不可避免的。信息成本主要指获取信息的成本和加工信息的成本。需要指出的是,这里所说的信息成本是指获取与加工信息过程中产生的不必要的成本浪费, 这种价值损失称为信息成本。因此,信息成本=获取信息的成本+加工信息的成本。而参与成本是指决策者与公众之间达成政策问题的成本。就公共政策议程而言,参与成本大致涉及参与主体的社会化成本和参与行为的活动成本两个方面。社会化成本是指培育参与政策议程的公众所花费的物质和时间投入,活动成本则主要是指议程设置过程中的活动实施成本。因而,参与成本=社会化成本+活动成本。如若某项议题跳过公众议程,直接进入政府议程,那么这部分参与成本就是零。因此我们可以说,参与成本的多少取决于政策问题的性质。

(二)政府议程与时间成本分析

政府议程,即正式议程、制度议程,是指那些引起政府官员高度关注并在政府议政过程中被提起的、急需解决的政策问题。正式议程分为旧议题和新议题两类,而旧议题又分为经常性议题和周期性议题,新议题则分为自发性议题和引导性议题。

对于旧的议题,政府部门早已有现成的行动方案,除了特殊情况外,在大多数情况下,旧议题的行动方案都是预先确定的,其中的经常性议题与周期性议题大多都是经常提起审议和周期性发生的问题。因此旧议题很容易上升到政府的政策议程,而政府部门对旧议题的议程所耗费的时间成本也就相应地缩小。这部分的时间成本,主要表现为决策成本和决策过程中所引起的机会成本,参与成本和信息成本所占比重较小,可以适当忽略。用公式则表示为:

旧议题的时间成本=D+O

新的政策议题则是指内容没有事先的确定,但它的发展具有很强的灵活性。其中的自发性议题是随着决策者的行为或反应而出现的,引导性议题则是由大众动员活动所引起的进入议程的项目,这两种议题均带有不确定性。因而新议题进入议程设置的时间成本是无法估量的,每一项议题进入议程设置所带来的时间成本均由决策成本与外部成本构成,只是各自所占的比例有所不同。当自发性议题进入政府正式议程中,决策成本与咨询成本占大部分;当引导性议题进入政府决策议程中,咨询成本与参与成本则占了相当多的部分。

需要特别说明的是,突发的社会焦点属于新议题。这类事件的发生使得利益群体、政府官员、大众传媒和广大公众对现存问题有更深切的认识。这一事件的发生有助于打破已往的力量平衡,形成强大的民意压力,使得决策者在短期内调整政策方向。因而在这一事件进入政策议程的过程中,决策成本与参与成本占有很大比重。

三、管理方式及控制手段

公共政策时间成本的研究是以公共政策分析为基础的,公共政策分析是运用综合知识和方法对政策系统和政策过程进行探究,以实现提高公共政策质量,完善公共政策系统,最终解决社会公共问题的目的。在分析理论与方法上结合经济学、统筹学、哲学、管理学、社会学等多学科的知识,因此决定了政策分析理论模式的多样化。目前在公共政策学术界,有这样四种划分方式：

（1）按公共政策分析理论模式的使用方法，可以分为：描述模型、规范模型、语句模型、符号模型和程序模型。

（2）按公共政策分析理论模型中变量的确定性，可以分为：确定模型、概率模型。

（3）按公共政策分析理论模型的分析对象，可以分为：过程模型、状态变量模型、时间模型等。

（4）按公共政策决策方法，可以分为：理性最佳决策模型、非理性主义决策模型、有限理性决策模型和综合决策模型、政策协调决策模型、渐进决策模型、个人判断与集体决策模型以及其他决策模型。

由于时间成本的分析是建立在公共政策研究的基础上，所以本书从以下四个方面出发进行时间成本的管理（见图1-1）：

（1）从公共政策主体出发。

（2）从公共政策客体出发。

（3）从政策工具出发①。

（4）从成本因素出发。

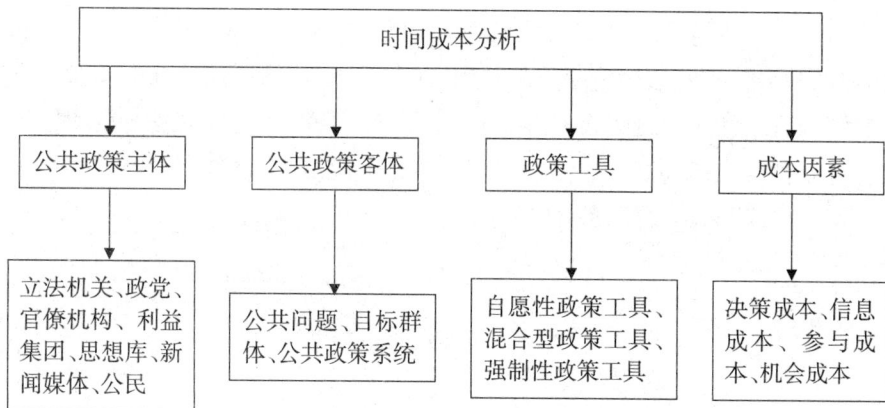

图1-1　公共政策制定的时间成本管理分析框架

---

① ［加］迈克尔·豪利特、M.拉米什：《公共政策研究：政策循环与政策子系统》，庞诗等译，生活·读书·新知三联书店，2006年，第144页。

第二章　公共政策议程的时间成本管理

在社会发展过程中会产生许多的公共政策问题。政府部门不可能在一定时期内解决所有的政策问题。因此在发现公共政策问题之后,政府部门要做的就是选择某个或某几个政策问题作为急需解决的政策问题。公共政策议程就是在这个阶段发生的,选取政策问题是整个公共政策问题研究的开端,有着重要的作用。在这个过程中,政府政策主体通过多次筛选,提出质疑,并经过论证确定最终的政策问题。该过程论述起来或许是简单的,但在实际工作中却是复杂的,因为政策问题总是涉及方方面面的因素,包括社会因素、经济因素、技术因素、政治因素、社会文化传统等。所以政策议程对政策制定、政策执行的结果产生相当重要的影响。

政策议程设立是整个政策过程的首要环节,在政策过程研究中占有重要的地位。政策议程设立的过程是政策行动主体提供问题清单的过程。进入清单的社会公共问题会引起政策制定者的关注。依据不同的标准和研究目的,可以将政策议程分为实质性议程与象征性议程、系统性议程与制度性议程、隐蔽性议程与公开性或显性议程。总体上说,政策议程的设立需要经历从系统性议程向制度性议程的转化。

第一节　公共政策议程

一、公共政策议程的含义

公共政策议程是公共政策制定的第一步,只有将公共问题纳入政策问题,政策制定才有了目标和方向。对于政策议程,我们可以从两个角度进行分析,一种是静态的角度,另一种是动态的角度。约翰·金顿认为:"在我看来,议程是罗列了一些主题或问题的清单,这些问题或主题是政府官员和政府以外与官员有密切往来的人们在任何给定时期内十分关注的问题。在官员应该关注的众多问题中,他们实际上真正认真解决的是其中的一些问题而不是另一些问题。因此,设定议程的过程就是将所有问题中真正成为关注焦点的问题筛选到列表中的过程。"①

罗斯认为,议程设定就是把"不同社会群体的需求转化为(议程上的)项目,以及争夺公共官员注意力的过程"②。总之,公共政策议程就是一项政策过程。它是指一个引起决策者高度关注并同时认为必须解决的公共问题被正式提起政策讨论,决定政府是否需要采取相应行动的政策过程。

二、公共政策议程的类型

关于政策议程的类型,不同的学者有不同的划分。科布和艾尔德根据不同主体和不同性质将政策议程分为系统议程和制度议程,后经科布进一步修正,整个政策议程明确分为公众议程和正式议程。比较而言,公众议程和政府议程的划分比较合理。

近年来,随着社会的进步与生活的改善,公众的个体利益意识逐渐觉醒,同时社会的多元利益诉求增多。因此政府部门积极转型,自上而下的制度议程模式有所改进,决策者更多地重视公众参与,公众议程的地位逐渐显现。

(一)公众议程

公众议程,又称系统议程,主要指社会政治成员普遍认为值得引起公众关注,并且同时属于现任政府合法权限范围内的所有问题。如果一个议题进入公众议程,必须具备三个前提条件:第一,该议题已经进入社会公众的视野,社会各界开始关注该问题。第二,该问题已经影响大多数公众的生活,成为社会公共问题,必须采取行动来解决该问题。第三,政府相关部门可以解决该公共问题。如果大家相信一项议题已经超出了政府的合法权限范围之

①②　[加]迈克尔·豪利特、M.拉米什:《公共政策研究:政策循环与政策子系统》,庞诗等译,生活·读书·新知三联书店,2006年,第181页。

内,那么再多的建议也会被挡在公众议程之外。以上三方面的条件共同促成社会问题进入公众议程,缺一不可。在一个议题进入公众议程时,不需要全体公民的认同,只需要获得大多数认同即可。因而为了让议题得到公众的普遍认同,倡导者要么使其进入大众传媒的视野,要么必须有足够的资源来影响公众。这些资源不仅仅指物质、人力资源,还包括游说等一些语言技巧的使用。表现最为突出、影响最为巨大的当属大众传媒。媒体在对某件事进行集中报道时,会全面收集各种信息,并给予充分的论证,这种充分的讨论有利于形成科学合理的政策。本书列举的"厦门PX项目"事件的案例,就能够充分体现媒体对政策议程的重要影响作用。

从理论的角度分析公共政策,是带有公共性质的社会问题,而公共性质的界定存在一定争议。但是在现实,公共问题的确定显得较为容易,因为那些与社会公众息息相关的诸如教育、医疗卫生、就业、交通等问题,都属于社会公共问题。这些问题涉及社会中大部分群体的利益,受到各界的广泛关注,无论专家学者,或是普通群众,都积极参与其中。这些问题已然成为具有社会性的公共问题,因而能够顺利地进入公众议程。

(二)政府议程

政府议程,又称正式议程,该议程主要强调发现并解决公共问题的主体是政府。地方政府或国家各层级部门所面对的任何一个议题都足以构成政府议程。政府议程中对相关政策问题的讨论,是在政府的公共权力系统范围内进行的,因此比较正式、严谨,且遵从一定的制度程序。

政府议程的程序由法律规定,大体上是固定的,但政府议程的过程并不固定。很多情况下,政府议程会出现循环、重复、停滞等现象。一般而言,政府议程包括以下四个阶段:①确定议程。经过政府决策者和专业人士的分析研究,确定进入政府议程的社会公共问题将其设定为政策问题。②议程设计。将政策问题逐一分析,确定解决的优先顺序。③分析问题。根据政策目标,将每个政策问题进行谨慎的研究。④评估议程。在整个议程周期内,进入政府议程的政策问题要接受评估与检验。

政府议程在整个公共政策议程中占有重要地位。政府议程的具体内容可以分为两种类型:旧项目和新项目。旧项目是指那些具有现成解决方案的项目。在多数情况下,旧项目的具体措施及行动方案都是事先确定的。新项目则是指它的内容没有事先确定,其发展具有一定灵活性的项目。具体分类详见图2-1。

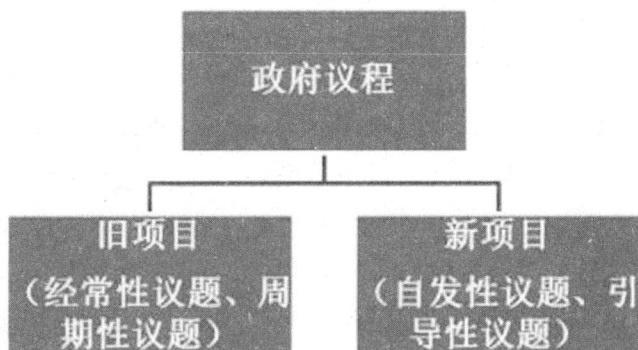

图2-1 政府议程分类

经常性议题,主要指一些需要经常提起讨论并审议的项目。政府部门每年的财政预算和相应财政资金的分配,就属于经常性议题的范围。在问题的讨论和政府决策过程中,这类问题经常被提及,很少淡出决策者的视野。

周期性议题,主要指那些周期性发生且间隔时间并不确定的项目。政府部门的体制改革、税收政策的调整、社会保障制度的改革等,这些都属于政府的周期性议题。这类议题会随着时间的变化而产生一些新的、不确定的问题,因而政府决策者会不定期地进行讨论,将其提入制度议程。周期性议题自身的性质决定了该类议题进入制度议程不需要经过繁杂的程序,其重要性显而易见。

自发性议题,即跟随决策者在一定情境下的行为或反应而自动出现的议题,也指由于决策者的某些行为而必然出现的议题。在这类议题中起决定性作用的是政府的主要决策者。因此,一国具有影响力的外交政策和国际事务、国际性危机,属于自发性议题。如中国加入世贸组织、欧债危机引发的各国财政困难等。同时,对一国经济具有重大影响的行业工人的罢工也属于这类议题。自发性议题具有很高的不确定性,因此它与前两种议题相比,较难进入制度议程。

引导性议题,即由公众或重要团体活动的引导而进入制度议程的议题。在这类议题中,起决定性作用的是公众和重要的公共性团体。相比前三类议题,引导性议题是最难进入政府政策议程的。美国20世纪60年代的公民权利议题,就属于引导性议题,它是由公众动员所引导的。而美国的土地轮耕计划,则是属于由重要团体引导进入制度议程的议题。在我国,引导性议题时有发生。作者在案例中列举的"卧铺客车"事件和"厦门PX项目"事件均为引导性议题。

一般来说,进入公共政策议程的绝大部分议题,属于经常性议题和周期性议题。因为决策者往往认为这些问题持续存在,急需解决,同时领导者也对它们比较熟悉。相对而言,新项目进入政策议程会比较困难,因为决策者的时间和精力都是有限的。并且在新项目中,自发性议题是优先于引导性议题的。由此可见,一个新的议题进入政策议程是相当困难的。

综上所述,政策制定者既参与公众议程的确立,也参与制度议程的设置。尽管如此,这两种议程仍有差别。公众议程的议题相对而言比较笼统,且议题的倡导者不需要提出可行的解决方案或具体办法。而进入制度议程的议题往往内容明确、具体,在这一过程中,决策者需要详细地了解问题的各方面,以便进行慎重的考虑。一个议题可以跳过公众议程而直接进入制度议程,但具有重大影响的议题,在它没有通过公众议程之前,是不太可能直接进入政府的政策议程的。

三、公共政策议程设置的主体

问题转变为政策议题是因为有一种内在机制在起作用,问题怎样被确认并提上议程,是值得探讨的。在这个过程中造成的时间成本,是本文研究的主旨。对于政策议题的核心参与者,学界有不同的观点。但是归结起来,政党、政府官员、利益集团、大学及智囊团、大众媒体等构成了影响政策议程设立的主体因素。就我国这样一个社会主义社会而言,政府行政的宗旨是为人民服务,所以社会大众通过政治参与、政策对话、政策辩论等形式来影响和决定政策议程设置。

(一)官方决策者在议程设置中起主导作用

在公共政策议程设置阶段的官方决策者主要包括政党或其他政治组织、政治领导人、政府官员和行政人员等。政党和政治组织的存在及其活动是现代民主政治的一种普遍现象。政党的活动可以被看成是这样的一种过程:政党为了维护自身政权,通过依靠自身的地位运用各种手段与途径将自己希望得到解决的问题纳入政策议程的范畴,上升为国家政策。纵观各国政党的组成方式,除了政党之外还存在着大量的其他政治组织,这些政治组织代表的利益不同,但是这些政治组织的成员往往是为了同一利益而聚集在一起的。单个人的政治需求与利益诉求往往会被忽视,但是通过正规的组织提出,就比较能够引起大家的响应,同时也更容易被政府察觉到,从而顺利进入政策议程。在我国,中国共产党是执政党,各民主党派是参政党,他们在政治生活中的地位和作用是不同的。中国共产党在其领导中通过集中人民的意见和建议,形成自己的主张,再经过一定的法定形式,将其上升为国家的意志和主张,这其中就包括了政策议程建立的过程。各民主党派作为参政党拥有参政议政的权利,当一项公共政策存在问题时,他们可以提出自己的意见与建议,这些意见与建议被列入政策议程的可能性程度很高。同时,在我国还存在其他形式的政治组织,比如工会、妇联等,它们也是议程设置的主体。无论是执政党还是参政党以及各种形式的政治组织,它们都拥有自己的政治领导人和行政人员。这些国家政府工作人员构成了政策议程设置的主体。安德森认为:"无论是出于政治优先权的考虑,还是因为对公众利益的关切,或者两者兼而有之,这个政治领导人可能会密切关注某些特定的问题,将它们告知公众,并提出解决这些问题的方案。"一项公共问题进入政策议程的范围是由各级政府官员承担的,政府官员运用自己本身的知识储备和多年工作的经验,在行政管理工作中及时发现问题,经常把各种公共问题列入其议事日程是政府官员工作的主要内容之一。

政府在公共政策议程过程中,拥有绝对的信息优势,将这个信息直接转化为制定政策议程的基础,可以节省大量的时间与成本。而官方决策者在对相关信息进行收集与加工的过程中,必然会产生的不必要的时间浪费,从而造成一些价值损耗,这就是我们要集中探讨的时间成本。

(二)公众在议程设置中具有推进或阻碍作用

现代社会关注民主,民主的理念贯穿于社会公共生活的始终。就政府制定公共政策而言,公众拥有参与政策制定的权利,但是在现实生活中,公民往往由于缺乏认知而导致参与的积极性不高,并且对自己持有的观点持久性不强,原则与立场相对较弱,在一定程度上受大众传媒的影响较大。由于公共问题相对而言的专业性程度较强,而政府的信息部门又拥有较多的资源与信息,所以政策决策者只需接受政府内部信息并与专家学者交换意见即可获得议程设置的重要信息。在这种情况下,作为普通民众,信息的不充分、缺乏可靠性使得公众不得不另行获取、加工信息，由此带来的高昂的信息成本会降低公众的参与热情，导致政治冷漠和参与过程中的"搭便车"行为。这样一来，在公众参与的过程中就会产生时间浪费，造成不必要的价值损失，也就是我们所要探讨的时间成本问题。

（三）大众传媒在议程设置中起催化作用

大众传媒被西方称为"第四种权利"，在推动政策议程的建立过程中起着非常关键的作用。它能把少数人发现的问题广泛传播，以争取多数人的理解和支持，为建立公众议程创造条件。另外，它能够将公众的声音与诉求转换为政策决策信息，将这一部分愿望传递到政府决策系统内部，最终进入议事日程。大众传媒在进行公共政策议程设定时分以下三个步骤进行：选择报道的议题；在已选择的议题中突出强调的部分；对所强调的议题进行合理的排序。然而当一个重点事件爆发后，新闻媒体总会集中精力争相报道该事件，与此同时，另一个事情如果发生，他们的注意力与工作重点便会马上转移，这种工作的方式没有持续性，容易冲淡公众对每一项事情的关注。对于政策议程而言，新闻媒体只是起到了加速议程进展的作用。由此可见，在公众受大众传媒影响的过程中，相关信息的传播在影响公众的同时，也在某种程度上影响官方决策者进行决策讨论的进程，在这一过程中就会形成时间资源的浪费，提高政府工作成本，影响工作质量和效率。在公共政策议程设置中，大众传媒的力量足以给政府的决策带来影响，在这一过程中造成的不必要的时间价值的损耗，就是我们所探讨的时间成本。同时作者认为，大众传媒是影响政策议程设置的时间成本的主要因素，因此在下文会作出重点阐述。

四、公共政策议程设置的发展脉络

安德森在《公共政策》中指出，如果某个政策问题已经被政治领导人所关注、出现相关的危机或引人注目的事件、出现有关联的抗议活动、受到大众传媒等的高度注意，那么就必须迅速地将该政策问题转变为政策议程。从认识的逻辑顺序上来看，具体问题在政策议程设置过程中的发展会形成一个公共政策问题链，即"问题、社会问题、公共问题、政策问题"。那么，与公共政策问题发展的顺序相结合，公共政策议程的发展会经历四个阶段，即"一般议程、系统议程(也称公众议程)、制度议程(也称政府议程)、决策议程"。
具体如下：

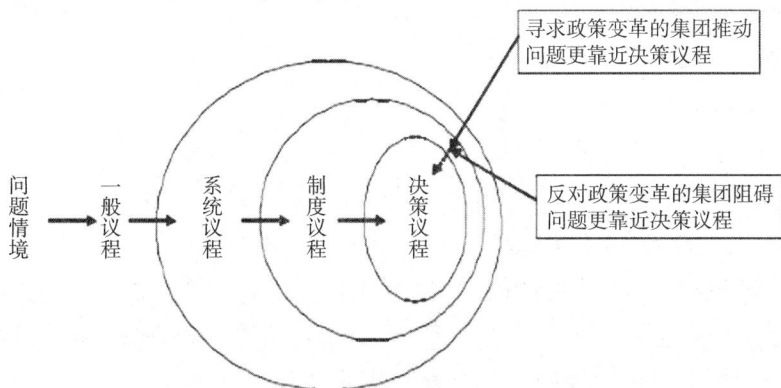

图2-2 公共政策议程发展阶段

（一）问题情境与一般议程

大多数的公共问题并不是突然爆发的，在经过一段时间的发展之后，
公共问题才会浮出水面，被政府所认知。而这部分问题在发生之初，一般只
是涉及少部分群体的利益，且影响力较弱，并没有给受众带来一定的精神
或心理压力。随着事情的不断发展，影响力逐渐扩大，所涉及的对象不断增
多，人们开始持续关注这一问题。当它被越来越多的公众认为会对现实生
活产生不利影响时，公众就会产生紧张情绪。在这种情况下，问题就形成了。
公众依据自身的判断标准和主观的心理感受，对问题形成一定的认识，这
一过程就是一般议程形成的过程。在这一过程中，问题在公众的持续关注
下演变成社会问题，具备了一定的社会性。但在这一阶段，问题的发展态势
并不清晰，且人们对问题的认识具有局限性，因而对问题的讨论也只是一
般性的。在托马斯·A.伯克兰看来，一般议程是广泛而又模糊的，它包括在
一个社会或政治系统中就某个具体问题可能提出并进行讨论的全部思想。

（二）一般议程发展为系统议程

虽然经过了一般议程，社会大众对问题的认识更加深刻，并持续关注，
但这一阶段的讨论仍是分散的。不同阶层和利益群体所表现出的观点体现
出自身的价值偏好，并不具有普适性。同时，人们对一个问题的关注度是不
断变化的。因此正如前文所论述的，系统议程就是社会政治成员普遍认为值
得引起公众关注，并且同时属于现任政府合法权限范围内的所有问题。当公

共问题进入系统议程这一阶段时,代表了两种本质含义。一种是社会问题已经引起了社会公众的关注成了公共问题。另一种情况也代表了政府开始高度关注此公共问题,社会公众与政府决策者就该问题的讨论也愈加紧密,社会公众对问题解决的殷切期盼对政府决策者而言是一种工作动力,促使决策者将该问题列入"问题清单"。

(三)系统议程上升为制度议程

随着外部公众需求的不断扩大,并以各种途径输入到政治系统中,政府的相关部门就会对社会问题进行界定,并提出具体的工作安排。一旦政府认定问题属于其合法权限范围内并有义务采取一定的政策行动时,这种系统议程就上升成为制度议程。在这一阶段,政府的智囊团会围绕问题的界定和采取的对策选择进行讨论,对问题进行专业、系统的分析。

(四)从制度议程中生成决策议程

当一个社会问题进入制度议程后,经过专业的分析和讨论,它有可能进入决策范围最终形成公共政策。但是在现实生活中会出现如下情况:一个引起公众普遍关注的社会问题已经通过相关部门的认定,并且专家学者也对其进行了深入的探讨,但是政府并没有将其划入需要解决的问题范围之内;还有的时候,人大代表会就群众普遍关心的问题在会议上提出议案,这些议案并不具有公众议程的一般性,而是具有制度议程的色彩,它们可以直接转变成为政府的政策产品。综上所述,不是所有进入制度议程的社会问题都能够转化成为政策产品,它们往往会受到一些因素的限制,如问题本身的性质或影响规模尚未达到应当解决的程度,或是政府决策者的判断失误等。正如托马斯·A.伯克兰指出的:"在进入制度议程的少量问题之中,只有极少的问题将会得到政府的解决。"

对于公共政策议程发展的四个阶段,我们只是从认识的一般逻辑意义上判断,并不意味着所有的政策议程都要经历这个步骤。由于问题的复杂性与多变性,实际意义上的公共政策议程的脉络是多元化的。例如,公共危机事件由于其自身的影响范围、强度的广泛性和时间的紧迫性,会对议程起到加速的作用,从而直接被提入政府的决策议程。

需要强调的是,本书所研究的公共政策议程设置中的时间成本主要指一般议程到制度议程这一阶段的时间成本问题。而在制度议程上升到决策议程的这一过程中,由于问题本身的复杂性和影响因素的不确定性,我们无法知晓某一问题未上升至决策议程的具体原因，但这一阶段的非必要时间浪费是存在的，其成本损失主要由政府的决策成本和机会成本构成。对于这一部分的成本损耗，我们只能做到大致的估算。

第二节　公共政策议程设置的时间成本

一、基本含义

公共政策议程是由一系列程序所构成的过程。所谓公共政策议程设置的时间成本，主要指有关社会公共问题受到决策者高度重视，在被纳入政策讨论和被确定为政策问题采取行动的过程中，由于非必要的时间浪费和资源、信息闲置所引起的价值损失和在政策问题界定与讨论过程中所意味的机会成本所引起的价值损失之和。这里所谓的非必要时间浪费和资源、信息的闲置，主要是指相关决策者缺乏一定的主观意愿而引起的时间浪费与资源的不合理利用，如不合理的延长会议时间、搁置或忽略某些重要信息、决策过程中对相关资源的不合理使用等。

二、主要内容

公共政策议程的时间成本按不同的标准可以有不同的界定，一般主要有以下三种类型：第一，直接时间成本与间接时间成本。直接时间成本是指在公共政策议程设置中存在的各种直接相关成本浪费，间接时间成本主要是指除去直接成本浪费以外的，由于议程设定影响的成本浪费。第二，显性时间成本与隐性时间成本。前者是指议程设置过程中实际发生的费用，是现行的成本核算中需要计算的那一部分，后者则不能在实际支出和政策的直接收益中有所反映，它掩盖在政策议程设置的过程中，而社会将会为这种支出付出相应的代价。第三，政策成本与社会成本。政策成本就是指所有与政策本身相关的时间成本的浪费，社会成本是指公共政策议程设置高于社会成本的部分，即经济学上所说的外部性。

同时，如果将公共政策议程看作一种社会经济活动的过程，这样一来，在这个过程中所产生的时间浪费是不可避免的。那么公共政策议程的时间成本又可以分为决策成本、信息成本、参与成本和机会成本四个方面。

（一）决策成本

从客观存在的问题发展成为备受决策者关注的公共政策问题，需要一段时间过程。要想成为公共政策分析者、公共政策制定者和公共政策执行者处理的对象，必须经过一个认识上的逻辑发展过程，因此便形成了"公共政策问题链"：

问题→社会问题→公共问题→政策问题

问题是任何公共政策的起点。社会问题是指超出了个人、私人的范围，个人、私人无力来解决的问题。公共问题是人们的价值、观念、利益或生存条件遭到威胁后而出现的问题。公共政策需要解决的是那些社会性的公共问题。一个问题成为社会问题最终演变为公共政策问题不是一蹴而就的，整个过程是需要一定时间的，而这段时间也正是成本时间的一部分。政策问题是指当一个事件发生后，政策决策者意识到该问题已经严重影响公众的生活和社会有序发展，公众已经对其产生诉求，这时政策决策者需要履行自身的职责通过公共活动加以干预的问题。公共政策问题的确定是公共政策制定的前序，只有正确地确定公共政策问题，才能有针对性地解决该问题，所以一个完整的政策过程时间比较长，甚至有学者认为要20~40年左右的时间。

因此，这里所说的决策过程的时间成本是指决策者高度关注并决定选择某一公共问题进入制度议程的过程中所产生的价值损失。这里的价值损失包含两个方面：一方面是由于非必要时间浪费和资源、信息闲置所造成的价值损失，另一方面则是政府对于政策问题选择的机会成本。

（二）信息成本

信息成本主要是由两部分构成：一是获取信息所需要的成本，这部分成本的考核比较容易把握。由于信息具有不对称性和半透明性，所以一些专业性较强的信息获取不是简单直接的，而是需要借助一定的渠道与手段。那么获取信息的成本就包括直接耗费，也包括相关的咨询费用。二是信息是一种流通传播的资源，同时具有时效性的特征，因此信息在传播的过程中会发生过时的现象，这样一来获取信息就需要花费更多的成本。

因此在公共政策议程设置的过程中，在对有关社会问题信息的获取与加工时，产生的一些不必要的时间耗费所引起的价值损失，是我们要探讨的时间成本。

（三）参与成本

这是指决策者与公众之间达成政策问题的成本。公众参与公共政策议程需要成本，公众的自身素质各不相同，在参与过程中就会产生不必要的时间成本浪费，造成一定的价值损失。除此以外，决策者规模也会影响参与的成本。决策者多，有利于决策民主化，但同时内耗增加，决策过程很难高效率进行，相应地会浪费一些时间，增加参与的成本。与决策者规模相对应的是社会公众参与的人数。一般而言，人数较多，意见难以统一，成本较高；人数较少，成本较低。就公共政策议程而言，参与成本大致涉及参与主体的社会化成本和参与行为的活动成本两个方面。社会化成本是指培育参与政策议程的公众所花费的物质和时间投入，活动成本则主要是指议程设置过程中的活动实施成本。

因此在公共政策议程设置中，我们所说的参与过程中的时间成本，是指公众在参与相关问题讨论的过程中由于不必要的浪费所引起的价值损失。

（四）机会成本

公共政策议程中存在的各种经济成本与会计成本是可以量化的，对于它们的研究可以充分了解公共政策的资源耗费，并采取有效手段减少或杜绝不必要的浪费。但是值得注意的是在公共政策系统中还存在一种有别于经济成本的成本，我们称之为机会成本。这种成本的发生不能够在客观上得到精准的计算，而是通过理性的分析与判断得到的一种观念上的成本。正是由于这个原因，人们在考量成本的时候往往会忽略这一部分的成本。虽然这种成本的考量会受到一定程度上主观因素的影响，但是它的存在却是客观的。在现实生活中，资源的有限性制约着政府解决社会公共问题的范围与能力，通常政府决策者的做法是解决影响力大的社会问题，而在作出决策的时候，机会成本也随之发生。在我国社会主义市场经济条件下，对机会成本的研究，有助于政府决策者在选择决策方案时作出最佳选择，在政策执行的过程中实施最优质的政策方案，提高公共政策的执行效果，减少时间成本的浪费。

第三节 公共政策议程设置中时间成本管理的主要影响因素

一、决策体制

（一）政策议程设置模式单一

公共政策议程设置的基本模式有两种：一种是内在驱动型。政府行政主体通过自己的观察与理解发现潜在问题，经过反复讨论将这些政治议题直接送入政策议程中。另一种是外在输入型，这种议程设置是指政策问题由政府行政人员以外的公众、社会组织或大众传媒提出，通过对政策诉求进行解释和说明，将政策诉求传递给相关群体，由此进入公共议程，然后再通过向政府施压的方式使之进入政策议程。虽然从理论上讲，我国的公共政策议程设置模式由这两类构成，但是在实际政治生活中，还是以传统的内在驱动型为主。通过这种模式进入政策议程的公共问题，主要是依靠政治主体的价值偏好，而没能体现社会大众对公共利益的诉求。所以这种模式并不能够直接反映出社会问题，同时也缺乏社会公众的参与与监督，导致在议程设置的中期会出现较多的公共性问题，大大增加了时间成本的花费。

（二）决策隐蔽议程的阻碍

在政府的政策活动中，存在不同的利益集团，代表不同的利益，为了进一步达到自身的目的，他们通过各种渠道和方法进入公共政策议程设置阶段。假如政府为了保护特定的利益集团在议程设置时故意不作为，即政府对某些社会问题不做出任何反应，那么这种情况就会导致一些涉及公共问题的诉求无法进入政策议程设置环节，而其他一些与公共领域内关系不大的问题却被提上了公共政策议程。由此，政策议程越来越偏离公共领域，更多地表现出隐蔽性。

二、决策主体——大众传媒

正如前文提到的，问题的发展要经历一个认识上的逻辑过程，即公共政策问题链：问题、社会问题、公共问题、政策问题。当社会问题表现出极大的公共性时就转化为公共问题,公共问题上升为公共政策问题的标志是,它已经严重地影响公众生活和社会秩序的稳定，必须通过政府的行政工作才能有效解决该问题。而在整个问题转化的过程中,大众传媒对推动这个认识上的逻辑发展起到了至关重要的作用。在现代社会中,大众传媒通过各种方式传播和发放总是能在第一时间掌握大量的信息,对一些社会问题,特别是突发事件,会首先作出强烈的反应。另一方面,在信息传播的过程中,大众传媒能够快速将少部分人提出的社会问题广为传播,并且深入挖掘该问题的内部性质,进行一系列的跟踪报道,这样一来,不了解该问题的社会公众对此有了一定的了解,引起社会的广泛关注。

议程设定是公共政策制定过程的首要环节,在整个制定的过程中承担着重要的责任。大众传媒在此起着至关重要的作用。媒体是连接公众与政府的桥梁,通过对舆情的报道让政府真正了解公众之所需,成为制定决策的可靠依据。同时,及时向公众传达政府的想法与作为,让公众充分信任政府,让政府的行政工作能够有效率地进行下去。大众传媒对公共政策议程设置的影响主要通过以下两个阶段来实现:

第一阶段,大众传媒通过自身的议程设置建立公众议程。美国著名的政论家沃尔特·李普曼最早提出了“议程设置”的假说。议程设置就是这样的一种过程,当社会中存在各种问题时,由于它们涉及不同对象的利益,所以就会引发矛盾,新闻媒体需要在诸多问题与矛盾中,找到最具有代表性的问题,也就是具有公共性的问题进行报道,或者是通过在技巧上突出某些话题的优先地位,从而将人们的注意力集中到某些特定的公共事务上,进而成为社会舆论讨论的中心议题。这也就反映了议程设置理论的一个经典论点:“新闻界在告诉人们‘怎么想’上并不成功,但在告诉人们‘想什么’上却惊人地成功。”

这个过程说明当一项公共问题进入公共议程之前,大众传媒已经凭借自身的行业特征对其进行了筛选,这种有鉴别的分类会影响政府对公共问题的判断。并不是大众传媒的所有议程问题都能转变成政策问题,它只是为一些社会问题提供进入政府决策议程的机会。有些被忽视的社会问题在经过传媒的报道后被放大,获得了进入制度议程的机会。而有些问题本身不足以引起公众的认识,因此很难进入政府决策者的视线。

第二阶段,大众传媒推动公众议程转化为制度议程。对于一些社会问题,公众通过大众传媒来表达自己的利益诉求,传媒大规模连续性的报道形成一种压力,迫使政府对此问题做出反应。同时,政府也会通过大众传媒了解公众的想法和立场。因此,大众传媒成为公众与政府之间沟通的桥梁。美国学者罗杰斯和迪林通过对政策议程设置的研究得出结论,认为:"公众议程一旦被媒体议程所设置或所反映,就影响了精英议程决策者的政策议程,在一些情况下,影响了政策的贯彻执行","传媒议程似乎对精英决策制定者的政治议程,有时对政策的实施具有直接的,有时是很强的影响"。

由此可见,大众传媒在公共政策议程设置中发挥着重要作用。正确定位大众传媒的角色,有利于政策议程设置的科学性与高效性,节约决策成本。在大众传媒参与政策议程的过程中,主要的时间成本表现为参与成本、信息成本和机会成本。第一,大众传媒通过自身的议程设置建立公众议程,在这一阶段所表现出的时间成本主要为机会成本与信息成本。所谓的机会成本,是指大众传媒在多样的社会事实和问题中选择性地报道一部分话题,同时忽略其他的话题所形成的价值损失。信息成本,主要指大众传媒在决定对某一话题进行报道后,对这一话题的信息进行搜集整理过程中由于不必要的时间浪费而引起的价值损失,以及包括由于信息闲置造成的价值损失。第二,大众传媒推动公众议程转化为制度议程。这一阶段中的时间成本主要包含参与成本和信息成本。这里的参与成本主要是指大众传媒对政策议程的参与,并未将公众的参与成本计算在内。它是指大众传媒在参与公众议程转化为制度议程的过程中由于不必要的时间浪费而形成的价值损耗。信息成本,是指大众传媒对相关信息进行大规模连续性的报道过程中,在对信息进行加工处理时造成的不必要的价值损耗。

三、议程设置过程——会议时间

这种形式在政策议程中非常普遍。无论是公众议程还是制度议程,无论是官方决策者还是政治团体、利益集团,在决定社会问题通过公众议程进入到制度议程中时,都要进行集中性的讨论和决策。因此,会议这种形式是无法避免的。无论任何事项的决定,都会有很多的大会小会。大量的会议使得政府部门产生大量的时间成本方面的损耗。具体表现为:第一,无论大事小事都要开会,在会上主要领导要发言,各级部门下属也要依据领导精神进行发言,这样一来就使会议时间冗长,不仅浪费时间,还出现脱离会议主题的现象。第二,会议过程中出现铺张浪费、奢侈攀比、公款消费的现象造成很多会议一开就是好几天,效率低下的同时,也耗费了大量的时间成本。而这种时间成本的消耗,完完全全是由不必要的时间浪费所引起的。第三,各级政府及财政部门虽然制订了很多加强会议管理的文件,但往往流于形式,致使监督检查不严格,贯彻执行力度不强,造成了不必要的浪费。

由于会议时间管理不当所引起的时间成本主要表现为决策成本、参与成本、信息成本和机会成本。由此可见,相比大众传媒由于信息收集不当和片面性报道所形成的时间成本,会议时间浪费所形成的时间成本则是巨大的。

第四节　降低公共政策议程中时间成本的策略

一、建立完善的议程设置体制

在议程设置中最基本的议题是社会公共问题如何进入政策议程。只有建立多渠道透明的议程设置模式才能保证进入议程设置的社会问题涉及社会大多数公众的利益, 才能保证公共政策的公共性。我国正处于社会转型期,各种矛盾的突发严重影响了整个社会秩序的稳定,在这一阶段,社会公众表达自身诉求的途径既单一又不合理,大多数是依靠"突发群体性事件"等非正常事件爆发为突破口进行利益诉求的表达。这种形式一方面不利于表达社会公众的真实想法, 另一方面影响和谐社会的建设。在具体的实践中,建立多元化的议程设置模式,改变现有的以内在驱动为主的模式,将内输入与外输入结合起来,建立以政府工作人员为主,政治精英、社会公众等共同参与的行为模式系统。要想达到这一目的,首先要提高社会公众参与的意识,让每个人真正成为社会参与的主体,政府要保证社会公众参与渠道的通畅,使公众参与这一模式形成正规化、常态化、长效化机制。公众的参与意味着政策议程设置民主化,要落实这一目标,政府可以提高公众的组织化程度。组织化是指将不同的利益阶级按其利益诉求的不同划分成几个大的利益集团,彼此之间形成相互制约的模式,这样可以避免出现某个大的利益集团操控制度议程的情况出现。为此政府应鼓励社会团体或非政府组织的发展,以形成多元化的竞争格局。同时,鼓励社会团体或非政府组织的发展,提高社会自组织化程度,也为公众的利益表达提供了合法的组织基础。

公共政策的建立是为了解决社会公众面临的社会问题,为社会公众提供优质的服务。公共政策所要解决的问题涉及范围较广,但是从本质上来看都是涉及民生的问题。如何确定政策的效果,就要建立健全政府绩效考核引导机制。党的十七大提出了"加快推进以改善民生为重点的社会建设"的明确要求,这就要求决策者加强对社会政策的关注。

二、加强政策议程设置过程中的会议时间管理

在议程设置过程中,会议总是一个具体的形式。通过会议确定议程设置的具体步骤,是一种有效的方法,但是值得注意的是,会议时间成本的浪费是议程设置过程中一个较为明显的时间成本管理问题。会议的顺利进行需要一系列的物质保障与准备:如确定会议场地,此时会场费、水电费等必要的支出已经产生,而有些大型会议还涉及住宿费、餐饮费、交通费,等等。如果合理地解决这些费用便可以节省一笔不小的开支。因此我们在进行会议时间管理时要遵循这样的原理,大会变小会,小会不开会。首先,召开必要的会议时,要让每位与会人员认真做好会前准备,以便减少会议期间不必要的沟通时间,严格规定发言时间,缩短由时间引起的成本浪费。其次,制定严格的会议规范制度,不得利用会议之便公款私用,铺张浪费。最后,要加大会议监督的力度,从内部监督与外部监督两方面着手,缩减会议时间成本。

第五节 案例分析

这部分列出的具体案例主要论证前文阐述的理论内容。本部分共五个案例:个人信用制度属于公共政策界定性问题,拆迁条例和户籍制度改革同属政府旧项目中的周期性议题。不同之处在于,拆迁条例议题的形成在不同阶段包含不同的议程类型,而户籍制度改革议题在形成过程中由于较少的公众参与,公众议程不明显,时间成本中的参与成本较低。"厦门PX项目"事件和"卧铺客车"事件都是政府新项目中的引导性项目。需要指出的是,大众传媒是影响"厦门PX项目"事件进入议程设置的主要原因,因此该案例主要

是对媒体议程进行论述。

一、公共政策界定性议题——个人信用制度

案例一：2014年12月3日，南京市委、市政府在全市诚信体系建设大会上宣布，到2015年底南京将建成全市统一的企业与个人公共信用信息数据库，对重点人群、重点领域建立信用"黑名单""黄名单"和"红名单"制度，并在市民卡中嵌入信用功能，形成"一处失信，处处受限"的城市治理新常态。

1. 市民卡变"信用卡"，23类人群重点监管

今后，长期不缴水电费、地铁逃票、冒用老年卡、学生票等失信行为，都将记录在案，这些信用信息将影响到个人应聘、提拔升迁、评先评级、公共资源享受等诸多方面。

根据《全面推进诚信体系建设工作实施方案》，南京市将建立和使用信用信息库，建立信用激励和信用惩戒机制。其中一条创新途径就是在市民卡中嵌入信用功能，整合市民在各类先进模范荣誉和社会公益活动（义务献血、志愿者活动、见义勇为、捐助等）的信息，对诚实守信的市民，在社会保障、社会救济、公共医疗、公共交通、公共图书馆等方面予以优惠或优先安排。

南京市信息中心信息管理处处长殷小军介绍，南京市已在全省率先建成个人信用基础数据库，有七百多万名常住人口入库，不过库内大多是出生年月、籍贯、婚否等基础信息。个人公共信用信息数据库将在基础信息之外，接入个人能力（专业、职称、专利等）、资产财务、社保纳税、失信和荣誉等多方面的信息。

企业经营者、科研从业人员、新闻从业者、教师、医生等23类重点人群的信用将被重点监管。记者了解到，南京正在建设重点人群的诚信档案系统，并将率先试点公务员诚信档案管理制度。有关公务员的个人事项报告、廉政记录、年度考核结果、相关违法违纪违约行为等信息将纳入档案，作为干部考核、任用和奖惩的重要依据。据透露，南京市考察干部都要进行个人信用审查，一旦发现个人申报作假，一律不予提拔。

2. 建"黑"名单，失信企业寸步难行

2014年12月3日上午，南京市商务局向南京信息中心递交80家企业名单，申请查询这些企业有无失信记录，用于企业评优。2014年2月以来，南京信息中心已提供302份企业信用审查报告，绝大部分来自政府部门申请。按

照新方案,政府发放各种专项扶持资金,必须审核信用。在政府采购、公共资源交易、重大工程招投标等领域,南京都将引入信用审查。南京市财政局局长翁国玖介绍,对无失信记录企业简化程序,优先安排扶持资金。一旦进入"黑名单",企业将寸步难行。到2015年3月,南京要在交通、食药品安全、环境保护、司法、商务、物价等领域推出"黑名单""黄名单",制订统一的失信告知、记录和公示制度。在税务、卫生、环保等领域评定和发布"红名单",在市场准入、政府采购、资质认定等系列政府主导的活动中,为上榜企业开辟绿色通道。

3. 打破信用信息"孤岛"

联通共享,在南京市现有的公共信用信息数据库中,近四成的信息因缺乏主体标识而成为信息死水,无法使用。南京信息中心主任何军介绍,在城管、卫生等部门的执法信息中,没有法律依据支撑执法者要求被执法者出示身份证,这些行政处罚信息因缺乏身份证号码而无法入库。

还有大量的关键信用信息没有接入到南京公共信息数据库。部门与部门之间,部门的处室之间都存在信息孤岛。赵杰表示,信用评估员大部分的时间消耗在跑腿上,即便像南京市已经初步搭建了企业信用公共数据库,有关税务、人社、检察院、质监、建设等很多领域的信息,还是要到多个部门去查询、盖章,这极大地增加了企业的信用评估成本。[①]

案例二:2015年9月1日起,福建莆田中心城区将利用高清视频监控探头,开展摩托车、助力车、电动车交通违法和行人闯红灯专项整治,对不戴头盔、不按道行驶等轻微违法行为和行人闯红灯以劝导、教育为主,并将"黑名单"的影响广而告之。而列入黑名单者想出国需要开具无犯罪证明,其子女想就读公安大学和部队院校等都将受影响。

将闯红灯纳入个人诚信系统,这种一改以往"点状"惩戒形式为现如今的"线性"责罚机制,所带给人的体验和感受是截然不同的。一个人可以不在乎自己那张老脸,但谁愿意往自己孩子尚未涉世的脸上抹黑呢?可以说,"欲闯而不可"的心理暗示带来的结果,不难预见。尤其是来自可能遭受影响的子女的敦促提醒,与一传十传百所产生的叠加效应,必然有助于"违者必罚"的规则意识在更多人心中逐渐发芽,并落地生根。这正是我们所乐见和欣喜的。[②]

---

① 《南京全市诚信体系建设工作会议召开》,南京市政府网,2014年12月4日。
② 《莆田专项整治交通违法行为 行人闯红灯或成信用污点》,莆田网,2015年9月1日。

（一）个人诚信制度系统的建立过程

我国自古便是一个以诚信为信仰的国家，在伦理道德中将诚信放在最重要的位置，认为信用是个人道德修养的重要组成部分。但由于在社会发展中以经济发展作为本质任务，所以个人信用关系是建立在长期经济往来和人际交往关系上的，是以个人消费诚信制度为基础。中华人民共和国成立初期，由于经济水平较为落后，个人消费信用几乎是不存在的，因为以信用为基础的贷款并没有广泛地涉及个人。信用制度的对象主要是政府与单位。改革开放的深入发展带动了个人信用关系的发展，尤其是个人住房储蓄贷款的出现导致个人信用评估应运而生。随后，作为金融工具之一的信用卡也开始在一些发达地区兴起，使我国个人信用资源得到进一步开发，这也促使个人信用评估走向规范化。

我国个人信用制度起初是个人消费信用制度：①形成阶段。1999年，为了改善经济疲软的现象，增强经济发展活力，济南市建设银行出台了《个人信用等级评定办法》，该办法将借款人的相关信息搜集汇总，并以此编制成十大指标，该办法的出台标志着我国个人信用制度走向规范化、科学化。与此同时，中国人民银行下达了扩大个人消费信贷的指导意见。②发展阶段。2000年6月，上海个人信用联合征信服务系统开始运行，标志着我国个人信用制度进入了新的发展时期。③2004年底，征信步入新的发展阶段，中国人民银行宣布，全国统一的个人信用信息基础数据库开始试运行，并在北京、重庆、深圳、西安、南宁、绵阳、湖州等城市对各国有独资商业银行、股份制商业银行和城市商业银行开通联网查询。2005年年内，央行将实现个人信用信息基础数据库全国联网运行，全国性的个人信用制度将逐步开始形成。④多方位发展阶段。

2014年5月5日，由国家发改委和中国人民银行牵头起草的《社会信用体系建设规划纲要（2014—2020）（送审稿）》（下文简称《纲要》）已上报国务院，国家信用体系建设框架即将于近期公布。2017年，将建成集合金融、工商登记、税收缴纳、社保缴费、交通违章等信用信息的统一平台，实现资源共享。根据规划，以政务、商务、社会、司法四大领域为主体的信用体系建设方案实现了社会信用的全面覆盖。社会诚信是指在整个社会生活中逐渐形成的诚实守信的社会风气。其形成不仅包括个人诚信，还包括在社会生活中被广泛认可的道德及规则。在构建全社会诚信体系的大趋势下，以全国个人诚信综合管理平台为基础的个人诚信体系建设也驶上了发展快车道。①建立以身份证号码为代码的长效诚信机制。②建立大数据库增添多方位诚信动力。全国社会信用体系建设将以政务、商务、社会、司法四大重点领域为主体展开，实现社会信用的全面覆盖。③以个人诚信档案为核心。以个人诚信档案的建立查询为核心功能，并在档案查询时设计了较为周密细致的加密方案和功能设置，推出了个人诚信报告、个人诚信简历、雇前背景核实等多项服务，将满足不同人群和组织的需要。

案例一中，建设企业和个人公共信用信息数据库，能够将个人和企业的信用情况记录在市民卡中，对诚实守信的市民在社会保障、公共医疗、公共交通等领域予以优惠，对于守信的企业将简化相关行政审批流程、优先扶持。而一旦企业或个人出现失信行为，不仅会登上"黑名单"，面临"一处失信，处处受限"的局面，还要接受相关惩戒措施的惩罚。案例二中，我们可以看到信用问题已经不单单是经济领域的话题，它已经触及社会生活的方方面面。这个事件只是中国政府一系列个人信用政策中的一个地方个案。随着个人信用问题从私人问题上升到公共问题再提升到公共政策问题，政府把这一问题纳入了公共政策议程。通过对公共政策问题进行科学的构建后，制定了一系列的公共政策，政策系统逐渐走向成熟。

（二）公共问题界定的时间成本分析

随着市场经济的快速发展，市场经济已经逐步成为信用经济，它的完善与发展离不开信用的导向和保障。所以说，个人信用制度其实就是一种社会管理机制，通过这种管理机制，保障整个市场有序安全地进行运作。

在本案例中时间成本主要集中于公共问题确定的过程中。公共问题是大众的问题，是人们的价值、观念、利益或生存条件遭到了威胁而出现的问题。个人信用这一概念从产生的时刻开始，就已经激发了公益性的诉求。因此当社会问题进一步扩散、蔓延后，就会转化为公共问题。当公共权力主体体会到公众的公意并趋同于公众的诉求时，该问题就成了一个公共政策问题。

（三）影响时间成本的主要因素

公共问题确认的时间。信用观念的薄弱导致制度建立时间的延误。计划经济时期，个人信用观念几乎为零，所以个人的信用意识普遍不是很高，没有意识到个人信用问题就是公共问题。要想扭转这种情况需要花费大量的时间，该时间的浪费就是公共政策制定的时间成本。从无到有是一个漫长的过程,在该过程中,进行的所有探索与研究的消耗都属于时间成本的范畴。

（四）降低时间成本的有效措施

降低时间成本的有效措施即加大信用概念的宣传教育。①强化信用观念的宣传。要增强个人信用观念的意识,就必须要加大宣传力度,优化信用环境。对于企业和个人要强化信用知识的教育工作,要的是诚信,一个人和一个企业如果连最基本的信用都缺失了,那么他们必然会被现代化的市场和社会所抛弃。所以我们应当从多方面,采取多种措施,对广大的居民进行深入的教育,使其明确信用是其安身立命的根本,是体现自身价值的关键,即有"信"走遍天下,无"信"寸步难行。②健全各项个人信用制度。从我国的实际情况出发,健全各项个人信用制度,强化国家对于信用信息的公开程度,改革现如今的信息统计方式,实现全面信用信息的共享。只有信用信息的全面共享,才能够对相关信贷和金融行业进行准确的评估,实现正确的决策,降低其存在的风险指标,实现优化整个金融行业的目的。逐步建立个人信用资料征集制度、个人基本账户制度、个人信用评估制度、个人信用报告制度以及个人信用行为约束制度。这些制度的建立能够全面系统地体现一个企业和个人的信用信息,进而提升信用信息的全面性和保真性。③完善有关信用的法律制度。只有制定信用法律,才会在短时间内有效地对各种失信行为进行管理。法律是个人信用制度建立的基石,应当加快信用法律的建设,通过法律的手段对人们的行为进行明确的规范,加强对失信人的惩罚力度,使信用管理有法可依,保障整个市场经济的和谐发展。同时增设监督部门,对执法者进行严格的监管,保障执法体系的清廉之风,防治不法分子和道德败坏的执法人员同流合污,为个人信用制度的建立作出良好的铺垫。

二、周期性议题——房屋拆迁制度的议程设置

拆迁制度一直是备受社会各界广泛关注的一项政策,且随着相关社会问题的演变而不断变化。在这项案例的讨论中,作者首先回顾中华人民共和国成立以来我国的拆迁制度及其立法进程,然后重点分析不同阶段主要拆迁条例的议程设置情况,指出不同拆迁条例设立过程中的时间成本问题,并进行相关的估算。

2003年8月22日,对于平凡的翁彪一家来说却是不平凡的一天,那一天上午11点，秋老虎在发威，南京市玄武区邓府巷同庆里的拆迁工作正在进行。家住同庆里28号的翁彪走出家门，打算为家人买些蔬菜。他走后不久，拆迁办的人就上门，转告他的妻子周浩，叫翁彪去拆迁办。邓府巷位于寸土寸金的新街口黄金地段，2003年6月12日，南京市相关部门就公布了拆迁公告，拆迁的截止日期为2003年8月30日。

到2003年8月22日，邓府巷一千多户居民大多已搬迁，仅剩翁彪等二十多户居民迟迟不肯搬迁，他们对拆迁费存在异议。由于政府给的拆迁费不足以重新购买新房，所以翁彪一直在与拆迁办协商，试图将拆迁费争取到10万元或者换取一套65平方米的经济适用房，但是没有得到拆迁办的同意。就在这一天，拆迁办用暴力执法的方式将翁彪家夷为平地。而后翁彪冲到拆迁办与拆迁办人员发生争执，并点火自焚，酿成惨剧。翁彪之死，直接导致了2003年8月22日以后，直到2004年2月1日拆迁新政出台之前，南京市几乎所有拆迁项目全部暂停。三个星期后，同样由于暴力执法，拆迁办将青阳县朱正亮家毁为废墟，导致朱正亮点火自焚。

（一）拆迁制度回顾

我国房屋拆迁制度的发展大体上经历了四个主要阶段。

1. 第一阶段：中华人民共和国成立—1991年

在这段时间内，我国没有具体的拆迁条例，立法内容比较简单。当时的土地资源比较充裕，房价很低，人们的思想并不开放，因此拆迁的矛盾并不突出。

2. 第二阶段：1991—2001年

1991年6月，国务院发布我国第一部系统规范城市房屋拆迁行为的行政法规，即《城市房屋拆迁管理条例》。该法规的颁布是为了配套当时的《城市规划法》。那时候，房屋的拆迁行为都是由政府主导的。1994年7月，全国人大常委会通过了《中华人民共和国城市房地产管理法》，该管理法在制度方面对市场化角度下的房地产业进行了规制。从此在中国的城市建设中产生了新的主力军——房地产开发商。与此同时，分税制改革开始进行，地方政府在促进本地方发展时开始倚重土地资源。在这段时间内，政府颁布了一系列行政法规，明确指出对土地使用权的无偿收回。当时我国只是提出对收回的房屋进行补偿，并没有对相应的土地作出补偿规定，因此拆迁的矛盾日渐突出。

3. 第三阶段：2001—2011年

2001年6月，国务院常务会议通过了对《城市房屋拆迁管理条例》的修改。该《拆迁条例》一直沿用至今。但是，该条例存在明显的矛盾与问题。其中对商业拆迁与公益拆迁没有做出明确的区分，这就为拆迁工作制造了巨大的困难。这种运作模式的基本流程是由建设单位向政府申请拆迁许可，政府通过一系列的调查后否定或同意该拆迁行为，开始协商进行拆迁，发生矛盾由政府出面解决（解决的办法多为强制拆迁）等。

2004年3月，《宪法》第四次修正案增加了"公民的合法私有财产不受侵犯""国家为了公共利益的需要，可以依照法律规定对公民的私有财产实行征收或者征用并给予补偿"等内容。这实质上是为在拆迁中损害私有财产要进行补偿的行为提供了法律依据。

2007年3月，《物权法》规定了拆迁补偿。该规定指出，在以公共利益为前提的拆迁中，政府和相关机构可以征用集体所有的土地和单位、个人的房屋及其他不动产，但是必须根据相应的补偿原则给予必要的补偿，补偿最基本的原则就是不能损害被征收人的合法利益，保证被征收人拥有适当的居住空间。

2007年8月，《城市房地产管理法修正案》通过。规定："为了公共利益需要，国家可以征收国有土地上的单位和个人的房屋，并依法给予拆迁补偿，维护被征收人的合法权益；征收个人住宅的，还应当保障被征收人的居住条件。具体办法由国务院规定。"

2009年12月29日，全国人大法工委邀请五位学者就修改拆迁条例进行座谈，直言最近有些地方突击拆迁现象严重，建议全国人大法工委和国务院关注，由国务院出台通知，要求各地在元旦、春节期间遏制突击拆迁事件的发生。

2010年1月29日，国务院法制办公布《国有土地上房屋征收与补偿条例（草案）》，首次向社会公开征求意见。

2010年12月15日，国务院法制办公布《国有土地上房屋征收与补偿条例（第二次公开征求意见稿）》，就"新拆迁条例"立法再次征求公众意见。

这一阶段制定的拆迁制度虽然能够缓解因拆迁而产生的矛盾，但由于补偿金额不足且补偿不合理，大大加剧拆迁的矛盾。

4. 第四阶段:2011年至今

2011年1月19日,国务院总理温家宝主持召开国务院常务会议,审议并原则通过《国有土地上房屋征收与补偿条例(草案)》,并废止了以前的《城市房屋拆迁管理条例》。新拆迁条例建立在公平的基础上,经过多方利益的界定与整合,为行政行为的合法性提供制度保障,也保证了被拆迁人的权益。

(二)《城市房屋拆迁管理条例》的议程设置

条例有两部,第一部是1991年的《城市房屋拆迁管理条例》,第二部是2001年颁布的修改后的《城市房屋拆迁管理条例》,是对1991年拆迁条例的修改与完善。接下来,我们分别对这两部拆迁条例的议程设置情况进行分析。

1. 1991年《城市房屋拆迁管理条例》的议程设置

这部条例于我国拆迁制度发展中的第二阶段,是为了配合当时的《城市规划法》。1989年,我国颁布了《城市规划法》,用来指导当时的城市规划建设。《城市规划法》出台后,相关的城市规划建设行为逐渐显现,为了配合城市规划,国务院于1991年颁布《城市房屋拆迁管理条例》,用以规定城市规划中的房屋和土地问题。由此可见,这项拆迁条例的颁布主要是政府部门为了完善自身的规章制度,加强城市规划,是规范自身行为的条例。因此1991年拆迁条例的议程设置者是政府部门,条例的设置属于制度议程。在这期间,政府部门既没有征求公众意见,也没有召开专家学者研讨会进行相关事项的讨论。1991年《城市房屋拆迁管理条例》设置中的时间成本只是政府部门的决策成本,即政府部门在对相关问题进行界定与商议过程中,由于不必要的时间损耗而造成的价值损失。例如,较长时间的会议讨论而引起的不必要的资源消耗等。

2. 2001年《城市房屋拆迁管理条例》的议程设置

这部条例的颁布是对1991年《城市房屋拆迁管理条例》的修改。在1991—2001年的10年里,我国的住房改革制度不断变革。在此期间,1994年第八届全国人民代表大会议通过《城市房地产管理法》,积极调动社会力量参与房地产建设,拉开了房地产市场化的序幕。同时,商人们买下国有房地产公司,将它们进行改制,逐渐垄断中国的房地产开发市场,而1998年对《土地管理法》的修改,基本上建立了中国的房地产制度。在这些法规的制定下,政府将所拥有的土地征收并出让给开发商,进而获取丰厚的土地出让金。与此同时,开发商垄断房屋建设,实行房屋拆迁并决定房价。在这种情况下,

2001年国务院通过《城市房屋拆迁管理条例》,对之前的拆迁条例做了修改。

2001年拆迁条例的设置与第一部相同,属于制度议程。但不同于第一部拆迁条例的是,2001年拆迁条例的出台有着复杂的社会背景,它的颁布是由政府与利益集团共同促成的,这里的利益集团主要指房地产开发商。随着1994年《城市房地产管理法》和1998年《土地管理法》的出台,开发商的地位日益显露。同时我国在1994年实行分税制改革。按照分税制改革方案,中央将税收体制变为生产性的税收体制,通过征收增值税,75%的税收归中央政府,剩下的给地方政府。地方政府缺乏相应的财政汲取能力,因此不断增加土地价格,从而增加财政收入。这样一来,地方政府与房产商有着一致的利益诉求,他们共同希望新的拆迁条例早日出台。而国家政府部门也希望相关拆迁条例的出台能够解决社会的问题,促进经济发展。因此,不同的议程设置者为了共同的目标推动了新拆迁条例的出台。与第一部拆迁条例相同,2001年《城市房屋拆迁管理条例》议程设置的时间成本主要表现为政府部门的决策成本。这两部拆迁条例都是政府部门的自发行为,或是在政府部门的推动下出台的,因此没有公众参与成本和信息咨询成本的消耗。

3. 2011年《国有土地上房屋征收与补偿条例》的议程设置

2001年修改后的拆迁条例并没有解决房屋拆迁的实质问题,反而引发了社会上许多的拆迁悲剧,各方媒体也围绕一些悲剧事件进行了报道。媒体的不断宣传引发了社会公众的强烈不满,这对于推动新拆迁条例的出台具有很大的影响。

(1)悲剧事件的发生。在2001年国务院修改拆迁条例后,到2003年这段时间,因拆迁制度产生的矛盾激化,标志性事件是2003年9月前后发生的两起拆迁人身伤害案件:一是江苏省南京市的"翁彪自焚事件";二是安徽省青阳县的"朱正亮自焚事件"。在此之后,也是2003年,杭州市116名群众联名给中央写信,要求废除拆迁条例。然而各级地方政府仍然持续其强制拆迁的行为,导致2004年6月轰动全国的湖南"嘉禾事件"发生。这次事件的发生成为该项政策形成的触发机制,但它并没有在具体政策上形成很大的体现。

然而2009年11月13日的"唐福珍事件",打开了新拆迁条例的政策之窗。2009年11月13日,成都市金牛区天回镇金华村村民唐福珍以自焚的方式抗议强制拆迁,后因抢救无效不幸死亡。该事件被媒体曝光后,再一次引起了人们对拆迁和拆迁条例的广泛关注,引发了社会各界的强烈舆论。

（2）政府在拆迁中定位不准确。在拆迁中，政府拆、政府判难以保证拆迁户的权利，政府代理开发公司的拆迁实质上是不恰当地介入市场的行为。而一旦介入，政府难免倾向地区投资商而侵犯原住民的权利。当悲剧事件发生后，没有第三方来充当裁判。同时由于政治体制的不完善，一般意义上的第三方——法院，也可能失去其中立地位。不管是为了公共利益的拆迁还是为了商业利益的拆迁，政府介入拆迁并强制实施，都是与政府的职能与使命相抵触的。许多时候，政府介入拆迁使政府容易沦为开发商的打手，引发了拆迁领域的官商勾结与权钱交易，并最终损害被拆迁人的利益。

（3）制度资源不足，被拆迁户利益缺乏法律和制度保障。一个很明显的事实是，在现存框架内，解决"钉子户"事件的制度资源很不够。比如，法院曾要求被拆迁户在限期内拆迁，但是我们看到被拆迁户的想法没有得到政府的重视，没有很好的机制来使各方进行深入的意见交流，被拆迁户主要通过一些媒体不是很全面地表达自己的观点。正是这个基本事实，使双方态度僵持。媒体的狂欢当然是有道理的，但不应该仅仅停留在狂欢的层面上，不应该纠缠于双方的恩怨是非，而需要深入思考整个事件的宏大语境。

2007年4月，在全国城市房屋拆迁理论工作研讨会上就《物权法》对拆迁行为的影响达成了共识。此后《城市房屋拆迁管理条例》的修改被正式提上政府的工作日程。从2007年提入政府工作日程，至2011年新的拆迁条例出台，这段时间内政府部门也对相关法规进行制定与完善。其中，2010年1月29日和2010年12月15日，政府部门针对拆迁条例分别发布了两次征求意见稿，公开向社会征求意见。

由此可见，社会悲剧事件的发生、公众的参与、媒体的宣传报道和专家学者的研讨，共同推动新拆迁条例的颁布进入政策议程，促使2011年新拆迁条例的问世。综合以上论述，我们将2011年新拆迁条例议程设置的起始时间定为2003年9月，进入制度议程的时间点为2007年4月，详见图2-3。

2003 年 9 月前后两起拆迁人身伤害案件：一是江苏省南京市的"翁彪自焚事件"；二是安徽省青阳县的"朱正亮自焚事件"。

专家学者的参与

媒体的持续报道

公众的参与——杭州市民联名请求废除条例

2007 年 4 月在全国城市房屋拆迁理论工作研讨会上就《物权法》对拆迁行为的影响达成了共识。《城市房屋拆迁管理条例》的修改被正式提上政府的工作日程。

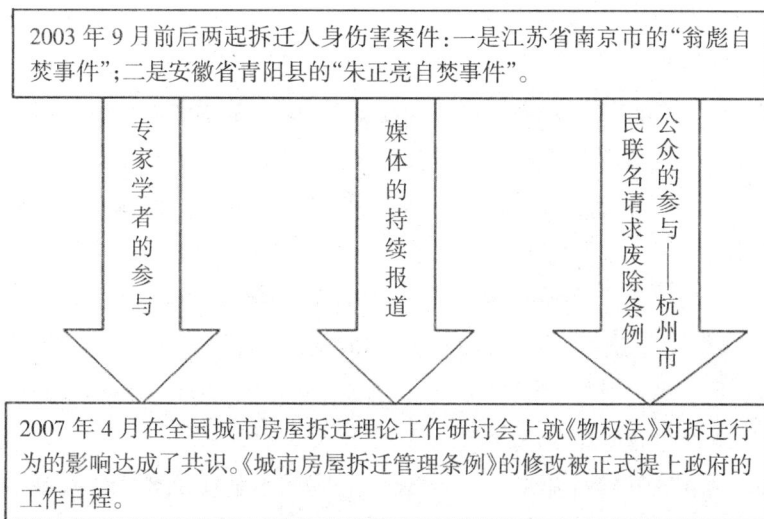

图2-3 新拆迁条例议程设置过程

由图示可知，2011年国务院正式出台的《国有土地上房屋征收与补偿条例》，在进入政策议程的过程中，得到了社会各界的广泛关注。因此这项政策的政策议程类型为制度议程、公众议程、媒体议程和学者议程。制度议程是指中央政府意识到拆迁事件的严重性并开始采取相应的措施；媒体议程是指媒体意识到拆迁中存在的问题，进行新闻报道和讨论，认为政府应该加以解决；公众议程是群众认识到拆迁问题亟待解决，希望得到政府的关注，需要指出的是，公众议程与媒体议程相互作用，媒体议程影响到公众议程，使得社会开始广泛关注强制拆迁的问题；学者议程是指专家学者认为拆迁中存在的问题需要解决，进而针对该问题发表专业意见。一般而言，学者议程属于公众议程，但在这个案例中，专家学者在拆迁条例的具体设置中起到了很大作用，由于其自身较强的专业性与社会声望，因此能够进一步影响政府的决策行为。无论是2003年学者的讨论，迫使拆迁条例停止并修改，还是2009年的集体上书，都体现了专家学者的重要作用。

综上所述，新拆迁条例进入议程设置的时间成本（C）包括：政府的决策成本（D）、公众与学者的参与成本（P）、信息成本（I）和政策选择的机会成本（O）。即：

C=D+P+I+O

其中，由信息成本、参与成本和机会成本所组成的外部成本比较大。信息成本,主要指在政府部门、媒体、公众和专家学者对相关信息进行收集与处理的过程中, 由于不必要的时间浪费而引起的信息浪费与闲置所引起的价值损失。参与成本,主要指在公众与学者,特别是学者参与拆迁条例修改过程中,由于时间的不合理利用而引起的价值损失。机会成本是指选择拆迁问题进入政策议程而放弃其他社会问题所引起的损失, 以及在该问题受到关注后,选择某一方面作为解决的重点而忽视其他方面所带来的价值损失。

由此可见,这三部涉及拆迁的条例,特别是第三部《国有土地上房屋征收与补偿条例》,进入政策议程所带来的时间成本是巨大的。若要解决这一问题,主要应当提升社会成员节约时间成本的意识,这不仅包括政府的工作人员,还应当包含专家学者、传媒和社会公众。

对应城市房屋拆迁问题, 要想减少时间成本就应该相应地提高制度效率,也就是将国家安排与产权安排合理分配。对于政府而言,其在城市房屋拆迁中的责任与职能必须落实到位。第一,要积极落实简政放权工作,将不必要的行政许可制度逐步取消。第二,将房屋拆迁制度科学化、明晰化,取消政府的行政裁决权和强制拆迁权。第三,政府作为行政主体,在落实政策的过程中必须承担起监督、指导、协调的工作。通过落实政府责任、纠正政府错位、监督政府越位,提高政府节约成本的意识,从行政的角度降低时间成本。在拆迁过程中,被拆迁者往往处于弱势地位,当他们意识到自己的利益可能会遭到侵害时,就会采用一些不合理的方式表达自己的诉求,如自焚、聚众闹事等,在这样的情况下,政府必然要出面解决公共问题,这样就从另一个方面增加了公共政策议程设定的时间成本。因此社会公众应该大力加强自身知识和素质的提高,当拆迁与补偿方案不符合自身的利益时,应该保持理性、客观的态度,以科学合理的方式进行协商,以期用最少的付出得到及时有效的回报。

三、周期性议题——户籍制度改革的议程设置

中国现行的户籍制度是城乡矛盾的历史产物, 其主旨是通过户籍制度的固化并强化对农民权利的限制,特别是限定农村劳动力向城镇的流动,以促进国家采取的工人优先、城镇优先、工业优先的发展战略的实现。户籍制度由两个主要方面,即限制农业人口转为非农业人口、限制人口迁徙特别是

由农村向城镇的迁移。

（一）现行户籍制度的形成过程

1. 第一部户口管理条例出台

1951年7月16日，公安部公布《城市户口管理暂行条例》，规定了对人口出生、死亡、迁入、迁出、"社会变动"（社会身份）等事项的管制办法。1955年颁布《国务院关于建立经常户口等级制度的指示》。

2. "农"与"非农"二元格局确立

1958年1月，全国人大常委会通过《中华人民共和国户口登记条例》，第一次明确将城乡居民区分为"农业户口"和"非农业户口"两种不同户籍。1964年8月《公安部关于处理户口迁移的规定（草案）》出台。

3. 实施居民身份证制度 小城镇户籍逐步放开

1984年10月，《国务院关于农民进入集镇落户问题的通知》颁布，户籍严控制度开始松动。1985年7月，《公安部关于城镇暂住人口管理的暂行规定》颁布。1997年6月，《国务院批转公安部小城镇户籍管理制度改革试点方案和关于完善农村户籍管理制度意见的通知》出台。1998年7月，《国务院批转公安部关于解决当前户口管理工作中几个突出问题意见的通知》的出台让户籍制度进一步松动。2012年2月，《国务院办公厅关于积极稳妥推进户籍管理制度改革的通知》出台。

4. 新型户籍制度改革目标确立

2013年11月，《中共中央关于全面深化改革若干重大问题的决定》指出，要"创新人口管理，加快户籍制度改革，全面放开建制镇和小城市落户限制，有序放开中等城市落户限制，合理确定大城市落户条件，严格控制特大城市人口规模"。这意味着新型户籍制度改革目标的确立。2014年7月30日，国务院出台《关于进一步推进户籍制度改革的意见》，引起社会广泛关注。

（二）问题的确认与时间成本分析

在问题确认的过程中，制度本身和改革措施的缺陷导致时间成本的浪费。

尽管众多的学者和实际工作者对户籍制度改革的可行性做了多方面的研究，但是缺乏全面、深入的实证分析，如潜在迁移人口的迁移意向、城市居民的承受能力、约束迁移政策调整的障碍因素和如何对迁移政策进行实质性调整等。同时也没有对户籍制度改革的配套政策进行专门性的研究，因而对怎样修正户籍制度，怎样建立适应社会主义市场经济体制的新户籍制度等问题,始终没有一个成熟的意见,导致现实生活中户籍改革缺乏系统性、全面性。改革措施多为应急之举,避重就轻,效果不明显。这也就使户籍改革问题成为政府众多议题中的经常性议题,相关决策者根据不同的社会情况和形势,会经常性地对其进行商讨,以便最终解决这一问题。

政府部门在确定户籍改革问题并使其进入政策议程的过程中,会进行调查研究,并对相关的群体,如大众媒体、利益集团、公众等进行信息的搜集与加工,在这一阶段所造成的不必要的时间资源、人力资源和物质资源方面的耗费就是我们所要讨论的时间成本。表2-1是各政策主体在议程设置过程中导致相关时间成本增加的内容及原因:

表2-1　各政策主体在议程设置过程中时间成本增加的影响因素

涉及部门	时间成本增加的影响因素
中央政府	人力、物力、财力
公共媒体、利益集团	对信息的影响和控制
各级政府	基层调研所花费的时间、人力、物力、财力
公众	参与程度、自主性、自觉性和自组织性不高

户籍制度问题是我国老生常谈的话题,作为政府旧项目中的周期性议题,户籍制度在进入政府政策议程前要进行相关问题的调查和研究,其重要地位显而易见,对这一问题的考量要基于全体社会公众的利益需求。因此在户籍改革问题被提入政府政策议程的这一过程中,它所耗费的时间成本(C)具体表现为政府的决策成本(D)与外部成本(E)之和,即:

C=D+E

其中,D代表政府主要决策者自身的决策成本,主要包括政府日常会议讨论中所消耗的不必要的时间、人力、物质资源,以及决策过程中的机会成本。E则表示该项政策的外部成本,包括E=I+P+O

信息成本(I)、参与成本(P)和机会成本(O)三方面内容,即:

从表2-1资料显示,在户籍改革问题提入议程的过程当中,公众的参与程度不高,因此由于公众参与所引起的不必要价值损耗就会偏低。在这个议题中,政府部门集中于对有关信息的收集、调研,因此这方面的信息成本会相对较高。

信息成本（I）指在政府部门收集有关户籍改革资料的过程中引起的不必要损耗、在政府部门汲取大众传媒的信息时造成的不必要浪费和对在各渠道收集的信息进行加工调查时消耗的非必要的时间、人力、物力资源所带来的价值损失。

参与成本（P）指民众在表达意见、参与问题讨论过程中消耗的不必要的时间、物质、人力资源而引起的价值损失。

机会成本（O）指在这段时间内选择进行不同行为所造成的经济损失。

需要指出的是，该项目属于中央政府庞大公共政策中的一个，政府部门在将其提入日常议程之前，做了大量的准备调研工作。因此它在进入政府决策议程的过程中所消耗的时间成本无法细致地测算，只能够粗略地指出时间成本的相关内容。

（三）影响时间成本的主要因素

1. 利益多元化

由于相关利益的冲突，政策问题在确认和进入议程的过程中通常会遭遇各方的争论。政策问题之间的冲突背后，是利益的冲突。这是转型国家利益多元化的必然结果。因此在关于户籍问题讨论上，必须尊重事实的考量，无论是中央政府还是各级政府都应该从实际出发，从最广大人民的根本利益出发，只有遵循这一基本原理才能够达到目标与手段的有效统一。关于户籍制度的改革其中最重要的两方利益集团即城市与乡村。进行户籍制度改革，建立城乡统一的户口登记制度，一方面会受到乡镇民众的欢迎，而另一方面会遭到城市居民的反对，而这一反对的声音就是时间成本的内在利益多元化方面的主要来源。城市居民认为如果实施了城乡一体化的户籍制度，会打破之前他们拥有的利益，让每个公众平分原本属于他们的个人权利，所以必然会出现阻挠的情况。

2. 因地制宜

有序推进符合农业转移人口落户条件的城镇，要实行差别化落户政策，因地制宜、区别对待。不同地区采用不同的制度，会加大政府的工作任务，也会造成成本的加大。由于我国地区之间发展的不平衡性，因地制宜的方式是必要的，所以这一部分时间成本的发生也是不可避免的。我们不能为了降低成本就采取一刀切的方式，而是应该在实行差别化落户政策的基础上寻求降低成本的方式。城镇发展有其合适的人口规模，人口的过度集中将给城市资源和环境带来巨大压力,导致"大城市病",人口过度分散不利于城市规模效应的发挥,造成效率损失。

3. 公共覆盖范围广

户籍本身并无高下之分,其吸引力往往在于附着在户籍之上的诸多福利。正是教育、就业、医疗、养老、住房保障等诸多基本公共服务的差异,才导致了城乡居民在权利上的不公平。而这些基本公共服务在落实户籍制度改革之后也是必须进行调整的,这无疑加大了时间成本的耗费。

(四)相应的理论建议

1. 动态性:政策问题与目标的距离

社会问题一般具有动态性。只有根据变化的情况,对相关的问题和所搜集到的信息进行及时补充、修改和完善,社会问题才能很快地被重视并提入政府的政策议程之中。这样一来,针对社会问题的相关公共政策才能够有效地发挥作用,并保证其权威性。因此在发现社会问题,提入政策议程的过程中,一方面要保证其稳定性,另一方面还要注重它的可变性。

2. 层次性:各个地区、层次、部门的合作协调

当一个社会问题浮出水面并受到公众和相关社会团体重视时,各地区、各层级、各部门应当合作协调,这样一来,既有利于为社会问题的信息收集提供良好的环境,又能够促进社会问题顺利地进入政策议程。从现实中我们可以看到,一些问题在优化的组织环境中,总是能够得到很好的解决,针对该问题而制定出的政策也能够得到良好的执行。任何一个政策问题或公共政策的表现形态,无不是组织环境使然。

3. 关联性:加大公众参与政策过程的力度

公共政策的目的是解决社会公共问题,为社会公众营造一个良好的社会环境,所以最终的受益者是社会公众。那么从这个层面上,社会公众在政策制定方面有着最高的发言权。首先应该加大宣传与教育力度,让每个公民深知参与社会公共治理是自己的权利,同时也是义务。只有最深入了解基本情况的公众才最有发言权。其次,政府应该拓宽参与渠道,当发生社会公共问题时,可以通过合理合法的方式表达自身的诉求,并且在选取表达渠道时,能够按照法律的规定进行相关的活动。

户籍制度像一堵无形的墙,在人口流动的时代,它阻碍人们迁徙的步履;在追求平等的时代,它将人贴上身份的标签、分为三六九等;在崇尚公平

的时代,它按照户籍身份分配着公共资源。它不仅把城乡切割为二元结构,而且催生出大都市与中小城市、沿海城市与内地城市的"泛二元化"的格局。户籍改革与社会生活的方方面面息息相关,是"牵一发而动全身"的关系。所以户籍制度改革不可能一蹴而就,在这个过程中时间成本的耗费必然是巨大的。

四、引导性议题——PX事件的议题建构以厦门为例

（一）关于"邻避冲突"的PX项目分析

随着社会经济的迅猛发展,中国城镇化建设水平也随之加快。但是伴随着城镇化的发展产生了一系列的社会问题。比如"邻避冲突"的频繁出现,"邻避冲突"是指一种社会行为所产生的效益能够为社会全体成员所共享,但是由这种行为的落实而产生的外部负效果需要由其附近的公众所承担,当这种行动已经影响到人们的正常生活或者损害了公众的利益时,造成当地民众的抗拒心态和反对行动。"邻避冲突"存在两方面的问题,一是由于民众的强制反对会造成城市基础建设项目不能够顺利进行,二是一些"邻避"设施的建设的确损害了民众的利益,影响社会的和谐发展。"厦门PX项目"建立就是典型的"邻避冲突"事件。

2012年10月22日,宁波镇海湾塘等村数百名村民,以该市一化工企业（PX项目）距离村庄太近为由,到区政府集体上访,并围堵了城区某交通路口,造成群体性事件。10月24日,宁波市镇海区政府发布说明,称经与村民沟通,集体"堵路农民已散去"。据报道,该项目总投资估算约558.73亿元,占地面积约422公顷,年产1500万吨炼油、120万吨乙烯。按照环保部门的要求,执行最严格的排放标准,环保总投入约36亿元。近年来,全国多个城市发生抵制PX项目的群体性事件。2011年,大连市民游行反对PX项目,2007年厦门市民为反对PX项目自发"散步"。此外,成都、南京、青岛、漳州也发生反对PX项目的案例。其中,厦门市民以"集体散步"成功抵制的PX项目最终落户漳州。

根据之前的研究我们了解到,一般进入公共政策议程设置的社会问题都是涉及公共利益的话题。但是在"邻避冲突"的议程设置里,问题的进入并不是由新话题引起的,更多的情况是一些原有的公共政策在准备阶段或者执行阶段被社会公众所诟病。究其根本原因,是因为这些问题在进入公共政

策阶段的初期便没有得到有力的民意支持。

"厦门PX项目"在2004年2月得到了国务院的批准成立,计划在运营阶段能够为厦门带来每年八百多亿的国民收入。2006年7月国家发改委审核通过该项目,同时该项目的投资方投资金额也已经落实完毕,由此PX项目开始正式开工。2007年3月,厦门籍独立作家连岳在《中国经营报》上关注到了PX项目,而后在他的博客中开始连载关于PX项目危害的文章,连岳的博客访问率很高,许多人随之了解到PX会产生的危害。随后相当长的一段时间里,项目所在地的民众开始自发组织一些游行活动抵制PX项目,要求政府给出一个明确的答复。直到2007年12月13日,政府召开了一次关于"厦门市重点区域(海沧南部地区)功能定位与空间布局环境影响评价"座谈会,这次座谈会政府让部分群众代表参与其中。2007年12月20日,福建省政府与厦门市政府一起决定,把PX项目兴建地改迁到漳州的古雷半岛。

在政策议程设置阶段,政府、较大的利益集团在制度化的程序内占有绝对的优势,而反对PX项目的群体如果只是单纯地通过向政府表达自己的诉求,在很大程度上是不会成功的,于是他们开始转向通过借助各种媒介发表自己的意见。媒体在对某件事进行集中报道时,会全面收集各种信息,并给予充分的论证。这种充分的讨论有利于形成科学合理的政策。"厦门PX项目"事件可以充分体现媒体对整个政策议程的重要影响。

随着社会的发展,媒体的力量日益显现。作为信息的传递者,它在满足公众信息需求的同时,也架起了公众与政府间沟通的桥梁。我国著名学者王绍光将议程分为三种类型:公众议程、媒体议程和制度议程。所谓的媒体议程,主要是指大众传媒频繁报道和讨论的事情。面对每天发生的不同事情,媒体会依据一定的价值标准选取某些事件进行报道,并花费大量的时间进行持续的关注和大范围的报道,那么这一过程就是媒体议程形成的过程。

(二)引导性力量的凸显——新媒体

这里的新媒体是相对于旧媒体的一个动态的概念,它是指"在计算机信息处理技术基础上出现和影响的媒体形态",包含博客、BBS、手机、数字电视等各种媒介新形式。它不受时间和空间上的限制,具有一定的即时性与互动性。新媒体能够为公众提供个性化的内容,同时在公众间进行信息的传播与交流。在"厦门PX项目"事件中,手机短信、网络论坛等新兴手段彰显了它们的舆论力量。

2007年两会期间,《中国经营报》和《中国青年报》等多家媒体对厦门 PX 项目提议迁址一事进行报道, 而舆论的强势则始于厦门市民手机里突然出现的一条短信。信息的内容大致如下:"这种剧毒化工品一旦生产,意味着厦门全岛放了一颗原子弹,厦门人民以后的生活将在白血病、畸形儿中度过。国际组织规定这类项目要在距离城市一百公里以外开发,我们厦门距此项目才十六公里啊!"这条短信在厦门市民间不断转发。与此同时,当地的媒体也传达着一个声音,即为市民的利益而努力,各大论坛的网页上也出现了群众反驳的声音。

博客是网络中一种私人或半私人的浏览器,不但具有准入零门槛、个人化和开放性等特征,而且颠覆了传统媒体点对面的传播方式,凭借其收藏和链接功能,以面对面的横向传播极大地提升了信息扩散的速度和广度。厦门知名作家连岳的博客转载了与PX项目有关的新闻,因而较早地引起了人们的关注。

网络现场直播是"厦门PX项目"事件信息扩散的另一个显著特征。一些网友利用手机短信及网络接力,对2007年6月1—2日数千名厦门市民自发上街"散步",要求停建PX项目的场景,在网上进行了全程的现场报道。同时各大论坛也围绕PX项目的"剧毒"和"高危险性"进行了激烈的讨论。各种抗议的声音和连续的转载,使得关于剧毒、高危的传言形成了一种信息爆炸的形势。

事实上,传统媒体在这次事件中也积极发挥了舆论导向作用,只是它们在群众中起到的作用并不明显。"厦门PX项目"事件得到了全国大众媒介的广泛关注,也吸引了国际主流媒体参与报道。《华盛顿邮报》在报道中用略带感情色彩的笔触描绘厦门特殊的环境条件,"美丽的海滨环境""甜美的热带微风"。报道的结尾是主要采访对象赵玉芬意味深长的一句话,"厦门是不一样的"。

在这次事件中,厦门市传统媒体的舆论是一致的,而新媒体则运用其独特性,将民众的言论广为传播,使政府部门及时关注事态的发展并积极做出回应。值得一提的是,在PX项目中,无论政府或是公众,都广泛地采用网络和手机等新媒体进行信息的传播。这表明,无论是民众还是政府都看到了新型传播手段的重大作用。现如今,新媒体的兴起是不容忽视的。通过新媒体的传播,可以使政府部门的决策更加具有科学性,更能够被群众所接受。

综上所述,新媒体的兴起深刻影响着我国的政治生活。政府部门借助网络等新兴媒体,输送信息,了解民意。由于网络媒体的开放性与便利性,近年来官员博客、政府网上论坛、网上听证会等形式逐渐发展起来。依照目前的情形,网络、博客等新媒体已经成为政府决策与民意表达的重要平台,并积极影响着官方决策者的行为。

(三)新媒体对政策议程设置中时间成本的影响

社会问题的形成与发展要经历一个公共政策问题链。在这个问题链中,社会问题转化为政策问题需要进入公众议程。并不是所有的社会问题都能够顺利地进入公众议程,而新闻媒体在这一过程中则起到了加速与催化的作用。大众传媒通过对相关事件进行专题性报道、事件评论等,促使公众了解相关信息和事态的发展,增强人们的社会联系和社会意识,从而形成社会的舆论压力,迫使政府部门关注这一事件,将其列入政策议程。在这个过程中,媒体强有力的催化作用,能够增强政府部门解决问题的意识,迫使问题快速进入政策议程,从而节约政策议程设置中的时间成本。

起初,"厦门PX项目"并没有引起社会的广泛关注。它进入公众的视野始于2007年的两会,即2007年3月。随后,《第一财经日报》《凤凰周刊》和各大新闻网站纷纷加入了对该事件的讨论之中,纷纷发表言论。2007年5月28日,厦门市环保局局长在《厦门日报》上解答了关于 PX 项目的环保问题。这是该项目引发社会热议后,政府的首次回应,距离它首次被曝光有两个月。在这两个月期间,推动事态发展的途径只有大众传媒的报道和网络等新媒体的传播。正是由于传媒的专题性报道,促使政府部门快速作出回应,并最终将这一问题列入政府的决策议程。这一过程被称为媒体议程。三日之后,即6月1日,厦门市政府被迫宣布缓建,并委托中国环境科学研究院评估该项目可能对环境产生的影响。至此,厦门PX项目顺利进入政府决策者的视线内,顺利提入制度议程。

根据以上论述,厦门JPX项目进入政策议程的时间段划分和时间成本估算如下:

2007年3月—5月28日、6月1—2日是厦门PX项目进入政策议程的时间点。这一阶段所体现的时间成本主要表现为信息成本,即大众传媒在选择对该问题进行报道后,对相关信息进行加工和处理时,由于不必要的时间浪费造成信息失效所引起的价值损失,也包括这一过程中信息资源的闲置所造成的价值损耗。

由此可见，该事件在大众传媒的积极引导下进入政策议程所耗费的时间成本是很小的。这表明了新闻媒体在政策议程中不可忽视的作用。作为引导性议题，"厦门PX项目"事件在媒体的引导下迅速进入制度议程。在该事件中，大众传媒不仅影响公众的意识和态度，形成社会压力，还联合公众的力量迫使政府部门对该问题进行专门性的咨询与评估，为其迅速进入政策议程奠定基础。因此，大众传媒对整个事件的议程设置起到了决定性的作用。

五、引导性议题——卧铺客车事件的议程设置

（一）事件背景

2012年8月26日，陕西延安包茂高速上发生特大车祸，一辆双层卧铺客车与一辆装有甲醇的货车追尾导致36名乘客身亡。2012年，双层卧铺客车共发生3起车祸，致94人丧生，再次将"政府取消卧铺客车"推到风口浪尖。

2013年3月12日，一辆卧铺客车途经荆州长江大桥南段时，冲破护栏坠桥。

卧铺客车是中国特有的车型，双层结构的安全问题一直遭到质疑。工信部与公安部2011年底曾发文要求禁止生产销售卧铺客车产品，这意味着在未来5年时间左右，市场上的营运卧铺客车将消失。

（二）卧铺客车的发展历程

20世纪80年代，人员流动的加快催生卧铺客车的发展，改革开放后，经济迅速发展，人们对民用交通产生了巨大的需求。民工长距离流动加快，该群体的旅行特点要求票价低廉、随身携带行李较多。而当时铁路、公路客运难以满足需求，随着卧铺客车的出现，人们长距离流动更加廉价、舒服。

1990—2000年，是卧铺客车的"黄金十年"。据统计，卧铺客车1996—1998年达到销售顶峰，最大年销售量约为7200辆，随后逐年减少。1997年，全国大中型客车销售量2.1万辆，其中包括6000台公交车，但卧铺客车就销售了7200辆，占全国大中型客车的三分之一。这意味着公路长途客车几乎一半产品都是卧铺车。

2001—2010年，政策变化影响卧铺客车市场。2001年，国经贸产业〔2001〕1025号文件规定，从2002年元月1日起，卧铺客车不能再两张卧铺连一起，按政策，要改为三张卧铺中两个过道，防止偷窃和非礼等行为发生。该政策的

颁布实施使得卧铺客车的核定乘坐人数减少四分之一，营运利润大幅度下降,使卧铺客车需求量大幅度减少。

2011年至今,卧铺客车停产禁售逐步淘汰。2011年12月31日工信部与公安部联合发文,规定自2012年3月1日起,相关企业应暂停生产、销售卧铺客车产品。同时大火等突发事件加速卧铺客车消亡。

(三)政策发展的时间流程与时间成本分析

1. 相关事件与政策的时间流程

2011年7月22日,京港澳高速河南信阳段发生的客车燃烧事故,导致41人死亡。(该事故发生后,超长途卧铺客车安全问题已经引起国家有关部门的高度关注)

2011年7月24日,交通运输部决定对卧铺客车实行特别监管措施,提出卧铺客车必须强制安装车载视频装置,推行凌晨2时至5时临时停车休息。

2011年12月31日,工信部与公安部联合发布的632号文,其中明确规定"自本通知下发之日起,在卧铺客车安全技术标准修订公布之前,工业和信息化部暂停受理卧铺客车新产品申报《公告》"。通知中指出,相关企业应暂停生产、销售卧铺客车产品,公安机关交通管理部门暂停办理卧铺客车注册登记。(632号令只是"暂停令"而非"退市令",长途卧铺客运是否退市及何时退市,必须在国务院层面统一做出相关决断后才能做出定论)

2012年1月19日,中华人民共和国交通运输部、中华人民共和国公安部、国家安全生产监督管理总局联合发布《关于印发道路旅客运输企业安全管理规范(试行)的通知》规定:"严格要求客运驾驶人在24小时内累计驾驶时间不得超过8小时,连续驾驶时间不得超过4小时,每次停车休息时间不少于20分钟。""对于单程运行里程超过400公里的客运车辆,企业应当配备两名以上客运驾驶人。"并称"有关部门要加强监督检查,对违反规定超时、超速驾驶的驾驶人及相关企业依法严格处罚。"

2012年7月,国务院办公厅出台了《国务院关于加强道路交通安全工作的意见》,明文规定,要严格控制1000千米以上的跨省长途客运班线和夜间运行时间, 创造条件积极推行长途客运车辆凌晨2时至5时停止运行或实行接驳运输。

2012年8月26日,陕西延安包茂高速上发生特大车祸,一辆双层卧铺客车与一辆装有甲醇的货车追尾,导致36名乘客身亡。2012年,双层卧铺客车共发生3起车祸,致94人丧生,再次将"政府取消卧铺客车"推到风口浪尖。

2. 时间成本分析

从2011年7月22日京港澳高速河南信阳段发生卧铺客车事件后,到引发社会公众的关注,再到该项问题受到政府部门的关注,最后进入政府的政策议程。这段时间内所产生的政府决策与社会各方面不必要的消耗所引起的价值损失,就是我们要探讨的时间成本。

该议题的产生是由于社会中发生了具有严重影响的危机事件,这一事件的发生造成了严重的后果,损害了社会中部分公众的利益。然而它所产生的利益影响具有局部性,在2011年卧铺客车事故发生后,它并没有引起全社会的广泛关注,直至2012年延安卧铺客车事故的发生,将这一问题推向风口浪尖。在这段时间内,由于要顾及相关客车企业的利益,主要决策部门并没有及时制定行之有效的政策,仅仅是由一些相关部门颁布了一些小的政策。因此这一年里由于主要决策者的忽视,致使一些资源、信息闲置,进而造成一定的消耗和浪费,这部分也应当包含在我们要讨论的时间成本范围内。由于这个议题属于突发的社会危机事件,所以问题进入议程的时间成本大部分指政府部门的决策成本和外部成本中的信息成本与机会成本。因此,卧铺客车问题由发生到正式进入制度议程所耗费的时间成本(C)具体表示如下:

C=D+I+O

其中,D表示从事件发生后到进入制度议程过程中,政府主要决策者自身的决策成本,主要包括会议讨论时所耗费的不必要的时间、人力、物质资源,以及决策过程中的机会成本。

I代表外部成本中的信息成本,指政府部门收集有关卧铺客车事件资料的过程中引起的不必要损耗、政府部门搜集大众传媒的信息和向专家学者咨询时造成的浪费和对各渠道收集的信息进行加工调查时消耗的非必要的时间、人力、物力资源所带来的价值损失。另外,还包括由于信息的闲置所引起的价值损失。

O表示机会成本,指在这段时间内选择进行不同行为所造成的经济损失。

(四)影响该项政策议程设置时间成本的主要因素

1. 社会客观条件

我国作为人口大国,人口流动频繁,卧铺客车主要满足农民、城市务工人员和个体从业者出行的需要。一些偏远地区由于交通不便,铁路服务并没有惠及,而路程又较长,所以卧铺客车成为出行的唯一方式。

目前,在全国客运体系中,公路客运量所占的比例仍然在90%以上,尽管铁路客运发展很快,而公路客运的"兜底"作用依然十分显著。取消卧铺客车,势必打破公路客运市场的平衡,给整个公路客运市场的运力结构调整带来不小的难度。

同时,停止卧铺客车正常生产和注册登记手续办理会对人们出行带来影响。在当前我国综合运输体系供给能力总体不足的情况下,停止卧铺客车正常生产和注册登记手续办理将会影响到每年约两亿人次的出行,并进一步加大春运、黄金周、重大活动期间运输的供需矛盾。

从上述案例可知,卧铺客车属于经济型的交通工具,能够满足中低收入群体的出行。卧铺客车事件的发生和相关政策的出台,不能从根本上禁运卧铺客车,这样一来就会妨碍大部分城乡和偏远地区居民的出行。另外,卧铺客车的禁运会增加重大活动期间运输的供需矛盾。受这一社会条件的制约,该项政策在讨论初期及确立时会遇到很多问题,增加大量的时间成本,影响政策的有效确立和实行。

2. 政策主体责任意识较弱

在卧铺客车事件发生后,政策制定主体推出的政策大多形同虚设,往往都是从客车公司的利益出发,缺乏一定的责任感。多次事件的发生,并没有促使卧铺客车的退市,由此给民众带来了极大的危害。从"卧铺"车被要求整改到限定行驶时间,再到暂停公告,这期间会引起大量的成本浪费,影响政策制定的有效性。

3. 缺乏程序化的制度及相应的监管

在2011年京珠高速41人罹难的客车事故发生后,国务院、交通部等管理部门曾密集出台了一系列防止客车事故频发的政策规定。但一年后,客车事故的高发频率依旧没有降低之势,这背后不仅有卧铺客车本身的问题,也有政府在执行政策与完善制度方面的缺位。面对事故本身,我们需要反省的不仅仅是客车的设计,还有本可避免的管理失责。交通部作出对全国卧铺客车实行特别监管措施:第一,卧铺客车必须强制安装车载视频装置,由企业随时监控车厢内情况。第二,针对凌晨3时至4时事故高发的情况,对超长途连续运行的卧铺客车,推行凌晨2时至5时临时停车休息措施。

（五）降低时间成本的有效措施

1. 增强政策主体的责任意识,从民众利益出发

对卧铺客车的"一刀切"政策,虽然看似有某些成效,但从长远角度看,则是损害客运企业和群众的相关利益。例如,如果要将双层卧铺客车改为单层,意味着一辆12米的车只能拉27位乘客,外加车辆的档次越来越高、油价上涨、长途客运无补贴、票价上涨幅度受限、黑车横行等因素影响,这种成本是任何客运企业和乘客都无法承受的。因此政府部门在设立政策的同时,应当有效考虑该项政策的受益对象,从他们的实际需求和利益出发,而不能仅仅为了解决问题,最后还要致力于平衡多方的利益诉求,使政策有效地确立并实施。

同时应当增强相关部门的责任意识,加强监管。2011年7月24日,交通部决定对卧铺客车实行特别监管措施,提出卧铺客车必须强制安装车载视频装置。2012年6月20日,沈海高速发生一起死亡17人的卧铺客车事故,媒体调查发现该客车所属公司的其他客车虽然安装了监控装置,却并未配备数据储存,监控效果近乎于无。另外对于客车安全监管,不仅有停车休息制度,还有着诸多的规定,如交通运输部规定,400千米以上必须配备双驾驶员,公安部也要求,客运车辆每行驶400千米,至少休息20分钟。而在实际中,因为"双驾驶员"等政策增加了运输成本,不少客运公司并未将这类政策执行到位,乘客也对规定的执行与否漠不关心。这些都充分说明相关部门政策制定的实际效用不高,相关部门缺乏监管,导致事故频发,增加政策反复制定的时间成本。

2. 规范政策制定的程序,做到程序化、科学化、民主化

在制定卧铺客车政策时,应当充分做好调研工作,从客运集团、社会组织、民众等多方面进行考察,使政策制定程度规范、民主。例如,新疆喀什距离乌鲁木齐有1500千米,大概需要跑48个小时,卧铺客车占运力70%。如果晚上10点到早上6点卧铺客车被禁行,冬季在没有高速公路休息区的路边停车8小时将是一件十分危险的事情。因此政策的设置需要考虑多方面的制约因素,做到客观、民主、公正。同时也应当充分考虑政策制定的有效性和科学性,保障政策的有效实行,降低政策制定的时间成本,提高工作效率。

3. 制定并完善相关的安全法规,遏制政策出台的循环性

2012年1月19日,中华人民共和国交通运输部、中华人民共和国公安部、

国家安全生产监督管理总局联合发布《关于印发道路旅客运输企业安全管理规范(试行)的通知》。另外,在延安包茂高速发生特大事故发生一个月之前,也就是2012年7月,国务院办公厅出台了《国务院关于加强道路交通安全工作的意见》。尽管如此,延安特大事故依旧造成了巨大的损失。究其原因在于,就客运而言,至今为止中国还没有一部《道路运输法》。虽然《中华人民共和国道路运输条例》和《道路旅客运输及客运站管理规定》等法规和规章都有安全职责方面的规定,但涉及"疲劳驾驶",却并没有相关法律条款明确司机或客运站的法律责任。

完善、明确的安全法规出台,不仅能够有效遏制这类事件的再次发生,还能减少相关政策的循环出现。这样一来,就能够减少不必要政策出台所造成的不必要的消耗,在节约社会资源与成本的同时,还能够有效提升政府在社会公众中的形象和公信力。这样的做法确实是一举三得的有效途径。

第三章　我国公共政策决策的时间成本管理

20世纪90年代,中国社会转型的特点日益明显,社会问题和社会矛盾日益突出,政府逐渐认识到公共政策在解决社会问题、缓和社会矛盾中的作用,公共政策受到越来越多的关注和重视,其研究呈现出方兴未艾之势。

当前学者们对公共政策的描述性分析、评估、规范性分析与价值分析的研究已经展开,并积累了一定的研究成果,但对公共政策过程的研究却所涉不多。由于学者对政策制定过程研究起步较晚,理论探讨还相对比较薄弱,在一定程度上影响到我国公共政策制定和实施的有效性,因此深入探讨新时期我国公共政策制定的理论和实践发展就成为当前社会发展的必然。在这其中,我国政府行政成本居高不下、各种政策制定周期长、过程不透明、政府组织运转效率低下,究其原因是因为在政策制定的过程中,人们往往只关注显性的行政成本而忽视了隐性的时间成本,这不仅阻碍了政府自身的发展,也不符合当今经济社会的快节奏发展要求。

公共政策制定作为政府行政的核心内容之一,具有明显的时间性。公共政策的制定大都是为了解决社会问题而进行的,由于社会问题的多变性和不确定性,如果时间成本没有纳入到管理体系,那么对显性成本的控制也只能是财政数字的游戏。

政策制定所面对的各种政策问题常常处于变动之中,在某一时间内制定的政策可能会因为政策问题本身发生了变化而导致最终的政策失灵,所以在政策制定过程中进行系统的时间成本管理的价值探讨具有重大的理论和现实意义。本书就狭义上的公共政策制定(公共政策的形成与决策)过程中的时间成本进行严密的定义,深入地分析了时间成本的构成与分类,并通过五个案例进行了实证研究。

第一节 公共政策决策的基本概念

一、公共政策决策实质与作用

公共政策决策是在公共议程之后,在既定的程序下通过反复的协商、合作最终确定政策行动方案的过程。公共政策过程的本质是一个政治过程[①],是各种社会主体运用其所掌握的政治资源,表达其利益要求和愿望,影响政府的治理行为,力争在最后的政策结果中使自己的利益偏好得到优先照顾,实现自我利益最大化的过程。首先,公共政策是调节各方利益的工具。社会问题的出现本质上是由于利益分配的不均, 每个个体与组织为了追求自身利益的最大化,不可避免地要寻求有利于自己的公共政策。政府决策者的任务就是在拟定的多种备选政策中,通过一定的规则和程序,选择出最合适的公共政策。所谓最合适就是能够最大程度地促进社会和谐,对社会各个阶级的利益进行合理分配。其次,公共政策是主导性意志和利益的产物。正如上述所言,公共政策是各种利益、价值和立场经多方博弈、不断妥协和折中的产物。只有以权威的形式主导政策的走向,才能形成正确、科学、民主的政策决策。公共政策正是由于存在这样一种特征,所以在决策的过程中必须要形成科学的决策意识,在决策过程中要严格遵循宪法等法律的制度安排,同时要通过选举和代议制等制度选择和建立公共权力机构,以领导中央、地方和各级基层政府的政策决策。在政策决策的过程中要充分实现民主,让公民平等公平地参与决策过程中来。

公共政策决策是决定政策选择的关键环节, 在保证政策科学有效性上起着重要的作用。①固化利益表达的结果。公共政策决策与公共政策议程在本质上的不同在于是否对已经表达的利益作出选择。政策决策是政治过程的关键阶段,是把有效的政治要求转换成权威性政策措施的阶段。同时也是把政治体系的政治录用、利益表达和利益综合过程中的竞争者和其资源集合起来形成赞同某些政策信仰和政策主张的联盟, 并依据决策规则作出权

---

① 参见[英]米切尔·黑尧:《现代国家的政策过程》,赵成根译,中国青年出版社,2004年,第7页。

威性的政策方案选择。因此公共政策决策的基本作用之一便是有选择性地固化利益表达和利益综合的成果。②政策执行的前提条件。公共政策的执行是以公共政策决策作为基础,政策执行的效果一方面在于执行的过程,另一方面在于决策是否科学合理。公共政策在社会生活中为人们提供了行动的准则与方向,如果政策决策的制定偏离了社会总体价值选择,那么必然会导致社会成员的行为出现偏差。因此政策决策的又一基本作用就是为社会公共生活确定集体行动的框架,为后续的政策执行提供基础和前提。③产生权威性政策产品。政策决策还有一个最为显著的作用就是它是建构政治产品的基础。政策制定的基本目标是在不断完善的政策供给活动中向国内或国际环境输出提取性、分配性、管制性和象征性的政策,进而产生福利、安全和自由等政策产品,而这些政策产品则是构成政治产品的基础,也是评估政治体系生产力的根本要素。因此政策决策更为核心的作用是形成权威性的政策产品,从而提升政治系统的生产力。

二、公共政策决策的主要模型

公共政策决策模型,不同的学者从不同的角度进行客观的描述,本书主要介绍以下四种模式,并分析该模型下时间成本的消耗。

(一)完全理性决策模型

完全理性决策模型(pure rational model of decision-making)是以古典经济学作为基础理论,经过功利主义者的发展,通过现代管理科学家概括而形成的一种管理决策理论。以古典经济学为基础就意味着将决策者视为"经济人";"经济人"的决策目标是以最小的成本获得最大的利益。完全理性决策就是通过搜集一切能够得到的信息,通过分析判断列出所有的可能,并作出最佳的决策。所谓最佳的决策就是指能够使社会效益最大化的政策。详见图3-1。

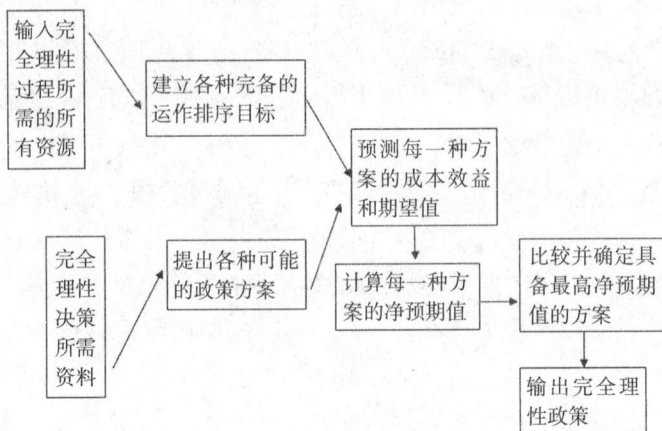

图3-1 完全理性决策模型图

从决策者方面分析,时间成本主要集中在以下三个方面:一是信息的搜集,决策者必须要了解社会的价值取向和公众的价值偏好。二是充分了解每一个备选方案包括能够精确计算出备选方案的收益和成本比值,了解备选方案的后果。三是挑选出最佳的方案。由于完全理性决策模式的限定条件非常苛刻,所以每一步必须严格执行,这在实践中需要耗费大量的时间成本。完全理性决策模型的限定条件是非常苛刻的,它要求在决策过程中必须把决策行为视为具有一致价值判断的整体行为而非个体或群体行为:决策者具有绝对理性,具备完备的知识和信息,能穷尽所有备选方案并预测到所有结果;决策目标单一、明确和绝对;决策者在决策过程中具备一以贯之的价值偏好,决策过程中不考虑时间和其他政策资源的消耗。这些近乎完备的条件成为完全理性决策模型在实施中几乎无法使用的原因。

(二)有限理性决策模型

有限理性决策模型(bounded rational model of decision-making)是在对完全理性决策模型的批判的基础上建立的。以西蒙为代表的管理决策学派认为完全理性模型是不可能实现的,理论上虽然可行但是缺乏实用价值,资源与信息搜集的有限性决定了方案的不可行性。因而依靠有限的资源和信息,通过分析,得出满意的政策方案是有限理性决策模型的运作程序。

相比完全理性决策而言,有限理性决策时间成本较少,因为它在寻求决策的过程中,只是寻找令人满意或足够好的就可以,同时在决策中更多采用经验决策的方法。有限理性决策模型的时间成本主要体现在以下四个方面:

一是决策期盼或标准。从选择一个价值最大化的决策方案向寻找一个令人满意的或足够好的方案转变。二是决策方案。决策过程中并不寻找所有可能方案，而是找到一个"令人满意的"方案就行。三是决策理性。批判完全理性的设想，追求符合现实的有限理性。四是决策方法。决策中更多采用经验决策的方法，但重要的备选方案及其后果可能受到忽视。

（三）渐进决策模型

无论是完全理性决策模型还是有限理性决策模型，在实践中总会遇到很多困难与障碍，如：政策决策者的能力是有限的，获取信息的数量是有限的，分析每个备选政策所要支付的成本是高额的，决策所涉及的变量系统的开放性程度无法确定，等等。也正是由于存在上述种种问题，所以查尔斯·林德布罗姆与布莱布鲁克、伍德豪斯等人提出了"断续渐进主义策略""党派相互调试"，包括适应性调试和支配性调试的"连续有限比较"决策方法。该决策方法的重点是对现行政策进行调整。

根据渐进决策模型（incremental model of decision-making）的特点我们不难看出，这个模型大大降低了决策成本的耗费，在决策进行的过程中不需要考虑所有的决策方案，只是考虑那些与现行政策具有微小差异的决策方案即可，也不用衡量期望与实际之间的差别，不去权衡比较决策的全部后果，因此大大降低了决策时间成本。渐进决策并不考虑所有的决策方案，只是考虑那些与现行政策具有微小差异的决策方案，也不去权衡比较决策的全部后果，另外也不期望区分事实和价值，不主张同时对价值与事实、手段与目进行分析。（见表3-1）

表3-1　公共政策制定模型的比较

有限理性决策模型	渐进决策模型
首先设定目标，然后考虑政策	目标与手段同时加以考量
"好"的政策就是最适合于理想目标的政策	"好"的政策就是所有重要的行动者能够达成一致结果
政策分析是综合性的，所有选择的一切后果都予以考量	分析是选择性的，目标就是好的政策，没有最好的政策
理性得到全面应用	与相似问题的比较得到广泛应用

（四）子系统决策模型

子系统决策模型（sub-system model of decision-making）认为，对管理者来说，"怎样做才算是理性的"取决于他们的工作环境，即决策类型和决策者所做决策的种类因议题和制度背景的差异而不同，政策合理性只有在具体的政治和组织环境中才能得到判断。

福里斯特提出，对决策参数进行具体的分析，因参数不同就会出现不同的决策类型，包括最佳、满意、搜寻、谈判和组织性的决策。比如，理性决策的产生就必须同时具备以下条件：限制参与者的人数、决策的组织环境必须简单、问题必须清楚、信息尽可能完全以及绝不能仓促决策。当限制条件来自认知方面时，满意的决策类型就可能出现；当问题不清楚时便可能产生搜寻式决策；当多个行为者在缺少信息和时间条件下处理一个问题时则可能发生谈判决策；包含多个环境和行为者、同时存在时间和信息资源的问题时，能够运用的可能是组织性的决策。

三、公共政策决策的主要规则

公共政策决策的规则主要是投票规则。虽然看起来决策规则是一个非常技术化的问题，然而对决策规则本身的设定却对决策活动具有重要的影响。这是因为，决策方式的合理性程度如何，直接影响决策者对政策方案的意见表达，表现在决策投票中便会塑造决策表决及其结果。因而，公共政策的最终内容呈现受到决策方式的重要制约。

（一）一致同意规则

该项规则要求参与决策过程的所有主体对某项提案必须全体一致地投赞成票，不得有一票反对。最典型的全体一致同意规则就是联合国安理会承认理事国的议事表决。在讨论重大国际事项需要表决时，只有中、美、俄、英、法"五大国一致"同意，某个事项才能通过。只要五个国家中有一国反对，该事项就不能被通过。全体一致同意规则中包含着两条原则：一是无例外原则。严格实施决策的一票否决制，任何参与其中的决策者的否决都意味着政策方案不能被通过。二是"帕累托最优"原则。无例外原则下的一票否决策，或一致同意决策实际上就是走向最优化的投票决定，决策者在决策活动中是整体的利益共享者。一致同意原则在现实生活中具有一定的局限性。首先,每个利益集团都是由价值取向、行为偏好基本一致的成员构成的,这种自然的组合是由于其追求价值的一致性所决定的。但是不同利益集团之间是存在矛盾与冲突的,想要整合这些决策者的价值、行为习惯等是一件难度很大的事情,其所消耗的时间与成本是巨大的。根据"经济人"的假设,决策的损耗与其收益之间是成反比例关系的。当决策者较多时,对决策意见会呈现出较多的分歧,这时越想达到一致同意的决策就越困难,达成帕累托最优的决策损耗越大。所以,在小范围内实行一致同意原则是比较可行的。其次,会造成不同利益主体之间的博弈。由于决策者人数较多,一些拥有自己观点的主体并不急于给出自身的决策选择,而是选择观望,将精力放在试探别人的想法上。然后根据他人的决策进行"讨价还价",从而导致决策的最终结果倾向于由讨价还价能力强的主体所主导。与此同时,一些决策主体在进行了一番决策比较与博弈后,认为决策结果会比自己的议案更难获取丰厚收益便采用诸如"弃权"这些不明显的行为,不明确表明自身的立场,从而只享受收益,避免承担决策成本。

(二)多数同意规则

多数同意规则是指一项决策须经半数以上人赞成,才能获得通过的一种投票规则。在这种规则下,代表多数人利益或反映多数人偏好的决策方案会获得通过。但仔细分析多数同意规则中的多数,它既可能是绝对多数,也可能是相对多数。与全体一致同意规则相比,多数同意规则可以大大降低决策成本,不需要进行无休止的"讨价还价"。但是在投票人偏好差异的影响下,极有可能所形成的多数只是一种相对多数而实际上的"少数"。多数同意的原则与全体一致同意原则相比能够节省行政成本,避免由于"讨价还价"而形成资源时间的浪费。但是值得注意的是,多数同意原则容易导致多数只是相对的多数。比如当对几项决策进行投票时,一项决策的支持率达到30%,而其他决策的支持率均不足30%,那么这项支持率为30%的议案就会得到通过。但是实际上30%的人数在实际生活中又是少数。换句话说,也就是要求70%的人服从30%人的议案决定,这明显是多数服从少数的情况。为了避免这种名不副实的现象,在实际生活中,一些政策决策往往会规定多数的比例,如2/3、60%,等等。

(三)过半数同意规则

过半数同意规则是多数票制的一种,是现代社会中应用最广泛的一种决策规则。区别于简单多数制,过半数同意规则要求至少二分之一以上的投票人支持的决策方案才算通过。全体一致同意规则因人们利益和价值偏好的差异而难以普遍应用,人们只能退而求其次,采用多数票制以最大限度地照顾公众利益。与全体一致规则、相对多数规则相比,过半数同意规则的特征主要体现在:一是具有更高的决策效率。决策过程中无须人人都投赞成票,只要有超过半数的赞成票决策方案即获得通过。二是少数服从多数。过半数规则下形成的方案对全体参与者都具有强制性,少数反对者要服从多数支持者所作出的决策。三是更能节省决策成本。过半数规则相对于全体一致规则可减少时间、精力和财力等方面的耗费。四是利益保护面较广。相对于相对多数规则,过半数同意规则更能保护多数人的利益,因而成为应用范围最广的规则。在实践中,过半数同意规则的变异包括占多数规则、赞成投票等多种形式。过半数原则从形式上看是对多数同意原则的修正,但是标准化并没有得到明确的解释。同时过半数同意原则是对民主制的是一种违背,它忽视了部分少数人的利益只追求多数同意。

第二节　我国公共政策决策时间成本内涵研究

一、问题界定

综观西方学者对公共政策的基本定义如下:①公共政策是一种政治行为,是政府意志的表现,是由政府或权威人士制定的。②公共政策具有明确的目标和方向,是为实现一定阶段的任务而规定的行动准则的活动。③公共政策是政府为了处理某些社会问题和政府事务而采取的一系列活动。④公共政策是一种权威性的价值分配方案,任何一项具体政策都涉及其相关群体的利益。

中国学者在探讨公共政策的内涵时,多会强调其行为规范和社会控制方面的作用和功能,属于行为准则型定义。但对于公共政策的理解,学者过于强调政党和政府的政策主体地位和政策的目标取向,却忽略了政策的过程特点。

在综合分析了国内外学者的观点后,本书认为公共政策决策的概念如下：为了解决社会问题、缓和社会矛盾、创造和谐的社会关系，政府构建起实现社会公共利益的行为准则。在这一概念中主要体现了如下特点：第一，政府是公共政策决策的主体。如果把政府单独列入公共管理系统之内的话，它是治理社会、调节社会关系的工具。第二，公共政策要解决的实质问题是不同利益群体之间利益调整的问题，每一项社会问题总是涉及不同的阶层，涉及不同的群体，只有正确处理好这一部分问题，才能为创造更多的生产价值提供和谐有序的社会环境。第三，公共政策对利益的分配是一个动态的过程，是有时间与空间限制的，并且服从于政府的整体目标的需要。

发达国家的政策制定模式正在经历由共同体主体到公众主体的深刻转型，而我国由于科技文化发展水平还不发达，政策安排形式的特殊性，导致我国的公共政策制定模式正在缓慢地经历着由精英主体到共同体主体的转变。众所周知，公共政策过程有广义和狭义之分：一类是广义上的公共政策过程，从政策问题的确认开始，一直到政策评估和政策终结为止；一类是狭义上的公共政策制定过程，从确认政策目标到抉择政策方案的过程。前者从宏观的角度，关注问题从确认到政策终结的一个完整周期；后者从微观角度，研究政策方案的决策过程。我国的国情决定了目前我国的问题确认与议程尚不完善，主要的政策制定环节集中在决策过程。所以本书主要从狭义的政策制定过程上来对时间成本进行研究。

二、公共政策决策时间成本的概念一般化

（一）政策制定时间成本的概念

从狭义的概念看，政策制定的时间成本是指政府制定政策而导致的直接最终消费性时间支出，是行政机关及其工作人员因制定政策而获取和消耗的时间资源之和。政府政策制定的时间成本主要是为了维持政府正常政策制定流程运转所产生的费用与时间之和。

从服务型政府的视角来看，时间成本是民众对政府决策满意和价值的减函数，在决策总价值与其他成本一定的情况下，时间成本越低，政府达成决策的总成本越小，从而"民众满意价值"越大。如以窗口性的服务单位为例，当群众在办理业务遇到条文之外而又在情理之中的突发情况时，办事机构的决策结果与决策时间同样为群众所关心的。

在服务质量相同的情况下,社会对某项公共政策制定的等候时间越长,所花费的时间成本越大,则最后该政策的总成本就会越大。同时等候时间越长,越容易引起社会对政府的不满意感,从而引起意外状况的可能性亦会增大(如什邡的群体性事件);反之亦然。因此,为降低政策制定的时间成本,决策者必须对决策的制定具备强烈的责任感和充足的事前准备。

(二)公共政策制定过程中时间成本的特征

笔者认为,公共政策制定过程中的时间成本至少应具备如下特征:

从时间压缩的角度出发,强调在公共决策的各个环节之中引入时间控制概念,从而将整个决策过程的内部与外部时间费用加以综合处理,以实现决策过程的经济成本最优。

从会计成本出发,强调根据会计准则对决策过程周期内各种相关可计量经济资源闲置而产生的成本进行计量。与一般意义上的成本不同,政策制定的时间成本的投入与效率(效益)的关系是间接的。"非市场活动割裂了这种联系,因为维护非市场活动的收入具有非价格来源,即来自政府的税收或来自捐赠或其他提供给政府的非价格米源。"因此,投入与产出的比例不能用企业成本核算的方式予以简单计算。这也表明,测算和衡量政策制定的时间成本是一件比较复杂和困难的事情,控制成本对于政府管理来说难度更高。

在不同领域内时间成本的概念与研究侧重点是不尽相同的。研究公共政策决策时间成本有助于厘清政府行政效率与成本之间的关系。政府只有明确成本开支,才能得出公共政策效率的绝对值与相对值。并且能够找准突破口,提高政府的办事效率,提升公信力。而对于企业而言,对时间成本的研究其着重点应放在遵循公认的会计准则上,因为企业的目的是追求最大的经济效益。所以公共政策与企业行为最大的分歧就在于公共政策的公共性与行政效力。若要满足决策目的,则成本中应包括除因政策制定的时间变动引起的额外经济成本之外的因政策周期过长或不同政策选择所引起的机会成本,如房地产政策的社会影响、防疫控制政策在大规模疫情爆发时的机会成本,等等。

(三)公共政策决策的时间成本的内涵

现实中的决策有多种多样的类型层次。狭义的决策指政策周期中除去政策执行、评估、监控和终结环节以外的政策活动;而广义的决策,则泛指政策循环或政策周期的全部活动。本书中探讨的政策决策是从狭义角度来论述的。笔者认为,政策制定过程中的时间成本,主要指在主体制定政策的过程中,相关资源在决策周期前后的经济计量差额,与决策所针对的社会问题在决策前后所产生的变动导致的政策价值损失之和。(见表3-2)

表3-2 决策类型划分一览表

划分角度	决策名称	扼要描述
预期政策执行时间的长短	长期决策 短期决策	长期战略决策 短期战术决策
决策内容层级	战略决策 战术决策 业务决策	组织最重要决策 管理决策 执行性决策
决策主体的人数	集体决策 个人决策	多人决策 单人决策
决策起点	初始决策 追踪决策	零起点决策 非零起点决策
决策所涉及的内容	程序化决策 非程序化决策	例行问题决策 例外问题决策
环境因素的可探程度	确定型决策 风险型决策 不确定型决策	可控条件决策 随机决策 非可控条件决策

所谓公共政策制定的时间成本主要指提出解决问题和改善困境的政策建议,对政策方案作出抉择,寻求政治支持,使之成为法律,决定其合宪性的整个过程,由于非必要时间的浪费和资源、信息闲置以及在政策问题界定和讨论过程中所意味的机会成本所引起的价值损失。

三、公共政策决策过程中时间成本的影响因素

行政决策体制是影响公共决策制定的时间成本的重要因素,从某种程度上说,甚至是决定性的因素。在公共政策制定过程中的时间成本的影响因素主要包括以下五个方面:

制定公共政策的目的是为了解决社会中存在的公共问题,这些公共问题必然存在于社会环境之中,所以环境因素对公共政策制定的影响是显而易见的。从整个社会的角度来看,环境影响一个国家行政管理的方式、方法和行政体制的构建,同时也影响着公共政策制定的时间成本的高低。根据性质不同,可以将大环境细分为经济环境、政治环境和社会环境三大类。

(一)经济环境影响公共政策决策的时间成本

物质基础决定上层建筑，一个国家或地区的经济发展方式与经济发展水平构成了该地区的经济环境，而该经济环境又成为公共政策制定的基本物质基础。经济环境包括的内容比较广泛，有经济发展方式、经济管理体制、金融制度、财政税收体制、对外贸易制度等。经济体制是公共政策制定所处地区的经济所有制形式与经济管理体制。经济发展状况作为最基本的物质基础制约着公共政策制定的成本，公共政策的制定首先必须要搜集信息资源，而经济发展情况决定了信息获取的途径是否快速有效，制约着方案制定的手段和投入的成本。比如，在一些经济条件较好的地区，基础设施的建设比较完善，它们构建了一些重要的信息平台、决策平台，聘请一些相关的专家作为决策顾问，等等，这样既保证了决策制定的专业性，也提高了决策制定的效率，从而降低了时间成本。另一方面的实际就是，在一些经济状态良好的地区，对教育和相关文化的投入相对较大，公民的素质随着生活水平的提高也有了提升，这就增强了公民对政府行政决策的信任度，减少公共政策制定过程中的阻力，降低公共政策制定过程中的时间成本。

除了经济发展方式与程度之外，经济体制也对公共政策的制定产生重要的影响。不同阶段经济体制不同，公共政策制定的方式手段也不相同。在计划经济体制的作用下，行政管理权高度集中，所以公共政策制定也采用感性决策的方式，由领导凭借自身的经验进行"拍脑门"决策。这种决策方式虽然效率比较高，但是从整体上观察，失误风险比较大，在缺乏科学性和民主性的前提下，不利于公共问题的解决，反而导致公共政策制定的时间成本相应的提高。与计划经济相对应的市场经济，政策制定主体往往采用理性的政策制定手段，在政策制定的过程中采用民主科学的方式，以期减少公共政策制定的时间成本。

(二)政治环境影响公共政策决策的时间成本

政治环境是指直接或间接影响行政决策的一个国家的政治制度和法律制度等情况，也指一个国家的国体和政体状况、阶级状况、政党制度、政治文化状况、国家权力制度、法律完备程度、执法、守法和监督实施的情况。公共政策制定是一种政治行为，决策的体制、原则、程序都直接取决于政治法律制度；政策制定的内容、对政策制定活动的监督，甚至制定政策者的责任态度，无不受到政治法律制度的影响。

政治体制对公共政策制定中成本的影响可以通过对民主的政治体制与集权式的政治体制两者的对比得出结论。在民主的政治体制下,公共政策从议程设置到政策终结,整个制定过程中都贯穿着民主的性质,决策的方式公开透明,民众的参与程度较高,因此决策的机会成本、风险成本和沉没成本就比较低。在集权式的政治体制下,决策权高度集中,大小问题都有最高决策者全权负责,决策的参与者较少,决策的过程带有强烈的个人主义色彩。

政治环境作为公共政策制定过程中的外部因素,对时间成本的消耗程度有着一定的影响。在良好的政治环境下,由于政策制定的民主科学性,时间成本的消耗是较低的。所以,政治制度和政治体制改革是公共政策制定过程中时间成本优化的前提。

(三)文化环境影响公共政策决策的时间成本

文化环境是指公共政策制定过程中对政策制定产生影响的科学文化与思想道德等环境因素。文化环境较之前的经济环境和政治环境而言,属于隐性因素,对公共政策制定的影响具有广泛性和持续性。中国的传统文化历史源远流长,渗透在社会生活的各个方面,但是当这些文化因素对我国的行政管理工作产生积极影响的同时,我们也应该看到,这些传统文化中的糟粕也在对行政决策者产生作用,如享乐主义、官本位思想、形式主义,等等,这些都是影响我国公共政策制定过程中实践成本控制的重要文化背景。现阶段,我国仍存在一些不良的政策文化环境,如缺乏系统科学的政策决策设置议程,决策者"一言堂""拍脑门"问题仍比较突出。同时为了追求决策的速度,不能及时谨慎地做到全面的决策分析,导致政策朝令夕改的现象突出。以上两点,无疑造成了公共政策制定过程中时间成本的无谓增加。

(四)政策制定体制影响公共政策决策的时间成本

政策制定体制是在政治、经济、文化体制的作用下,政策制定具体的方式与方法,决定着承担公共政策制定职能的机构和人员的职权、结构,决定着公共政策制定的程序和相应的组织系统。公共政策制定体制在整个政策制定活动中处于举足轻重的地位,是影响公共政策制定过程中时间成本的最重要因素。

公共政策制定体制对政策制定的时间成本的影响主要表现在:第一,在政策制定前制定出合理的政策制定流程,能够按部就班地进行政策制定工作,有效地避免时间上的浪费,提高政府行政的办事效率。同时将各种资源按照需求进行分配并且在分配的过程中严格控制输入，降低公共政策制定成本投入的随意性。第二，在公共政策制定过程中，将民主与科学的政策制定体制贯穿始终。只有充分尊重民意，群策群力，才能克服官僚主义和"拍脑门"决定，将政策失误的风险降到最低，减少时间成本的损失。第三，制定权责分明的政策制定系统，当一项公共政策出现失误时，能够快速对应负责人，以便及时有效地解决失误。而且当权责明晰后，政策制定主体也会在工作中认真谨慎，避免由于个人原因引起的失误，这不仅有利于制定出来的政策质量和效益的提高，而且有利于地政策制定的参与者的时间成本意识的培养。第四，一整套完整的公共政策制定体系包括议程设置、政策制定、政策执行、政策评估、政策终结，为优化公共政策制定的时间成本提供制度上的保障。

（五）咨询力量影响公共政策决策的时间成本

现代社会随着经济的不断发展，各种社会问题不断涌现，政府面临的社会环境愈加复杂，要解决的社会问题也越来越多。社会环境的快速变化要求公共政策制定的各方参与者及时准确地作出回应。由于政府的资源是有限的，所以在政策制定的过程中如果仅仅依靠有限政府来进行决策，难免会造成决策的失误，所以一些"智囊团"的参与是必不可少的。这些有效的外力资源充分汇集了专业学者的知识经验，保证公共政策制定的正确性和科学性，降低公共政策制定的失误所带来的时间成本控制的风险。咨询系统作为专业的智囊团，帮助政府主体对公共问题进行分析以期制定出成本最低效率最高的科学的公共政策。咨询力量作为影响公共政策决策时间成本的因素，可以避免公共政策决策的随意性。咨询系统可以进行专业的量化与运算，规定某一政策的人力、物力投入是多少，信息和其他资源该如何分配，达到经济资源最大限度发挥的目标。提高公共政策决策的科学性和正确性，避免出现机会成本。由此可见，咨询系统对政策决策有着重要的影响。进入咨询系统的专业人士知识储备越丰富，他们能够制定公共政策的正确性就越高，所以隐性成本就随之降低，决策效益就会凸显，政策决策过程中的成本就能得到优化。

公共政策制定过程中咨询系统的参与程度，影响着公共政策制定过程中时间成本的优化与否。由于公共政策制定参与者的个人局限性，作为智囊机构的咨询系统参与得越充分、越科学，经济资源的使用就越合理。同时公共政策的正确有效性就越高,所以隐性成本低,决策效益高,政策制定过程中的成本就能得到优化。

第三节　公共政策决策时间成本的构成与分类研究

时间成本不同于其他的人力、物力、信息资源成本,它的构成具有复杂性,只有从脉络上对时间成本的构成进行有效的把握才能实施对时间成本的核算和管理。同时对时间成本进行恰当的划分也有助于提高政府的行政效率,提高公信力。

约翰·福里斯特在子系统决策模型中认为,对管理者来说"怎样做才算理性的"取决于他们的工作环境,政策合理性只有在具体的政治和组织环境中才因议题和制度背景的差异而不同, 政策合理性只有在具体的政治和组织环境中才能得到判断。[①]

福里斯特提出,对决策参数进行具体的分析(参见表3-3),因参数不同就会出现不同的情况,包括最佳、满意、搜寻、谈判和组织性决策。比如,理性决策的产生就必须同时具备以下条件:限制参与者的人数、决策的组织环境必须简单、问题必须清楚、信息尽可能完全和决不能仓促决策。当限制条件来自认知方面时,满意的决策类型就可能出现;当问题不清楚时便可能产生搜寻式决策; 当多个行为者在缺少信息和时间条件下处理一个问题时则可能发生谈判决策,由此产生了决策成本;包含多个环境和行为者、同时存在时间和信息资源的问题时、能够运用的可能是组织性的决策。

表3-3　决策参数

变　量	范　围	变　量	范　围
1. 行为者	单个——多个	4. 信息	完全的——竞争的
2. 环境	单个、封闭的——多个、开放的		
3. 问题	清楚——多种的、模糊的	5. 时间	无限的——控制的

在福里斯特研究的基础上, 豪利特和拉米什提出了对上述决策类型的

---

① 参见[加]迈克尔·豪利特、M.拉米什:《公共政策研究:政策循环与政策子系统》,庞诗等译,生活·读书·新知三联书店,2006年,第253~257页。

改进。主要体现在两个方面：一是对"行为者"和"环境"的研究通过聚焦政策系统来完成；二是"问题""信息"和"时间"资源概念也可被看作是决策者受限制的种类。这样决策活动中最为重要的变量就汇集成为两个方面：一是处理问题的政策子系统的复杂程度，二是它所面临限制的严格程度。本章首先分析了时间成本划分的诸多构成，然后在对我国的公共政策进行了较为深入研究的基础上，从财会成本、社会效益等不同视角出发，对时间成本的分类进行研究。

一、公共政策决策时间成本的构成

公共政策决策是一个动态的过程，所以要想全面地了解时间成本的内涵就要从不同的角度对其进行分析。将时间成本的动态性作为划分依据，可将行政时间成本分为静态成本、动态成本、附加成本和其他成本。

静态成本是指不受政策决策动态过程影响的成本。主要包括人力成本和物力成本。人力成本主要指政府工作人员的工资、奖金、福利等经济性支出；物力成本主要包括采购办公用品的费用、维护办公设施的费用、影响政策决策的交通费用等。除此之外，在进行政策决策时总要制定一定的规章制度保证决策制定的规范性，这些规章规范制度所耗费的时间与费用也属于静态成本的一种。

动态成本主要包括管理成本、监督成本及补救成本。管理成本是指在制定、执行、评估、终结整个公共政策制定的全过程中的消耗；监督成本包括事前的控制、事中的检查和事后的惩处成本；补救成本是指为了达到预期的行政状态所支出的费用。

附加成本是指那些没有预期的但在政策制定过程中由于不确定因素引起的费用支出。这部分成本包括机会成本、沉没成本和激励成本。政府在进行公共政策制定时，总是从几个备选方案中选择一个政府认为最合适的决策，这时把有限的资源用于该行政活动而放弃另一行政活动的成本就是机会成本。机会成本是必然存在的，因为只要有选择就会产生这一部分的成本。沉没成本简单来说就是指无法收回的成本，即在一项公共政策开始制定之前，为了进行有效调研而投入的无法收回的成本，另外由于过去的行政决策引起而存在的花费也属于沉没成本。激励成本主要是针对政府内部行政人员而言,即为了能够刺激政府工作人员的工作积极性,政府对由物质激励的边际效用递减原理与棘轮效应所引起的必须支付给公务员的费用。

其他成本,包括固定成本、变动成本和边际成本。固定成本和变动成本是一对对应的概念,固定成本是不随政策制定活动变化而变化的成本,变动成本是指那部分随着政策活动变化而变化的成本。边际成本是生产一个额外单位的产量需要的成本,即增加政策制定活动所增加的成本。公共政策决策也可分成机构成本和过程成本,前者是指公共政策的制定是由政府内部相关部门进行的,在公共政策制定中机构内部所耗费的资源如办公用品、交通工具、通信设施等都属于机构成本的范畴。后者是指政策制定过程中的资源耗费,如行政办公费用、人员工资、奖金、福利、举行必要的会议所耗费的时间等。

笔者在以上研究的基础上,详细剖析了政策制定中时间成本的五大组成要素:

（一）信息成本

即在公共政策制定过程中,从事信息的搜集、加工、分析、利用、转换等活动所花费的成本。信息渗透到政策制定过程的每一个环节,从政策议程的设立到政策方案的规划,再到公共政策的合法化,这些功能环节都是以一定的信息做支撑。按照詹姆斯·E.安德森的观点,公共政策的形成需要解决公共问题的提出、政策意见的形成、政策方案的优选三个问题。毋庸置疑,较为完备、准确、及时的公共政策信息是政策制定的重要依据和先决条件,而面对公共政策制定的现实环境,一个非真空的条件很容易催生交易成本,即天下没有免费的午餐。对于公共政策信息,由于受到时间、空间或各种信息活动要素的制约,必须花费一定的资源采集、开发、整理和归类。换言之,要完成一项具体的公共政策制定,即完成一项政治交易,就必须付出相应的代价,其主体必须面对与政策问题有关的一切稀缺与昂贵的信息成本,包括搜集成本,即搜集、挑选、传递与政策问题有关的信息成本;分析与策划成本,即为了形成不同的可供选择的方案,对所搜集的信息做出客观分析与策划的成本,如对政策问题、政策议程、目标设计、措施配置、可行性论证、方案起草等方面的信息进行加工、分析、利用、转换等进行的成本投入;评价成本,即将信息与特定的政策目标进行对照,权衡它们在未来的不确定性,也就是在对这些信息进行评价,进而对政策方案的抉择时所花费的成本。此外,作为一种重要的政治行为,公共政策受自身公共性和外部性的影响,其信息交易的成本——收益关系还可能发生连锁效应,导致政策信息疏通与传递的困难,也使信息非对称现象的存在处于锁定状态。

由此可见,现实中信息成本的存在会影响公共政策制定的效果。信息搜寻成本的昂贵性,加上人类的信息处理能力的有限性,使公共政策的制定面临巨大的障碍。没有调查就没有发言权是任何研究的出发点和立足点,只有深刻认识并减少政策制定中的信息成本,才能保证公共政策的合理性与合法性。

(二)谈判成本

即公共政策制定过程中所贯穿的讨价还价、利益博弈的过程所产生的时间成本,它是政治交易成本的典型体现。社会各个阶层、各个利益集团为了满足自身的利益,通过在政策中注入自己的想法来争取权利。所以,每一项政策最终的达成都是综合了多方利益的意见并通过相互间的博弈、退让、妥协而获取最终的结果。在这个意义上讲,公共政策的核心是利益分析,在利益冲突导致难以达成集体决定、或不确定性导致难以勾画出可行的行动方案的情况下,公共政策制定的成本可能会更高。因此在一个完整的公共政策制定周期中,其博弈过程也是一个成本支付的过程。

在政策议程的设立阶段,主要表现为利益集团之间为了获得公共资源、争取政府的支持而展开的博弈。社会问题的纷繁复杂性导致政策问题必然要从大量社会问题中筛选出来, 政策议程的设立就成为各利益主体实现自身利益的第一道关口。在这一阶段,利益集团必然会千方百计地利用各种制度内和制度外的手段表达自身意愿,使其成为公共问题而进入政策议程。因而在某一问题还未成为公共政策问题之前,在政策对象,即潜在的利益获得者与失去者之间就形成了争取政府的博弈。其间利益集团通过各种渠道来影响政策的制定,包括公开运动,如通过报纸、广播、电视等制造公共舆论,鼓动民意;寻租,即利益集团通过行贿的手段,直接或间接收买有决策权的政府官员,通过他们来表达自身意愿,从而左右政策议程的设立。帕特里克·邓利维认为利益集团的各种行动成本按由低到高的顺序逐渐形成一个连续的行动集合,其中包括以有力的方式直接影响主流舆论,如回应例行性的咨询、请愿等行为;使团体影响力常规化,提高团体成员承担的单位成本所实现的影响力概率,如委托进行研究、公开的竞选活动等;采用一系列成本非常高昂的行动,如示威、罢工或行业行动等作为衡量团体成员对某一问题的感受的测量器,借此来证明偏好强度等。利益集团的这一系列策略性行动所要支付的成本显然是巨大的,是对社会资源的一种浪费,并且这种成本是潜在的、长远的,由于其没有特定的承担主体,最终可能变化成全社会的成本,即成为整个制度运转费用的一部分。

当一个社会问题成为政府考虑的公共政策问题之后,利益主体之间的博弈就主要围绕方案的规划而展开。这一阶段实质上意味着利益博弈的正式开始。就政府部门而言,按照经济人的假说,他们除了迫于压力而追求公共利益之外,还会利用个人权力影响政策的制定,谋取自身利益的最大化。各利益集团为了取得政策制定者的信任与支持,必然动用各自在人力、物力、财力等方面的优势,向掌权者提供有利于自身利益的情报和资料,同时费尽心思抨击敌对方案,以期形成向自己利益倾斜的政策方案。虽然这些成本在某种程度上能够为政府提供必要的资源、详细的信息和技术支持,但其更多的资源消耗是非生产性的,是各利益主体之间相互对抗和讨价还价的成本。此外,在公共政策制定过程中,考虑到公共政策制定要迎合选民的支持,使理性的选民对所制定的公共政策不致产生对抗,掌权者在谋取自身利益的同时,出于掌权稳定的考虑,还必须花费一定的时间、精力了解大多数选民的意向,其间对不合作的选民的说服教育成本、为赢得他们手中的选票所支付的各种形式的承诺成本等,都是政策制定过程中谈判成本的重要组成部分。

(三)维护保证成本

即为了保证公共政策的顺利制定,最终达到政策合法化的标准而在政策宣传、保障等方面所支付的成本。如果把公共政策制定的前两个环节公共议程的设立和政策方案的规划看作政策活动者之间利益博弈的过程,其间的冲突更易理解,那么在公共政策制定的第三阶段政策合法化方面,即法定主体为使政策方案获得合法地位而依照法定权限和程序所实施的一系列审查、通过、批准、签署和颁布政策的行为过程中,仍然需要付出一定的代价。合法性作为一个以公众为主体的价值综合体,它在政治领域更多地与政治权力相关联,它涉及对权力主体和公共关系的评价,力图展现权力主体依照特定规范,以非强制手段获得公众承认、以维护公共秩序,实现政策目标的能力。这就对政策主体提出了一个难题:要在政策主体、政策环境在内的诸多变量间实现公共政策的合法性,必然要面对一定的成本约束。

在政策合法化过程中,掌权者要依据法定的步骤,通过审查、批准等方式,对政策方案进行综合、完善、优选,进而转化为更具权威性与操作性的政策。这一环节,交易成本主要面对的是政策制定者与政策接受者之间的关系,为了保证公共政策能够最大限度地迎合各方利益,政策制定者必须考虑到社会会因其所制定的公共政策受益或受损,简单的事实就是,每项公共政策问题对那些处在其中的人都有特定的冲击。因此为了确保政策的稳定性与可行性,政策制定者必须花费大量时间和政治资本来保证公共政策的制定,以满足需求者的利益追求。由于这一过程的复杂性,掌权者会组织人员进行大量的观察、访谈和其他数据搜集工作,在此基础上选择包括专家学者在内的智囊团进行充分的可行性论证,这就构成了公共政策合法化的技术。这些成本通常具有很大的功能性色彩,其本质是对既得利益的一种巩固,其中对未来政策实施的方法、步骤和各种假设的验证、分析无不是建立在巨额成本的基础上,所不同的是,这一过程所体现的冲突往往具有更大的隐蔽性。

(四)监护成本

即对政策制定过程中的信息收集、问题界定以及方案的规划、选择和合法化等活动的监督、控制、协调和效果评价等方面所支付的成本,它反映的是在政策制定过程中各政策主体之间的相互制约关系。政策监控是政策监督与政策控制的合称,其中政策监督是指对政策运行状态信息特别是政策运行偏差状态信息的获知,政策控制则是对政策运行偏差状态的纠正。从总体上讲,政策监控成本包括使用与既往历史有关的矫正手段(奖励、处罚)的成本,以及任何具有后遗症的不守法行为带来的成本。鉴于此,必须对公共政策这一涉及利益分配的政治过程进行科学合理的监控,力求在以上成本中减少开支。

(五)不适应成本

不适应成本包含两方面的内容,一是由于社会不断地进步和发展,如果一项公共政策不能适应社会的发展那么必然不能有效解决公共问题,进而影响社会的稳定和谐,在这种情况下进行的政策调整成本属于不适应成本的范畴。二是由于政策制定者的投机性行为而导致的公共利益遭到破坏,所进行的政策调整成本是不适应成本的另一个组成部分。无论是社会原因还是人为原因,它要求人们要么放弃自己的部分利益(即机会成本),要么通过谈判、沟通、契约签订、制度约定来实现(如前所述,这些成本是极其高昂的),更重要的是通过组织学习来尽量达成与交易对象在知识、信息和文化观念或者与环境之间的接近或契合,这一过程的培训成本、信息成本等都是典型的路径依赖成本。此方面值得关注的是,其一,公共政策制定领域中寻租的棘轮效应,即某一利益集团一旦通过游说政府成功地寻得租金,即使它已不再给寻租受益人带来正利润,但要取消它也非常困难。取消它几乎总是意味着给特权拥有者带来损失。为了避免这种损失,他们会再次寻租以保有特权。政治家们也不愿失去特定的选民。这是一种丢失选票的战略。暂时性收益陷阱给我们带来一种警示:对政策的调整、改动的成本将会是非常高的,因为它牵涉众多盘根错杂的矛盾,正所谓牵一发而动全身。其二,政策制定者可以通过创新来改变自身或外界状况,求得与不断变化的环境协同发展。但这一过程也是要付出交易成本的,一方面政策制定者要有一定的适应能力,能对外来变化的冲击作出及时反应,另一方面当现存的公共政策变得与社会条件不相适宜时,为了对新的条件作出反应,社会成员会尽力要求修正公共政策,以便使它们与新的稀缺性、新的技术性,机会、收入或财富的新的再分配和新的爱好与偏好保持一致。这些对新的社会条件作出反应的活动实际上也是一种交易,而政策创新、政策调整往往需要经过一系列的试错过程来达到,需要承担巨大的风险成本。因为一旦公共政策制定者不能主动实现政策的调整,以满足人们的利益,那么利益受损者会采取各种措施加以反抗。其中最极端的行动则是通过暴力来完全推翻现实,力求改变现状。显而易见,这种方式是政策制定时间成本中消耗最高的一种。

二、静态角度下公共政策决策时间成本的分类

在已经成功地对研究对象与研究内容进行了界定的基础上,我们主要将问题集中于时间成本的抽象上。在上一章中,笔者曾将时间成本分为可计量时间成本与不可计量时间成本。目前看来,这种分类方法虽然行之有效但未免略显粗糙,在经过认真研究后,笔者从三个维度将政策制定的时间成本抽象为会计成本(经济成本)、外部成本与机会成本。

会计成本,主要包括政策制定过程中一切可计量的货币成本。这里笔者摒除了由交易成本经济学中引入的"信息成本""议价成本"等概念。虽然在决策制定的过程中,相关信息的搜集与政策的形成议价是必不可少的环节,也确属时间成本的一部分,但仍可将其归于相关工作人员的工时中。而在政策制定过程中,对相应公共资源的占用,则主要体现在两方面:一是有形资产因政策制定周期内无法产生价值而导致的折旧、利息等可计量的经济成本,此时这种成本仍可归于会计成本之中;二是由于制定政策而占用无形的公共资源如政府会议、新闻舆论的报道等,这种对资源的占用主要影响了其他政策的决策过程,这一问题我们将其归于机会成本,故不在此详述。由此我们可以看出,会计成本不考虑政策制定的经济成本是宏观的还是微观的,是内部的还是外部的,它只关心两个方面:该成本是否可以用货币形式表示出来,该成本是否可以通过会计准则进行有效的计量。

会计成本作为一种可计量的经济学成本,当然适用于普遍性的经济学原则。根据新制度经济学的理论,只有制度处于均衡状态时,这种制度才是最有效的。如果一项制度处于均衡状态就会使交易成本降低,也就是说,政策制定过程中的会计成本必须与其产出能够达成均衡状态,即政策制定过程中的会计成本过大现象完全可以通过制定有效的决策制定制度来进行约束,因此制度的有效性,即制度的均衡是降低会计成本的关键。

事实证明,尽管我国目前的决策过程尚不能完全达到均衡状态,但在一系列行之有效的行政体制改革与逐渐兴起的外部监督的双重作用下,正一点点地向着均衡状态迈进。

外部成本,是指决策者以外所承担的由于政策制定带来的所有成本之和。这种成本侧重于不可计量的成本,如环保条例制定过程中环境受到的影响、控烟条例制定过程中人民可能受到的健康上的危害,等等。通常我们将政策制定过程前后的外部状态进行对比,从而得到外部成本。例如在什邡市群体性事件中,典型的外部成本可以表现为群众对政府的不满持续增加、公共安全的危险系数迅速上升、我党的执政能力受到严重质疑,等等。

外部成本的一个显著特点是其成本无法简单地用某种可计量指标来进行表示。这导致了研究外部成本的困难性显著增大。外部的影响具有多方面,不同的角度可以得出不同的结果,但作为一个相对完备的研究体系,应该把主要方面的外部成本都纳入在内。那么如前面所提到的那样,我们都要尽可能地通过可量化的方式从经济、社会、环境三个方面来评价外部影响。

当然,这里必须说明的一个处理方法是,无论是正影响还是负影响,都把它作为一种外部成本,即产出项。正成本即好的成本,用正数度量,数值越大,则结果越好;相反,负的成本则用负数度量,绝对值越大,则数值越小,结果便越差。

机会成本在第一章的概念介绍中已经进行过陈述,在这里不进行赘述。

对公共政策的制定而言,需解决的问题纷繁复杂且层出不穷,政策制定主体可能同时面临多个问题,此时就必须首先根据社会公共问题的重要等级决定哪一个问题应该优先考虑。从一定意义上讲,这种机会成本是一种时间价值损失,它也构成了公共政策制定时间成本的重要组成部分。

所以公共政策制定过程中耗费的机会成本包括由于对目标政策进行决策所导致的资源倾斜对其他政策造成的影响可能带来的成本,和在多个方案中选取某种方案而放弃其他方案可能带来的成本。

三、动态角度下公共政策决策时间成本的产生

政策制定是公共政策过程中具有重要意义的阶段。社会公共问题一旦被提上政策议事日程,公共政策运行就进入拟定备选方案的规划阶段,便由此产生政策制定过程之中的时间成本。公共政策制定是政策行动主体在对政策问题进行分析、研究的基础上,经过民主的程序和方式,运用专业知识和技术,提出相应的解决政策问题的办法和方案,为政策决策提供必要前提的过程。所以在此基础上,政策制定的时间成本是社会问题在决策前后所产生的变动而导致的政策价值损失之和,而其政策行动主体为实现公共利益所展开的竞争和利益的活动主要包括以下几个方面。

（一）多种主体参与的民主过程中耗费的时间成本

政策制定过程中由多种行动主体参与其中,并且相互间发生各种互动关系,活动过程中会涉及许多不同的参与者。执政党组织及其代表、政府各部门及其负责人、利益团体及其发言人、政策研究机构及其代表、大众媒体机构及其代表、社会公众的代表等,都会在不同的时间和空间,为解决已经确定的政策问题努力寻找各种适合的途径和方案。在政策制定过程中,各个参与政策活动之中的行动主体因其信仰立场、价值取向和利益诉求的差异与冲突二者相互影响、相互制约,在这些主体的对抗和妥协过程中产生了时

间成本。

（二）多个环节衔接的动态过程中损耗的时间成本

政策制定过程是由多个环节紧紧相连、循环往复构成的动态整体。按照时间成本损耗的角度，大多数的政策制定都包含下列的主要环节：分析、诊断政策问题的时间成本，确定政策多层次目标的时间成本，探索和拟定各种可能的备选方案的时间成本，比较和优化各种备选方案的时间成本。这些众多环节之间并不是一种简单的线性关系，其间充满着反馈、循环、重复和间断。在政策制定过程中，围绕政策备选方案的提出、论证和优化，政策制定主体之间反复地使用论辩、质疑和听证等多种手段和方式，其中损耗的时间成本就会在这其中产生。

（三）推动问题解决的能动过程中产生的时间成本

在政策制定中，政策行动主体的活动都指向一个现实方向，即又好又快地解决已经存在的、并且被认定为必须解决的社会公共问题，在这些能动过程中也产生时间成本。因此政策制定能动过程中的时间成本在某种角度也可以理解为：政策主体认清政策情境，确定政策价值取向，选择政策工具，运用新的技术来探索政策问题解决之道的过程前后所产生的政策变动损失之和。在政策制定的能动过程中，人们必须面对政策行动主体内部的矛盾和政策行动主体与政策情境之间的矛盾，充分发挥行动主体的变革性、创造性，设计出在经济、政治、文化、技术等方面具有可行性行动方案中所产生的时间成本。

第四节　我国政府公共政策决策的时间成本管理

现代政府的政策制定活动都是多系统、多层次的，我国政府也是如此。在当代中国，广义的政府决策过程，包括国家的立法程序、《政府工作报告》的制定程序、国家重大事项的决策程序、政府预算的编制和审批程序、国家机关领导人的任免程序等方面。受篇幅所限，本书只对我国的立法过程进行剖析，分析我国公共政策制定过程中的一般化时间成本。

立法当然属于国家的重大决策。中华人民共和国的国家立法权由全国人民代表大会及其常务委员会行使。其中修改宪法的权力，制定和修改基本法律，如刑法、民法、婚姻法、国籍法等的权力属于全国人民代表大会；制定和修改应由全国人大制定的法律以外的法律,如《统计法》《海关法》等的权力,属于全国人民代表大会常务委员会。在全国人大闭会期间,对全国人大制定的法律进行部分补充和修改（但须与该法律的基本原则相一致）的权力,也属于全国人大常委会。

从近年的立法程序来看,提出法律案的主要是全国人大常委会、全国人大各专门委员会和国务院等国家机关。各代表团、全国人大代表和人大常委会的组成人员很少提出法律案,即使提出了法律案,也须由主席团（或委员长会议）决定是否列入会议议程或者先交有关的专门委员会审议,再决定是否列入会议议程;受各种条件的制约, 他们即使提出有关法律草案性的东西,也大多属于立法建议的层次。《国旗法》的立法建议就是在人大代表提出后正式进入立法过程的。其他公民和国家机关、社会团体,也可以提出立法建议乃至自拟法案,但由于它们不具有提出法律草案的权力,故不能直接进入立法过程,而只能供立法机关参考。

事实上, 有关机关和人员在向全国人大或全国人大常委会正式提出法律案以前,还需要有一个起草法案的过程。只不过这项工作是在该法案进入全国人大或人大常委会的立法过程之前进行的,故不单列而已。

例如宪法的修改草案,一般由专门成立的宪法修改委员会负责起草,并向全国人大提出。"78宪法"和"82宪法"的修改草案,就是由当时的中共中央政治局全体委员、候补委员组成的"宪法修正委员会"起草,并经中共中央全会讨论通过后,以中共中央的名义提请全国人大审议的。仅涉及宪法个别条款的宪法修正案,则由全国人大常委会组织起草并向全国人大提出。

其他法律的起草,一般由提出法律案动议的人员或机关主持,但也可以吸收其他人员和机关,特别是法律专家参加,还可以由全国人大或全国人大常委会设置专门性的临时起草工作机构。前者如《工会法》,就是由全国总工会和全国人大常委会的法制工作委员会共同起草的;后者如香港、澳门两个特别行政区基本法是由专门设置的起草委员会完成有关工作的。

法律草案完成后, 在正式提请全国人大和全国人大常委会审议之前或审议之中,都要以各种方式在一定范围内征求意见。由于涉及问题的复杂程度不同和各种因素的限制,有的法律草案审议的时间很短,有的则很长。《游行示威法》是在1989年下半年几个月的时间里正式起草,并在全国范围内征求意见后通过的;而《工会法》的起草工作从1978年就开始了,先后三次将修改草案印发各省、自治区、直辖市和中央有关部门征求意见,反复修改,才于1992年3月由七届人大五次会议审议通过,历时14年。

从"82宪法"颁布以来的立法实践看,即使是向全国人民代表大会提出的基本法律草案,大多也是先提请全国人大常委会审议通过后,再由全国人大常委会提请全国人大审议。因此全国人大常委会审议法律案的工作,实际上包括两个组成部分:一是审议并通过自己有权制定的法律案;二是初步审议基本法律的草案,为全国人大全体会议的立法工作做准备。这两项工作的操作过程基本一样。

现以第八届全国人大常委会审议通过《法官法》和《检察官法》的进程及其前因后果,概略地阐释全国人大常委会审议、通过它有权制定的法律草案的过程。

一、全国人大常委会制定的法律草案的过程

（一）人大常委会对法律案的前期审议工作

1994年春召开的第八届全国人大常委会第七次会议,开始审议《法官法》（草案）和《检察官法》（草案）。会议听取了最高人民法院院长任建新和最高人民检察院检察长张思卿作为提出法律草案的国家机关负责人,分别所作的关于这两个法律草案的说明。常委会,包括小组会、全体会议和法律委员会等,进行了初步的审议。这次会议没有对法案予以表决,但提出了某些修改意见。根据人大常委会的审议意见,法案的提出机关又分别提交了两个法律的修改稿。11月底,法律委员会和内务司法委员会联合对两个法案进行了审议。两个委员会认为,法案基本可行,仅做了一些修改,建议人大常委会审议通过。

1994年底召开的常委会第一次会议,对两个草案的修改稿进行了再次审议。常委会对法官检察官考评委员会和职务等级等问题提出了许多不同意见。考虑到对这些问题还需要进一步研究修改,常委会再一次没有对这两个法案予以表决。

（二）人大常委会的决议通过程序

1995年2月21日,常委会召开全体会议听取了法律委员会主任委员薛驹关于《法官法》和《检察官法》修改意见的报告。该委员会认为这两个法案基

本可行,建议再作些修改。此后几天,人大常委会分组讨论了这两个法律的草案。27日,薛驹向全体会议汇报了小组讨论的情况。委员们认为,上述法案已经比较成熟,赞成本次会议通过,同时也提出了一些修改意见。法律委员会根据这些意见,再次对法案作了自改。28日,常委会召开全体会议,128位到会的常务委员会组成人员,以两个116票通过了中国历史上的第一部《法官法》和《检察官法》。同日,国家领导人签署公布了这两个法律,并宣布将于当年7月1日起施行。

人大常委会审议应由全国人民代表大会制定的法律案,其过程与如上介绍基本一致。所不同的是,最后的表决不是通过,而是将法律草案提请全国人大全体会议决定。在经过了十多年的积极探索,经历了议事规则的历史阶段之后,2000年通过的《立法法》也对此作了明确的法律规定,即"列入常务委员会会议议程的法律案,一般应当经三次常务委员会会议审议后交付表决"。这无疑是具有非常重要的意义。

二、全国人民代表大会对法律案的审议

现在以《教育法》为典例,阐释全国人民代表大会对法律草案的审议通过过程。

(一)人大全体会议之前人大常委会的审议程序

《教育法》从1985年开始起草。经过长期的酝酿和修改,1994年12月5日国委院常务会议讨论通过了向人大常委会送交的法律草案。12月21日,国家教委主任朱开轩向八届人大常委会第十一次会议作了《关于教育法律草案的说明》。常委会进行了审议,委员会提出了一些修改意见,12月28日,人大常委会通过了将《教育法》草案提请全国人大八届三次会议讨论的决定。此后国家教务组织力量,对《教育法》草案进行了修改。

(二)人大全体会议对法律案的审议和决定程序

1995年3月1日,朱开轩作了《关于〈教育法〉草案的说明》。全国人大各代表团对《教育法》草案进行了审议。法律委员会等进行了专门的审议。法律委员会根据各代表团的审议意见作了修改,建议主席团审议后提请大会审议通过。3月16日,主席团会议通过了法律委员会关于《教育法》草案审议结果的报告。决定会后将报告下发全体代表;将法律草案下发各代表团审议,提请大会表决。3月18日,全国人大八届三次会议表决通过了教育法草案,时任国家主席江泽民签署公布了《教育法》,并宣布将于当年9月1日起施行。

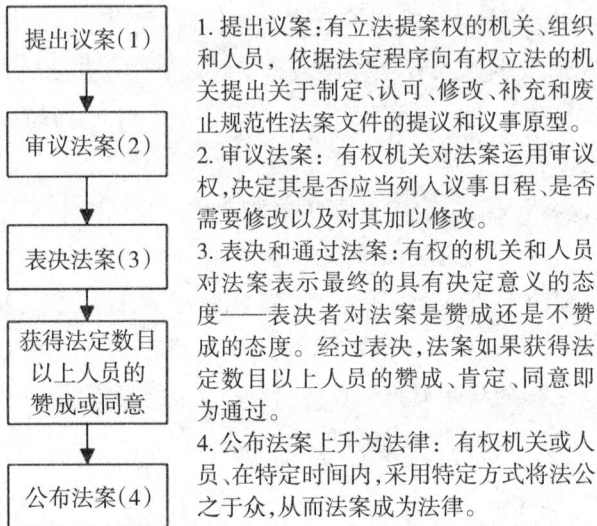

流程	说明
提出议案(1) ↓ 审议法案(2) ↓ 表决法案(3) ↓ 获得法定数目以上人员的赞成或同意 ↓ 公布法案(4)	1. 提出议案:有立法提案权的机关、组织和人员,依据法定程序向有权立法的机关提出关于制定、认可、修改、补充和废止规范性法案文件的提议和议事原型。 2. 审议法案:有权机关对法案运用审议权,决定其是否应当列入议事日程、是否需要修改以及对其加以修改。 3. 表决和通过法案:有权的机关和人员对法案表示最终的具有决定意义的态度——表决者对法案是赞成还是不赞成的态度。经过表决,法案如果获得法定数目以上人员的赞成、肯定、同意即为通过。 4. 公布法案上升为法律:有权机关或人员、在特定时间内,采用特定方式将法公之于众,从而法案成为法律。

图3-2　议案是如何成为法律的

我国的立法过程总体上是严谨的。事实上,在立法过程中存在着"双层结构",使得所有基本的、重要的法律,都要经过全国人大常委会和全体会议两个层次的审议才能得以通过;即使是人大常委会有权制定的法律,也都要经过常委会三次以上的审议才能得以通过。在一次会议的过程中和若干次会议审议之间,人大常委会的法律委员会,相关业务领域的专门委员会和提出法律草案的机关都要组织修改。

可以看出,我国的立法过程长短不一,耗时各异。这主要是由我国转型期所面临的复杂国内局势所造成的。由于我国近三十年来始终处于高速发展阶段,许多需要制定较长周期的政策往往在刚刚进入议程之后就面临着较大的改动。如《工会法》,其制定过程正是我国进行经济体制改革、国有企业改制的关键时期。1978年提出的许多条目在讨论的过程中就已失去了意义,只得不断进行修改。在这种情况下,盲目地加快法律出台的速度更为不智。尤其是直到今天,我国还处于不断的改革与探索之中。笔者认为,这种情况下消耗的额外时间成本是不可避免的,也是难以考究的。

第五节　案例分析

一、财务成本维度下的校车政策实证研究

近几年,校车事故频发引起了社会的广泛关注。2012年12月24日,春雷幼儿园司机驾驶一辆小型客车在返回幼儿园的途中,由于操作不当,车辆驶入村内一水塘中。该事故导致车内3名儿童当场死亡,12名儿童重伤送医抢救,送医的8名儿童抢救无效死亡。事故发生后,经过调查造成事故的原因主要有以下三个方面:首先,幼儿园司机并没有驾驶该校车的资格,同时该车的核定承载人数为7人,事故发生时属于超载。其次,该车辆并不具备校车的安全标准,无论是外观设计还是内置设备。再次,相关机构缺乏对校车安全行驶的监管,存在严重的失职问题。

当一起起事故发生后,党中央高度重视校车事件,为支持校车安全工作制定出各种有关校车法律法规。

（一）有关校车政策形成的时间表

2006年4月13日,深圳市人民政府颁布《深圳市校车交通安全管理暂行办法》。地方立法出台,但是并没有形成国家形式的法律。

2007年9月,《机动车运行安全技术条件》第2号修改单,该法规首次将校车的标准纳入法律法规的体系。

2010年对校车的外观包括标识组成等作了相关具体规定,并于1月1日起实施《校车标识》（GB24315-2009）。同年7月1日由国家质量监督检验检疫总局和国家标准化管理委员会联合发布实施《转用小学生校车安全技术条件》（GB24407-2009）。这些标准的出台为校车安全提供了有力保障。

2011年12月11日,国务院法制办公室将《校车安全条例（草案征求意见稿）》（以下简称《意见稿》）及其说明全文公布,广泛征求社会各界意见。

2011年12月27日,工信部就《校车安全技术条件》《校车座椅系统及其车辆固定件的强度》《幼儿校车安全技术条件》《幼儿校车座椅系统及其车辆固定件的强度》四项国家标准草案公开征求社会意见。

2011年12月30日,中共中央政治局委员、国务委员刘延东表示,如果全国

中小学要全部解决校车问题,需要4600亿元,这么大一笔投入很难一步到位。

10年以来,我国连续发生了多起学龄儿童交通事故,种种迹象表明,造成这一系列问题的根源在于我国的校车安全政策法律法规缺失、一时间校车问题成为人们关注的焦点。

2011年11月27日,温家宝总理在第五次全国妇女儿童工作会议上要求,"法制办要在一个月内制定出《校车安全条例》"。2011年12月11日,国务院法制办公布《校车安全条例(草案)》征求意见稿,向全社会征求民意,截止日期为2012年1月11日。2012年1月13日,《专用校车安全技术条件》《专用校车座椅系统及其车辆固定件的强度》两项国家强制性标准通过审查。2012年3月5日,校车安全问题首次以"加强校车安全管理,确保孩子们的人身安全"的形式写进《政府工作报告》。2012年3月28日,《校车安全管理条例》已经在国务院第197次常务会议通过,温家宝签署国务院令,《校车安全管理条例》包含十个部分,在学校和校车服务提供者、校车使用许可、校车驾驶人、校车通行安全、校车乘车安全、法律责任等方面都作出了详细和指导性的规定,为我国日后的校车安全管理树立了一个制度性的标杆。2012年4月10日,国务院正式发布《校车安全管理条例》。根据条例,高中学生上下学不纳入校车服务范围,幼儿入园也以保障幼儿就近入园和由家长接送为原则。

由此,我们将温家宝提出校车政策制定需求视为政策进入具体形成环节的开端,将国务院正式发布《校车安全管理条例》视为合法政策形成,整个校车政策制定周期共计135天。

(二)财务计量成本测算

我们以宁夏回族自治区为例,自治区教育厅、公安厅于2011年底联合调研的一份报告显示,学生车辆1054辆,其中专用校车仅75辆。然而,截至2010年底,全区共有中小学幼儿园2773所,其中幼儿园373所,小学2027所,高中70所,初中267所,中等职业学校36所,中小学在校生多达120万人,在园幼儿达13.7万人,仅有1%乘坐校车。

据统计,全区学生上下学中步行占65%,骑车16%,乘公交13%,乘私家车1%,学校租用车辆0.5%,家长租用车辆0.5%,其他出行方式占3%。

在《校车安全管理条例》制定周期内,全自治区进行了校车专项整治。停运了绝大部分不合格的校车,由于宁夏回族自治区属于较贫困的省份,所以全区几乎超过80%的校车停运。

　　按照120万中小学生中1%校车乘坐比例来计算,约有0.96万名学生上下学受到影响。家长为此不得不采用其他方式接送学生。而乘坐校车的学生中,有相当一部分学生家庭距离学校超过15千米以上。

　　我们估算,0.96万名学生中将有超过75%的学生乘坐私家车或租赁车辆接送其上下学。由于停运校车、司机很大一部分被转为他用,且渠道复杂,因此我们不计算因校车停运导致的司机及车辆闲置损失。

　　我们认为,在政策周期内,由于政策制定周期内,校车标准不明确,从而致使宁夏回族自治区在停运已有校车的同时无法进行有效的校车采购而致使这部分学生被迫通过其他方式上下学所产生的额外经济成本为本次政策制定过程中产生的直接经济成本。

　　根据宁夏回族自治区的学校分布情况和适龄人口密度,我们估算需要乘车上下学的学生的行车区间约为7~22千米,取其平均值,则定为14.5千米,则家长上下学的折返路程可简单计算为14.5×4=58千米。根据2011年中国私家车宏观数据,中国私家车均价约为11.5万元,城镇及市区内综合油耗约为9.6L/百千米,2011年93#汽油均价约为7.30元,车辆额外附加费用(养护及保险)约为车辆正常损耗的45%,我国参考报废里程数60万千米计算,则每个学生由私家车接送上下学的每日平均经济成本约为115000×58×1.45/600000+9.6×58×7.3/100=16.1182+40.6464=56.765(元)。

　　2010年,全国共接报道路交通事故3906164起,同比上升35.9%。其中,涉及人员伤亡的道路交通事故219521起,造成65225人死亡、254075人受伤,直接财产损失9.3亿。则根据吴大磊、林怡青等人利用《小样本数据计算车辆年平均行驶里程的研究》中所采用的方法可测算出中国非营运车辆年平均行驶里程数约为2.21万千米,再由中国目前机动车保有量1.06亿,可得到每辆私家车每天接送子女所产生的潜在车祸经济损失为(58/22100)×(930000000/106000000)=0.023元。我们可得到每个学生的每日平均乘车成本约为56.788元。

　　校车政策制定周期为135天,其中包括了23个休息日和40天的寒假,因此学生的实际乘车时间应为72天。

　　我们根据宁夏回族自治区的生产总值总量及适龄儿童数量,同全国国内生产总值总量与适龄儿童数量进行对比,从而估算出全国因校车政策制定而产生的直接经济损失。适龄儿童数量来源于第六次全国人口普查报告,甘肃省0~14岁儿童共计4643822,全国0~14岁儿童共计235097526。两者之比为1:50.6;2011年甘肃省实现生产总值5020亿元,2011年国内生产总值471564亿元。两者之比为1:93.94。我们认为,私家车拥有率跟国内生产总值呈简单线性关系,我们对适龄儿童及私家车拥有情况作双向加权处理,近似认为全国换乘私家车的适龄儿童与宁夏自治区相比约为

93.94×0.5+50.6×0.5=72.27倍

则可由宁夏自治区的数据推得,全国在停运已有校车的同时无法进行有效的校车采购,致使部分学生被迫通过其他方式上下学所产生的额外经济成本。由此可以看出,校车政策造成的经济损失十分巨大,达到21亿。而这里仅仅是其中的一部分。

间接经济损失主要包括,全国汽车制造业由于等待新标准的出台,而在政策制定周期内导致的采购订单减少所造成的经济损失。

除经济成本之外,政策制定期间内民众对政府的信任缺失,因为儿童缺乏必要的上下学安全保障而引起的社会恐慌,以及境内外舆论对执政党攻讦所产生的不良影响等可视为校车政策制定过程中的外部成本。

通过上述论述,我们不难发现一个问题,《校车安全管理条例》在我们的社会生活中是真实存在的,但是校车事故时间为何还会频繁发生? 显然这是由于政策在执行过程中受到内在因素或外部因素的影响,从而导致政策执行过程中的失灵。执行过程的不流畅大大增加了政策的时间成本。信息不对称导致时间成本的增加。一项公共政策制定之前首先要搜集足够的信息,并且明确该政策的出台可以解决哪些社会问题。《校车安全管理条例》在理论上是一部完整可行的政策方案,但是具体到不同的县域却没有作出具体的规定,比如什么条件的学校应该配备校车,各地应当根据需要制定配套的自己政策,等等。在校车事故之前,很少有老师和家长能够意识到校车问题是存在于学生生活中的一种安全隐患,对于校车安全方面的政策宣传少之又少,甚至为零。因为存在所谓的信息不对称,更新政策和宣称政策必然导致成本的增加。其次,规制失灵之不充分的保护。有些政策失灵是因为它们没有得到充分的实施,它们所提供的保护只不过是干巴巴的语言和象征,在现实生活中并没有产生预期效果,其结果就是对政府执行力的失望和法律效力的失效。《校车安全管理条例》配套政策迟迟不能出台,导致其不能充分发挥作用。不充分的实施原因有很多,比如受制于当地的政策环境或客观条件、相关政府的不作为或办事的低效率和僵硬的审批程序等。规制对效率的扭曲

包括两个方面：一是规制本身成本高而收益小，二是规制引起经济运行效率的扭曲。来自现实的观察表明，政府干预的收益不过是幻象，但成本却是实实在在的。在政府实施规制的过程中，规制机构和被规制者均会发生交易成本，政府一方面要面临资金筹措的巨大压力，另一方面还要规避校车安全事故带来的风险。由此可见，社会性规制和经济规制一样，都将受制于成本的影响，效率的扭曲导致执行机构和目标群体不得不对政策采取相应的对策，以减少发生在自己身上的净损失。

二、外部成本维度下的计划生育政策实证研究

2016年春节前后，在许多年轻妈妈的朋友圈里，最热的讨论话题几乎都集中在一个词：二孩。"你能不能要二胎？""是再要一个还是不要呢？""什么时候能要？"类似的提问，反映出她们心中的期盼和纠结。党的十八届三中全会提出"启动实施一方是独生子女的夫妇可以生育两个孩子的政策"，这如同一石入水，让一些家庭平静的生活泛起阵阵涟漪。科学合理的生育政策，关涉国家和社会的长远发展，更关联着亿万家庭的幸福和谐。生育政策要怎么改？单独二孩政策如何落地？这已引起许多人持续关注。

（一）从计划生育到单独二孩政策

我国人口最突出的特点是基数大、增长快。中华人民共和国成立后，全国总人口迅速从5.4亿增加到1970年的8.3亿，人口与经济、社会、资源、环境之间的矛盾逐渐显露出来。针对这种情况，我国开始推行计划生育政策，控制人口增长，并于1982年将其确定为一项基本国策。其演变历程主要可以分为以下五个阶段：第一阶段1971—1980年，在该阶段由于我国的经济水平相对落后，人口基数大，同时呈现严重的增长态势，人口数量与经济发展产生矛盾。1973年，党中央决定成立计划生育领导小组，将人口的发展纳入国民发展计划当中，并且确定了这一时期的生育政策，即"晚、稀、少"。晚是指规定了男女双方结婚的法定年龄，男25周岁，女22周岁。稀是指晚婚晚育间隔4年左右。少是指最多生两个孩子；第二阶段1980—1984年，该阶段是我国实行最为严格的计划生育政策阶段。随着改革开放的深入发展，为了使经济的发展与人民日益增加的物质需要相适应，党中央提出最严格的计划生育要求，及在20世纪末把人口数量控制在12亿之内。由此，独生子女政策开始在各地区强制实施起来;第三阶段1984—1991年,计划生育政策的调整阶段,所谓调整阶段就是在计划生育的基础上可以适当放宽要求,比如在农村经过批准,可以生二胎,但是依然严禁生育超计划的二胎和多胎;第四阶段,1991—2011年,多样化的生育政策阶段,进入20世纪90年代,党和国家继续高度重视计划生育工作的开展,继续严格执行计划生育政策,政策的执行方式转变为以优质服务、利益导向机制和行政干预相结合的模式。新世纪以来,随着《中华人民共和国计划生育法》的颁布,原有的政策性法规上升为法律,标志着我国计划生育开始有法可依;第五阶段,2011年至今,2011年国务院联合各地区出台了计划生育政策关于申请育二胎的新规定,2013年11月,《中共中央关于全面深化改革若干重大问题的决定》提出"启动实施一方是独生子女的夫妇可生育两个孩子的政策"。党的十八届五中全会决议指出,坚持计划生育的基本国策,完善人口发展战略,全面实施一对夫妇可生育两个孩子政策,积极开展应对人口老龄化行动。这是继2013年,十八届三中全会启动实施"单独二孩"政策之后的又一次人口政策调整。

(二)各阶段人口政策调整的时间成本分析

1. 负激励效用导致计划生育政策时间成本增加

所谓负激励作用就是一项公共政策执行后偏离了预期的目的和期望。进入20世纪80年代,我国已经开始把工作的重点全部转移到经济建设上,但是随着工作重点的转移,我们也发现人口的压力对生产力产生特别大的影响。耕地少、人口多、基数大是我们面临的国情。因此,1982年初,党中央和国务院发布关于进一步搞好计划生育工作指令,明确规定:国家干部和工人、城市居民,除非特殊情况批准,一对夫妻只生一个孩子;农村普遍提倡一对夫妻只生一个孩子,有实际困难的群众可以生两个孩子,审批后可以有计划地安排。无论什么样的情况都不能生三个孩子;少数民族,也提倡计划生育,可适当放松一些需求。简言之,计划生育政策就是提倡晚婚晚育少生优生。

在随后的一段时期内,计划生育政策被纳入了法律体系。该政策的目的是控制人口数量,提高人口质量。将经济的发展与人民日益增长的物质文化需要相适应。但是,也存在着一定的负激励效用,造成了政府期望与人们生育意愿的矛盾,使得人们的生育空间急速减少。同时,中国自古以来存在着"重男轻女"的现象,当计划生育政策严格实行起来以后,单独一胎政策无法满足人们的这种期望,所以必然导致民众对该政策的抵制。在20世纪80年代左右,我国的科学技术还比较落后,在有限的生育孩子数中,人们只能通过人为地采取婴儿性别筛选等非自然手段,这就造成出生婴儿性别严重失衡,女婴死亡率升高,这是计划生育这项公共政策的负激励效用的一种表现。另一种情况是,当人们的生育意念被政策所压制后,很多家庭不得不采用违法的方式,偷生、超生等,这也不利于计划生育工作的开展。以抵制、违法的方式超生,大大增加了计划生育政策实施的成本。计划生育政策的本质是实行优生,而一些大城市或发达地区的年轻夫妇受其影响,选择组建丁克家庭。这种行为的扩散从长期来看会导致人口负增长问题。

计划生育政策是一个长效的政策,在短期内不会对人口现状产生影响,这就是时间效用。计划生育政策在推行一段时间之后才开始有效果。人口发展规律决定了现实的人口状态,决定着未来的发展态势,现时政策对于人口出生和结构的影响必然影响未来人口的发展。自20世纪70年代初开始实施并于80年代加强的计划生育政策和工作,改变了四十多年的人口状况,从而也改变了未来中国人口转变和发展的方向。伴随着生育率下降和寿命的延长、年轻人的逐渐减少,老年人口规模增加和所占比重提高,所以计划生育政策在降低生育率的同时,开启并加速了中国老龄化进程。

2. 其他公共政策需求对单独二孩政策的时间成本的影响

我们知道每一项公共政策的施行都不是孤立的, 必须有相适应的配套政策来保障与支撑。计划生育政策也是如此。所以对其他公共政策需求也造成了成本的增加。计划生育政策从一开始,就与教育政策、就业政策、养老政策等息息相关。要想切实落实二胎政策的全面落地,必须保障辅助政策的制定和有效执行。同时,当该政策出现落实隐患时更需要其他公共政策协调解决。从整体性角度来看,这些政策存在于同一系统内,互相影响与支撑,他们的实施内容不同,但目的趋于一致。人口规模的限制将会导致我们人口红利的消失,人口老龄化时代会提前到来。在独生子女大量增加的情况下,会引发一系列的社会问题,如男女比例失衡、空巢老人增多、婚姻积压等,这时需要相应的养老保障、促进就业等公共政策予以应对。只有将这些历史遗留问题得到解决,才能促使二胎的新政策全面得到落实。与之前计划生育政策的要求不同,二胎政策的一系列要求必然造成的成本增加,一方面包括财政压力,另一方面需要政府分配大量的时间与精力改善现状。总之我们应该把对计划生育政策和工作的效果评价作为改善政策执行的参考, 适时调整现行计划生育政策和工作方式,从而正确发挥计划生育的公共政策调控功能。

此外,对于"单独二孩"新政策的时间成本来说,受计划生育政策影响,有意要"二孩"的"单独"夫妇们,在"心动"与"行动"之间,还横亘着政策转变的心理问题。从外部成本来看,受住房、抚养成本、时间精力等因素的制约,愿意生二孩的只占其中一部分。

三、机会成本维度下的突发性事件应急政策实证研究

突发性事件的应急政策制定,具有时间短、任务重、针对性强等特点。其往往要求政府在短时间内对突发事件进行回应,制定针对性的政策。由于这种政策在事前往往缺乏相应的问题确定与议程设定过程,通常会在某一时间点上突然性爆发,而又亟待解决,所以进行政策制定的时间也极为短暂。在这种情况下,政府能否作出合理的决策便显得无比重要。下面我们以《突发公共卫生事件应急条例》的制定过程作为研究对象,对其政策制定的时间成本进行研究。

(一)非典型肺炎与H1N1流感事件简析

2003年初春,我国遭受了中华人民共和国成立以来最严重的传染性疾病:非典型肺炎的侵袭。二十多年的改革,政府从执政理念上始终坚持以经济建设为中心,过于强调效率和发展,导致公共卫生建设处于边缘地位,财政投资不足,人力资源不够,信息渠道不畅通。"非典"的爆发流行使脆弱的公共卫生体制不堪一击,再加上在"非典"爆发的前期阶段,政府层面上的认识和反应明显被动和滞后,使"非典"的扩散一度失去控制。从2003年2月起,短短几个月时间,疾病迅速蔓延,从广东迅速蔓延到北京、河北、山西、内蒙古等26个省市自治区,感染人数和死亡人数不断增加,人民的身体健康和生命安全受到极大的威胁,相当一部分民众陷入恐惧和慌乱之中,正常的生活、工作和学习秩序被打乱,而且引起国际社会对中国政府的信任危机。"非典"已经从一个公共卫生领域的突发事件发展到影响政治、经济、外交、文化等多层面的社会危机,构成了对刚刚执政不久的新一届政府的外部冲击和重大挑战。

"非典"爆发流行的严重后果促使政府对"非典"的认识和对应政策作出重大调整。2003年4月,在抗击"非典"危机的关键时期,建立公共卫生应急机

制问题被迅速提上政府的议事日程。2003年4月14日国务院召开办公会议，国务院总理温家宝原则上同意卫生部关于建立公共卫生突发事件应急机制问题，会后卫生部会同国务院法制办，召集相关专家进行突发公共卫生事件应急条例的起草工作。2003年5月12日，国务院颁布《突发公共卫生事件应急条例》。条例的出台为解决公共卫生事件提供了政策依据，使得相关部门和人员能够各司其职、各负其责，把灾难带来的损害控制到最低，使突发事件处理机制走上了法制化轨道。与过去等问题解决之后再总结反思、做政策和修补机制完全不同，条例从起草到发布开创了我国政策制定的"非典型速度"。该政策的制定出台将包括"非典"在内的突发公共卫生事件应急处理工作纳入了法制化的轨道，在最终赢得应对"非典"胜利的过程中发挥了重要作用。

2009年6月24日，吉林省报告首例源自美国的输入性病例。截至2010年12月31日24时，全省累计报告甲型H1N1流感病例1090例（统计口径为病例诊断和报告地点在吉林省），死亡16例。

在这种情况下，吉林省省委、省政府根据本省的具体情况并结合全国和国际疫情的发展危害，在不同阶段采取了相应的应急政策和防控措施。

1. 预警阶段

在面对全球流感疫情全面爆发的背景下，根据中央关于甲型H1N1流感防控的工作要求，吉林省在该阶段主要采取预防为主、适度从严的防控策略。在这一阶段的时间成本主要体现在各地、各部门将主要工作放在预防流感的爆发上，加强监控力度，严防疫情的爆发。由于该流感为人感染猪流感型病变，所以在工作安排上必须将各个相关部门联合起来，建立联合防控工作机制。吉林省政府在流感疫情爆发后，第一时间成立了防控领导小组，并且由小组成员制定了《吉林省甲型H1N1流感应急预案》。该小组由各相关部门组成，每个部门各司其职，加强沟通，将情况第一时间汇报，一同做好流感的防御工作。同时，加强对外来流感的控制。在早期国家尚无明确规范性文件的情况下，根据疫情防控需要，吉林省先期制定了防控工作技术规范。2009年5月1日，经吉林省人民政府同意，省防控甲型流感领导小组办公室下发了《吉林省关于外来入境甲型H1N1流感病例筛查程序及流程（试行）》和《外来入境病例筛查和管理标准（试行）》的通知。由于应急预案是对突如其来的社会问题进行有效解决，所以一般而言无先例可循，也没有可以借鉴的

方案,所以该时间成本主要体现在制定和执行的过程中。《吉林省关于外来
入境甲型H1N1流感病例筛查程序及流程(试行)》的目的是为了控制流感的
输入,《外来入境病例筛查和管理标准(试行)》主要是为了防止流感疫情的
传播。这两个方案在制定和执行的过程中根据具体情况的变化,进行了不同
程度的修改,这一部分所浪费的时间以及消耗就是时间成本的范畴。随后,
吉林省卫生厅5月2日下发了《关于开展甲型H1N1流感防控和应急能力评估
调查工作的紧急通知》。该通知是针对全省二级以上医疗机构应对流感能力
做出评估的工作。在制定出具体政策的同时,吉林省政府还采取了其他一系
列的措施。一是加强对机场、车站等人流量大的地区的检测,一旦发现疑似
流感患者立刻送到医疗机构隔离救治。二是准备大量的医疗设备、培训专业
人员等。三是各组织各部门做到应急值守,各地区坚持24小时值班制度。四
是做好宣传工作,让每个群众都了解流感。

　2. 输入初期

　2009年6月24日,卫生部网站发布疫情信息,确认吉林省发生首例甲型
H1N1流感输入性病例。该阶段政策重点是防止疫情扩散,并对确诊病例进行
及时救治。针对中国内地个别省份出现学校聚集性疫情的情况,吉林省教育
厅、卫生厅于2009年7月2日联合转发了教育部、卫生部《关于印发学校甲型
H1N1流感防控工作方案(试行)》的通知,要求各地区教育、卫生行政部门和
疾病预防控制中心、各级各类学校按照方案要求,严格落实防控措施,防范
学校疫情发生。吉林省甲型H1N1流感防控工作领导小组办公室于2009年7月
28日转发了《关于加强暑期学生集中活动甲型H1N1流感防控工作的通知》。

　3. 疫情流行后期

　一是继续做好重点部位、重点人群、重点时段、重点环节的流感防控工
作。将农村、社区、学校、企事业单位、机关作为重点防控部位;将孕妇、基础
性疾病患者、肥胖者、婴幼儿、老人和学生作为重点防控人群;将学生放假、
开学、春节期间作为重点防控时段;将集中用人单位的发热病例报告、学校
特别偏远地区农村学校的每日体温检测、发热门诊的病例筛查和车站机场
等场所的发热人员筛查作为重点防控环节。全省继续坚持以上重点,全面落
实各方面防控工作。二是继续做好流感监测工作。在全省13家流感监测哨点
医院和10家流感监测网络实验室开展流感监测, 每周分析全省流感监测数
据,及时掌握流感病毒流行情况变化,为制定防控政策提供科学依据。

之所以选择这两个案例,而非其中的一个或其他,主要原因是因为这两个案例具有典型性。从突发事件的发生领域来说,"非典"和H1N1归属于公共卫生领域,都属于典型的社会政策领域范畴;其次,从突发事件的性质而言,两者都触及社会问题。选择这两个案例是想说明,突发事件意义的大与小往往是一个模糊而相对的概念,事件意义是由事件本身的客观后果与评判者的主观偏好共同赋予的,只要微观和宏观条件具备,都能够充当社会政策制定的触发机制的角色。最后从社会政策本身来看,因突发事件引发的社会政策制定出台都经历了一段时间的执行,政策各个方面的展开允许我们可以对此进行研究,尤其是在政策应急出台的执行效果方面。正是由于案例具有上述典型性,可以使案例研究承担理论探索的任务,寻求概括性的理论结论。整个事态发展过程至少包括几个月的时间跨度,在不同的时间内有不同的主体先后登场,承担了不同的活动。联系所牵涉的不同的主体,呈现一种动态的、延伸的、递进式的关注,有利于在复杂的场景中探究突发事件应对社会政策制定的影响因素,呈现不同因素的交互作用。

(二)影响应急事件的时间成本分析

在这里我们根据危机事件的特点,对时间成本进行分析。首先,应急事件具有恐慌性。针对上述案例,当疫情开始逐步蔓延时,人们的恐慌心理也呈现出越来越严重的态势。由于群众对疫情状态情况了解的有限、对未来的走势不甚了解、对个人和家庭的威胁等无从判断,从而导致心理上的紧张、焦虑、恐慌。而这种恐慌又具有一定的传染性质,会从一个个体引发至另一个个体。这时就需要政府在制定出预防与治疗疫情方案时,注重安抚社会大众的情绪。建立各种渠道,通过各种大众传媒媒介向公众公开汇报疫情的发展状况,向大众传授一些防治预防的有效办法,增强人们在危机状态下的自信心和镇定感。同时在危机过去之后,也要注意对公众的心理做合理的疏导。这部分的时间成本是在机会维度下,牺牲其他经济项目或社会项目而进行社会疏导所导致的。其次,危机事件具有不确定性。确定政府在有效管理危机方案将要采取的步骤,并为每一个步骤确定具体人员的责任,就显得尤为重要。针对上述案例而言,政府应有效管理医疗卫生危机事件:首先要冷静面对,其次要利用一切手段,让公众知道实际情况,了解疫情发生的情况,做好各种准备。关键时刻政府要针对疫情情况发布紧急处理意见。要调集一切可以调动的人力、物力和财力,全力以赴地保障人民的生命财产安全。而且应遵循先救人后保物的原则,将保护人民群众的生命放在第一位。在危机事件处理中,还需要防止事件蔓延,杜绝事态的扩大,尽快恢复生活和生产秩序。

在机会成本角度下探讨危机事件的时间成本,最核心的问题就是将危机事件与普通事件区分开来,找准危机事件的特殊性才能研究时间成本的消耗。(见表3-4)

表3-4　危机决策和普通决策的区别

内容　　　类型		危机决策	普通决策
直接目标		第一时间解决危机事件,并且控制危机事件的扩散	解决社会公共问题,保护公共利益
影响因素	时间	急迫,最短的时间制定出决策	时间充裕,反复协商
	信息	信息资源不充分、不及时	可以经过分析与调查获得较完全的信息资源
	人力	受决策者自身能力的影响,缺乏及时决策的主体	通过日常学习实践获得充分的知识储备
	技术	需要专业精确的专业技术,这类技术往往缺乏	技术手段要求不高,同时可以在实践中不断提升
决策程序		主要依靠决策者自身的知识,决策权高度集中,专家也有参与	遵循决策的标准程序,民主协商为原则
决策效果		模糊决策的非预期决策结果难以预料,风险极大	可通过局部试验、修正,监测执行过程,结果可控可预期

在两起突发事件中,政府采取的不同政策对最终结果起到了决定性的影响。北京在疫情爆发之初采取了隐瞒措施,导致疫情大面积扩散,极大地威胁了人民群众的公共安全和政府公信力。而政府在意识到错误决策所带来的不良影响后,迅速调整策略,将建立公共卫生应急机制提上了日程并付诸实施,不仅有效地指导了"非典"防疫工作,同时树立了我国政府勇于承担责任、勇于进取的良好形象。吉林省有效防控甲型H1N1流感工作,标志着我国地方政府在处理应急事件时的决策能力在不断地提升。两个案例中,政府都在短时间内集中完成了政策的制定,作出了正确的抉择,避免了可能发生的不良影响。

四、综合维度下的美国公路政策实证研究

(一)美国法律的制定过程

在美国的宪法中,国会的职责被规定为政策合法化的主要机构。宪法第一条就将联邦政府的权力(例如"设置并征收进口货物关税和消费税")视为国会的权力。然而需要注意的是,国会并不是政策合法化的唯一机构。法院在维持政府权威的合法化中承担着重大的责任,行政机构也承担着一定的责任。在政策合法化的过程中,我们把注意力放在国会那里,并不意味着否定其他政府机构在政策合法化中的重要性。

国会形成了高度制度化的规则与程序,以使自己的行为合法化。实际上,国会制定的规则和程序如此精细,以致提议政策变革是相当困难的。报送到国会的议案很少获得通过;在常规的两年会期中,提出的议案超过一万条,而只有八百多条议案(还不足十分之一)最终以各种形式制定为法律。因此,与其说国会是政策变革的推动者,倒不如说国会是政策变革的阻碍者。

制定法律的正式程序(见图3-3)。制定法律的常规性程序,在美国的每一所中学和大学的政治学课程上都讲授过。但是对正式的法律制定过程的概括,没有涉及众议院和参议院中的政党及其领导地位在指导立法过程中的作用,没有涉及选民和利益集团的影响以及总统和白宫成员的影响,也没有提及国会成员为连任成功而产生的筹集资金的持续而紧迫的需要。

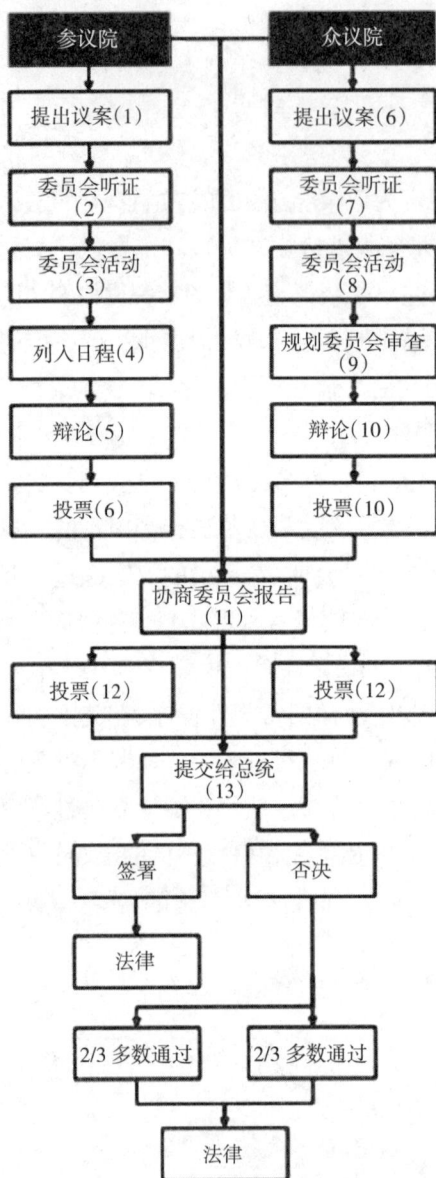

流程图文字：

参议院 | 众议院

提出议案(1) | 提出议案(6)

委员会听证(2) | 委员会听证(7)

委员会活动(3) | 委员会活动(8)

列入日程(4) | 规划委员会审查(9)

辩论(5) | 辩论(10)

投票(6) | 投票(10)

协商委员会报告(11)

投票(12) | 投票(12)

提交给总统(13)

签署 | 否决

法律

2/3多数通过 | 2/3多数通过

法律

右侧说明文字：

1. 提出议案。多数议案都可以向众议院和参议院提出，并提交给相应委员会。

2. 听证。

3. 委员会活动。闭会期间举行全体会议，后者否决议案，或者批准议案，或者通过修正后批准议案，或者重新起草新的议案。

4. 提上日程。

5. 辩论、修正、投票。

6. 提交给众议院，并交相应的委员会。

7. 听证。众议院举行听证。

8. 委员会的活动。委员会可能抛弃该议案，或者准备一个新议案，或者接受这个议案，但是给予修正。

9. 规则委员会的审查。如果委员会接受这个议案，它就会被提上议事日程并提交给规则委员会。

10. 辩论、修正、投票。这个议案被拿到全体会议上，并在讨论之后接受投票。

11. 协商委员会。如果在二审的众议院通过的议案有重大的修改，那么任何一个议员都可要求成立协商委员会。

12. 对协商报告的投票。当这个协商委员会的成员达成协议后，他们分别向各自代表的议院回报，由此来决定他们的报告被结束或者被否决。

13. 提交给总统。如果这个报告被两院接受，这个议案就会由众议院的发言人和参议员的主要签署，最后提交给总统。

14. 总统的行为。总统在十天之内可能签署该议案，也可能否决该议案。

图3-3   在美国议案是如何成为法律的

议案成为法律的过程很复杂，否决一项议案要比通过一项议案更容易。

学者们习惯将美国的交通政策历史研究划分为四个阶段，即1939年前的启蒙阶段、1939—1956年的地区性公路建设阶段、1956—1991年的高速发展阶段和从1991年启动至今的国家公路系统建设阶段。1956年以前,美国的公路建设由于迟迟未能解决资金来源而仍以物业税支持下的区域性公路建设为主,以至于州际高速公路发展速度极为缓慢,而在1956年新一轮的联邦公路资助法案出台后,美国的高速公路建设突飞猛进,甚至从某种程度上极大地改变了美国人的生活方式与社区发展模式,使美国成了一个"建立在轮子上的国家",同时极大地带动了美国的经济发展。所以笔者认为,将1956年作为美国高速公路政策研究的分界点,有助于我们更好地就高速公路政策对经济、社会、政治及文化等方面产生的影响作出清晰、明确的判断,从而帮助我们对该政策制定过程中的时间成本作出评估。

此外,1956年的联邦公路资助法案的形成也可谓一波三折。从1952年美国《联邦资助公路法》审定,到1953年艾森豪威尔上台后实施的州际公路项目,到有关燃油税是否应该取之于路用之于路的争论,直到最终自主法案的形成,民主党与共和党可谓大打出手,联邦政府与各州之间也矛盾重重。

对如此历时周期长、背景复杂、形成曲折的公共政策的研究,有助于加速我们对公共政策时间成本的深入研究。

综上所述,笔者决定以1956年联邦公路资助法案为具体研究对象,通过对该政策制定过程中,美国政府对高速公路发展政策的选择进行深入的研究,并将政策制定时间内的社会、政治、经济与环境等方面与1956年以后政策实施后的各方面发展情况进行对比,从而得出该政策制定过程中的时间成本。

由于1950年美国政府的主要精力仍集中于朝鲜战场上,政府财政支出侧重于军事支出,所以1952年的联邦资助公路法虽然专门授权了2500万美元用于州际高速公路建设,但其象征意义远大于实际意义,且这2500万资金并没有在法案中明确出资来源。当艾森豪威尔于1953年1月上台之后,全美只有约10327千米的高速公路,总投资不超过9亿美元。且由于投资主体不一,缺乏建设标准,许多公路实际上不能满足州际交通运输需求。据统计,按当时的建造速度,即使只是将已有的全部公路改建为满足交通运输需求的"标准化"公路就需要近二十年。

由于整个1953年,艾森豪威尔和美国政府都在耿耿于怀朝鲜战场上的失利,所以这一年实际上并未对公路政策产生过较大的争议。但这并不代表艾森豪威尔忽视了这个问题,实际上他在欧洲战场上时就对德国发达的高速公路交通网印象深刻，"The old convoy had started me thinking about good, two-lane highways, but Germany's Autobahn or motorway had made me see the wisdom of broader ribbons across the land."这也就不难理解为何他在1954年1月的国情咨文中明确表示，他将把注意力转移到公路问题上。他明确表示，一个安全、高效的州际公路体系对于国家的重要意义是巨大的。在这之后，美国国会于1953年举行了广泛的听证会，但由于利益集团的多方博弈，最终1954年的联邦资助公路法案只批准了1.75亿美元的州际公路建设计划。虽然1954年5月6日总统在白宫签署法案时声称"这是积极的进步"，但所有人都意识到这一步迈得还不够大。而关于核心问题——建设资金的来源，则在此时有了一些变化。由于二战后，国家在路桥建设上的投资增长迅速，1950年达到了4.98亿美元，与当年的汽油税收入额刚好大致持平。这就给反对把燃油税用于公路之外的公路游说派提供了巨大的支持，而1954年这种呼声则达到了顶峰。

1954年7月12日，艾森豪威尔将各州州长聚集于纽约州的乔治湖畔，专门针对高速公路建设问题召开会议。虽然他本人因为亲人去世的缘故缺席了会议，但副总统尼克松主持了会议并对总统的计划进行了详细的阐述。尼克松告诉各州州长，年初建设资金授权的增加是一个良好的趋势，但是"我们应该展望一下，下一个十年内投资超过50亿美元的大计划"。他语气沉重地对现有的公路系统，一个"每年浪费数十亿美元、不计其数的美国人的生命与时间、效率低下、拥挤不堪"的"令人震惊"的公路系统进行了批评。同时告诉大家，总统希望有一种"自偿性"的融资方法，可以在避免债务的同时完成公路建设，并希望各州能够团结一心，共同完成这个联邦的伟大计划。

这个讲话可谓生不逢时，当时各州关于政府应该停止收取燃油税的争议正甚嚣尘上，有的州长甚至认为政府应该完全不插手公路业务，几乎没有人对这个计划感兴趣。但艾森豪威尔一心推进这个计划，他找来了卢西乌斯·D.克雷，一位退役的将军，这位将军不但保持了军人雷厉风行的本色，同时也是一位严谨的工程师和资深的商业顾问。克雷组建了一个被戏称为"黏土委员会"的总统顾问委员会，负责将总统宏伟的融资计划由纸面搬到现实。委员会召集了一批公路融资方面的行家里手，但关于国家州际公路体系的争论在国会里从未停息过。经过激烈的争辩，州长们沮丧地发现他们失去了收取燃油税的权力。而总统的顾问委员会则指出，若按照总统的构想，则最终整个高速公路体系可能需要1010亿美元的投资。各州都被震惊了，他们曾在报告里说只需要联邦政府负担30%的成本，现在看这简直是天方夜谭。而委员会更进一步测算出若要建设一个现代化的国家州际公路体系则要在十年内，投资2300亿美元，修筑约60670千米的高速公路。

最终双方各退一步，委员会搞出了一份报告，声称联邦政府理应负担大部分费用。委员会作出了一个40亿美元左右的初期投资计划，最终各方讨价还价之后认为27亿是一个大家都可以接受的数字。委员会又提出建立一个联邦公路公司，拿燃油税作担保发行25亿美元的债券。这个计划最妙的一点在于，当公路网建设完毕之后，大量的交通需求可以带来更多的燃油税，这样就无需加息了。由于这个主意很好地解决了融资来源的问题，所以总统很快就在1955年2月22日向国会提交了报告。道路公共工程委员会小组在阅读了这个报告后提出了一个维持原有联邦援助公路法案不变，但在1961年拿出10亿美元建设州际公路体系的方案。但这并非最糟的，最大的障碍来自财务委员会的主席，弗吉尼亚的参议员亨利·弗拉德。他疯狂地反对用燃油税作担保发行债券的计划，更反对为了这种长期债券支付利息——几乎是病态的。他反对的根据主要来自于债券的实际控制公司脱离于国债和国会的控制之外。与这份方案相比，道路公共工程委员会小组的方案优点更多，但也有一个明显的不足，就是没法解决项目融资来源。但即使如此，在1955年5月25日的参议院投票中，"黏土委员会"的方案还是以31票比60票未能获得通过。最终双方妥协，达成了1956年的联邦资助公路法案。

整个政策，由1953年艾森豪威尔上台开始，到1956年法案正式制定完毕，历时共计四年，召开听证会十余场，参、众两院投票6次，多方利益集团多次博弈，最终形成了我们今天看到的这部1956年联邦资助公路法案。

（二）美国政策制定的会计成本

美国1956年交通政策制定的会计成本如下：

一是行政成本：包括前后国会听证会召开的成本；政府为此制定法案召开的会议的成本；在政策制定过程中消耗的办公经费。

二是人力成本：包括相关总统顾问及委员会的报酬支出；相关政府工作人员、议员及总统所占用工作时段的报酬支出。

三是宏观经济成本：指在政策制定过程中，由于未能按照最终制定的政策进行公路建设所在该时间段内引起的经济损失；及与政策实施后若干年内平均经济回报相比较的政策制定过程内的经济损失。

公路交通在美国经济中起着举足轻重的作用,它提供大量的工作机会,保证居民收入和支持其他经济活动。1998年(按1996年价格计算),美国的交通运输业创造的价值为9350亿美元,相当于美国当年国内生产总值总量的11%。相关的交通行业有雇员440万,为美国全体就业人口的3.5%。交通行业每年为各级政府创造了税收(主要是联邦政府、州政府及县政府),这些资金反过来又全部用到了交通基础建设上,包括公路的修建及维护。1999年度各级政府征收的各种税费总计达到1189亿美元,支出1447亿美元,其中三分之一的收支发生在联邦政府这一层面,一半在州政府,剩下的部分在县级政府。另外还有大量的其他投资用在了与公路交通有关的项目上,比如每年联邦政府向州及县政府下达的公路相关项目资金在1999财政年度达到了263亿美元。这种联邦政府对地方的资金支持所起的作用具有重大的实质性作用。

在政策制定的四年内,参照1976—1998年交通运输业产值的平均值,并考虑到通货膨胀因素,我们可以大概得出宏观经济成本超过了10亿美元。在这样惊人的数字面前,人力成本与行政成本可谓微不足道。

基本上来说,公路行业是一个劳动密集型产业,而且它的相关产业,如道路修建和维护都需要大量的劳动力资源。交通运输行业也可以称之为一种非高科技行业,基本上是劳动力密集型行业,它每年创造了大量的就业机会。

第四章　公共政策执行的时间成本管理

政策执行作为政策制定之后的重要环节，曾在一段时间内被人们所忽视。大多数人认为，一项政策是否有效、是否能够解决社会中存在的公共问题，完全取决于该政策的制定。而政策制定出来后，只需要及时执行，因此政策执行是不存在问题的。但是随着实践的发展，以及普雷斯曼和怀尔达夫斯基有关计划执行领域著作的出版，这种观点逐渐得到改变。学者以及政府决策者开始高度关注政策执行问题，并形成了声势浩大的"政策执行运动"（implementation movement）。政策执行，是将已经合法化的政策方案具体落实到实践中的动态过程。一项政策如果只有科学的制定过程，而不付诸实践的话，无异于纸上谈兵，政策制定的再完美也不会达到解决社会问题的目的。同时政策在执行过程中也可以检测制定的效果，如果制定目标与实际执行出现偏差时，行政人员可以根据实际情况作出调整适应现实的需要。如果说政策规划主要是政治过程的话，政策执行则是一种行政过程。是将目标转化为现实的唯一有效途径。

政策执行的时间成本主要集中于影响政策执行的障碍。主要表现为政策规划障碍、政策认知障碍、政策体制障碍和政策资源障碍。把政策计划转化为政策实践并不像想象的那样简单，计划很多时候可能并不像当初设想的那样得到有效执行。因而，执行的现状和效果并不令人满意。研究表明政策执行过程直接或间接地受到诸多因素的影响，只有对这些因素加以系统分析，才能排除执行障碍或梗阻，完成政策执行任务，从而实现政策目标。也正是这些障碍构成了影响时间成本的因素。

第一节 公共政策执行基本概念

一、公共政策的执行

公共政策执行是公共政策过程的重要实践环节,是解决公共政策问题、实现公共政策目标的唯一途径,是国家行政机关最根本的职能,是行政管理活动中最经常、最大量的活动。而关于公共政策执行概念,公共政策研究领域的专家学者从各自不同的角度进行了界定,其中最早研究公共政策执行问题的美国学者普雷斯曼和韦达夫斯基认为,可以把公共政策执行解释为"在目标的确立与适应于取得这些目标的行动之间的一种相互作用过程"。爱德华兹和沙坎斯基将公共政策执行定义为,一系列"发布命令、执行命令、拨付款项、办理贷款、给予补助、订立契约、收集资料、传递信息、委派人事、雇用人员和创设组织单位"的活动过程。格斯顿则更为简化认为公共政策执行是"将公共政策义务转化为实物"。而本书在研究公共政策执行成本时,为了明确公共政策执行中的成本,则将公共政策执行理解为公共政策执行者为实现公共政策目标而将公共政策转化为实际行动的一系列活动过程,这个过程包括公共政策执行的准备阶段、实施阶段、总结阶段。

二、公共政策执行的特征与政策执行行为

第一,公共政策执行的主体是国家政府机关及其公务人员。公共政策执行是将履行公共政策活动的权利交给政府机关及其公务人员,或是政府机关合法授予权利的人或者机构,被授予权利者要受其监督。

第二,公共政策执行必须要依据公共政策本身内容和其相关法律法规。公共政策执行主体必须以法律为准绳,以公共政策内容为依据,根据要求和程序来完成公共政策执行活动,保障公共政策的高效、稳定落实。

第三,公共政策执行是一种将公共政策规定适用于社会现实生活的行为。现实生活由具体的个人、组织和事件所构成,是公共政策的对象,是公共政策的客体,公共政策执行的最终意义也在于根据公共政策精神解决具体

的社会问题。

根据公共政策执行的具有内容，主要公共政策执行行为可分为四种：

第一，公共政策深化细化的内容落实。所有公共政策在初始出台到终端执行之间，都有一个根据执行的需要而依次展开、逐步深化的不断决策过程，无论公共政策的实体内容还是实施程序，都存在不断深化和细化的需求。第二，综合资源配置的筹备落实。公共政策执行都需要动用或消耗各类及数量不等的资源，比如动用一定的机构和人，赋予相应职权和职责，需要配备必要的财物经费、物资设备和信息，这个执行同时需要一个执行计划，编制执行计划同样是一个重要的筹备工作。第三，终端公共政策执行。根据公共政策的相关规定，针对实际发生的公共政策事件，对特定人或特定事作出相应的行政决定，例如行政许可、行政征用、行政给付、行政强制等。这些具体的性质决定相当于行政执行的终端，是最终使用公共政策解决现实社会问题。第四，反馈及监督调控。有效执行还在于管理者能够得到良好的信息反馈，并有能力适时调控，让公共政策执行能够更好地完成公共政策目标。

而这些公共政策执行行为可以归类到公共政策执行的准备、实施、总结三个重要阶段中，而这些阶段中还包含着更多的行为。公共政策执行的准备阶段可以包括公共政策接收、公共政策认知、执行计划的制定、物质和组织准备；实施阶段包括公共政策宣传、公共政策实验、全面实施、协调与控制；总结阶段则包括公共政策执行监督、公共政策执行再决策等。执行计划在公共政策执行过程中，不仅仅是单方向的过程，也可以包含着不断循环、调控的过程。

第二节　公共政策执行的基本功能及分类

一、公共政策执行的基本功能

不同的学者通过自己对公共政策的理解而有不同的定义。托马斯·戴伊认为，凡是政府选择做或不选择做的事情就是公共政策，强调了在公共政策活动中政府选择的作用。

第一，实现政策目标的功能。政策执行区别与政策决策的最重要的特点就是,它不是制定目标而是要实现目标。公共政策通过政府决策者对公共问题进行缜密的分析,确定出几套解决问题的方法。如何确定哪种备选方案最有效,最直接的办法就是进行政策执行活动。政策执行的好,必然能够解决问题,甚至在一些特殊情况下,能够检验出政策决策的不足,并通过执行者的能力创造性地解决这些不足,提高政策的决策效力。如果政策执行不得力,就会偏离政策的实施目标,不能够有效地解决社会矛盾,严重的会激化社会冲突。

第二,确定方案的有效性。政策执行是政策从理论到实践、从主观到客观的过程。这一过程可以确定与检验政策制定是否科学有效。在政策制定阶段,所有问题与解决问题的方式都是由决策者预想与推算的,而在真正的执行的过程中,一些新问题是层出不穷的,随着时间的推进政策环境也处在不断变化的过程中,政策制定者在制定过程中不可能做到面面俱到,不可能预想到所有问题。在这时就需要政策执行来弥补备选方案的不足,调整政策,以提高政策的可行性和有效性,从而在整体上提高政策的质量。

第三,检验政府的行政管理水平。政府作为管理社会的组织,以政策作为管理的手段与工具。政策执行是否得当可以从一个方面看出政府的行政管理能力与水平。政策执行涉及政府的行政机构设置是否恰当,如果行政机构设置不合理,机构臃肿、人员冗杂、有事无人做,就会造成执行成本的加大、浪费的加重。

第四,促进公共政策活动基本功能的实现。公共政策最基本的作用是解决社会问题,同时它还存在着引导功能,即指导公众的行为朝着正确的方向发展;协调功能,即协调整个国家社会生活中的各种关系,尤其是不同利益群体之间的关系;促进功能,即对经济的发展起到促进和推动作用。具体而言,通过制定一系列的经济政策来扶持相关产业的发展,并且充分发挥市场经济的作用,促进经济的持续发展。

二、政策执行的三种分类

虽然以上已经存在很多对公共政策的分类,但这些分类大多是通过整体的特征进行分类,在本书中为了更好地研究公共政策执行这一阶段,依据公共政策在政策执行的不同阶段而表现的不同特征,根据其议程、制定、执行、评估等阶段的具体情况做出更为细致的划分,在政策执行中可以根据不同政策的配置情况、准备情况和执行难度等划分为常规政策、新政策、应急政策。(见表4-1)

常规政策:指已经执行过一段时间,机构、人员配置已经相对完善、稳定,在政策执行时只需按照以前执行的过程进行,无须耗费研究时间,按步骤较为容易执行。

新政策:指为了解决一项新的问题而制定出来,以充分时间来安排政策执行时的机构、人员、财物配置,随后按照政策规定按程序执行,但由于是新的政策,在执行时又有新的问题和矛盾产生,这就需要随后的控制与协调。

应急政策:指为突然产生的问题而制定的政策,但和新政策的区别在于政策的制定和执行都要在极短的时间内完成,没有充分的准备时间,在较短的时间内完成机构的配置或是人员的抽调,由于问题产生的突然,在执行时要面对不可预知的问题和矛盾,对政策的执行造成较大的困难。

表4-1　三类政策的区别

政策名称	资　源	准备时间	执行难度
常规政策	有配置	无	简　单
新政策	无配置	长	稍　难
应急政策	无配置	短	复　杂

在平常状态下,社会也会发生一些与正常的社会秩序不一致的行为和活动,也会出现一些急需解决的公共政策问题。这是社会运行的常态或平常状态。在这种状态下,公共政策的决策无论在目标取向、约束条件、决策程序和决策效果等方面都有以下特点。

解决问题时目标取向单一。社会处于平常状态的政策决策时,政策的管理者致力于解决某些常见的公共社会问题,尽量协调多方面需求,以实现公共利益。

在决策的条件约束方面也有特点。在决策时间上,常态下的决策由于不是十分紧急,因此可以有充足的时间进行反复对话、平等论辩。在信息方面,常态下的决策则可以花费较多时间获取较为完全的资料,对多种政策信息可以进行详细分析和选择。在政策人力资源方面,则有机会通过日常培训、训练、教育等措施提高决策者素质。在决策技术上,常态下的决策可以使用较为成熟的、常规的技术手段,有时则充分利用现代科技条件,实现决策的计算机模拟。

平常状态下的决策,还可以严格遵循法定程序,实施标准化操作。可以利用社会网络、实现决策权力分散化,通过民主协商决定最终方案,真正使政策决策民主化、科学化。

危机状态下的政策决策。在常态下的政策决策中,由于有充裕的时间和足够的人力资源,可以通过局部试验来增强政策的可行度,可以检测政策的执行过程,可以及时对政策进行调整修正,政策的结果是可以预期、可以控制的。但是在发生突发危机事件时,社会的平常状态消失了。在紧急危机状态下,人们没有充足的时间,也不能四平八稳地依据程序办事,决策的信息不可能完备,许多常规分析技术用不上,决策的结果因上述的条件,再加上危机时间的变动而无法预期。因此危机状态的政策决策只能是特殊决策。

在目标取向上,必须选择迅速控制危机时间蔓延、保护人民生命财产安全的简单目标。

在时间约束上,因为时间急迫,必须是即时决策。

在信息约束上,信息常常是不完全的、不及时的、不准确的,只能是快速决断。

在政策人力资源的约束上,因临时急需,而且面对的都是原有的知识储备不能应对的特殊问题,决策者自身素质和专业技术都会出现严重匮乏的现象。

在决策技术的约束上,应对危机事件的决策,一般的政策分析技术和设备往往失灵,人们需要的是特别的"高、精、尖"的技术。

在决策程序上,因为时间急迫,必须快速发展。决策权必须高度集中,决策者主要是依靠自己智慧和审时度势,而且需要多方面专家形成综合智力来参与。

在决策效果方面,危机事件下的决策职能在模糊的条件下作出模糊决策,这种决策具有非预期性,决策的结果难以预料,风险极大。

三、公共政策的自由裁量权

公共政策要想最终实现既定的政策目标就需要政策过程的各个阶段按

照政策规划体制按部就班地进行执行。一项公共政策最终落到实处,并不是制定了科学合理的政策就万事大吉,在现实生活中我们能够看到许多制定完善精良的政策由于缺乏有效的执行而最终未能实现政策的既定目标。尽管其中影响政策执行有多种因素,但政策执行者的自由裁量权的不当使用则是导致政策扭曲失效的重要原因之一。

何为自由裁量权? 16世纪英国的一位大法官就曾指出:"自由裁量权意味着,根据合理和公正的原则做某事,而不是根据个人的意见做某事,自由裁量权不应是专横的、含糊不清的、捉摸不定的权力,而应是法定的,遵循一定规范的权力。"①简言之,自由裁量权就是行政主体在进行行政管理时在法律规定的范围内所拥有的相对权力。这种权力是可以根据具体的环境,自己的意志进行自行判断、自行选择行政方式以及行政内容的权力。自由裁量权的存在是普遍且必要的,是行政主体本身一项最广泛的行政权力。由于政策执行涉及政策与环境之间复杂的关系,所以行政裁量权的存在是必要的。环境的复杂与特殊性导致政策的制定与执行之间存在着矛盾,这种矛盾需要在执行的过程中通过行政手段加以干涉以期弱化矛盾。由于公共政策具有普适性的特征,公共政策的具体目的是为了解决社会中存在的普遍问题,但是在具体的执行过程中,由于各个地区情况的差异使得执行者必须根据本地区的实际情况和政策的核心实质内容,对原政策进行合理的解释与调整。这就要求政策执行者科学地使用自身的自由裁量权。自由裁量权最基础的表现就是对原政策的解释,当一项公共政策进行到执行的环节时,首先要对其进行必要的分析与解释,在进行具体的分析后有助于行政主体审时度势,大胆地处理问题达到高效行政的目的。但是,行政裁量权的广泛使用又会对行政相对人的权益造成损坏,从而威胁到行政法治。所以我们要在政策执行的过程中把握好行政裁量权使用的度。自由裁量权的使用并不是随意的、无法律依据的,而是有一定范围和限度的。只有在合理的范围内行使才能发挥其积极的作用,因地制宜,使政策目标得到有效的实现。

---

① ［美］纳德·施瓦茨:《行政法》,徐炳译,群众出版社,1996年,第566~568页。

第三节 公共政策执行时间成本及特点

一、公共政策执行时间成本及特点

时间成本是衡量实际发生成本与最优成本之间的差距，而执行时间成本则是实际执行所用时间与计划时间产生的时间差中消耗的成本。

公共政策执行成本特点主要内容包括：执行成本的主体与公共政策执行的主体相同，即政府机关及其公务人员；执行成本是在实现公共政策目的，落实公共政策活动的过程中产生的；执行成本的类型种类繁多，有的可以直接折算成货币形式，有些则需要一定的转换才能用具体形式表示，不仅包括在执行活动中已经消耗的各种资源，也包括因执行活动而带来的各种潜在、间接的消耗；执行成本与执行效果相关，有效执行成本和无效执行成本都包含在其中。如果支付的成本达到一定的社会效益，完成了公共政策目标就是有效，反之则是无效、不必要的成本支出。对于公共政策的执行成本，最重要的特点是其来源于公共部门的财政支出，具有内部自由性大而外部难以监督的特征。

二、执行成本的障碍因素及其时间成本

公共政策执行本身受到多种因素影响，是一个复杂却有条理的活动，对执行成本的影响因素分析，有助于发现其变化规律，从而更好地认识及控制执行成本。

（一）执行主体的素质

公共政策的实现依赖于整个政策系统中各部门行政人员的积极作为，因此作为行政执行的具体实施者、执行者的素质，包括思想道德素质、文化素质、职业能力素质和生理心理素质等，都直接决定了执行效果和执行中资源的消耗程度，提高执行者素质对于控制行政成本具有重要作用，比如提高执行者的思想道德素质，使之确立正确的权利观和增加成本意识，在执行过程中，从社会和人民的需要和利益出发，减少不必要的支出，则能控制行政

执行成本。任何一项政策最终是由一定的执行人员去贯彻实施的,执行者对政策的认同、创新精神、高度责任感、较高的政策水平和管理水平是政策得以有效执行的重要条件。如果政策执行人员缺乏必要的知识和能力,不能很好地把握政策精神实质,不能透彻地理解政策,造成政策失真,就会在传达、宣传、执行政策时扭曲政策、曲解政策。政策执行人员对政策执行形成影响的因素大体有以下四个方面:一是执行者的政策水平。二是政策者的政治觉悟与职业道德。三是执行者的意向、责任感、工作作风。四是执行者的知识结构和组织管理能力。

（二）执行方式与环境

公共政策执行方式是执行的具体表现形式,是贯彻落实公共政策的具体手段。具体执行方式的选择能够影响公共政策执行成本的高低。采用与当前经济与社会发展阶段和实际需要相适应的执行方式,有助于控制行政执行成本。如果在信息化的现状还采取传统的方式,定会造成大量不必要的人、财、物的消耗。公共政策执行环境是执行赖以存在和发展的条件,执行也必须在各种环境中进行,因此行政环境通过制约着执行目标与具体执行方式的选择来影响公共政策执行成本。为实现同一个执行目标,不同的执行环境所需要的资源消耗也不同。

（三）政策方案的影响

政策方案的制定与政策执行前后相继、相辅相成、相互制约。政策方案通过政策执行来实现其意义和价值,而政策执行以政策方案为基础和依据。政策方案在很大程度上决定了政策执行的过程,决定了政策所能获得的最终结果。无论政策执行过程的变化多大,政策执行活动基本上是根据政策方案所规定的内容进行的,否则就不是政策执行了。因此,政策执行必然受到政策方案中多方面因素的影响。政策方案不合理,在具体的行政过程中会表现出针对性不强的状态,不能够有效地反映社会的客观问题或者在执行过程中发现不能遵循社会发展的客观规律。不合理的方案会造成政策执行者、政策的客体对政策的抵触和消极应对的态度,这必然导致政策不能够有效地执行。耽误了政策执行的时间,影响时间成本。

（四）执行机构

在一个国家中,绝大部分行政机构属于政策执行机构。因此,优化行政组织结构对提高政策执行力有着十分重要的作用。合理的组织结构是政策执行的组织保证,精简高效的执行机构可以节约政策执行成本,正确的组织目标能够保证政策执行的方向。政策执行机构下列因素对政策执行具有较大影响:一是组织机构的层级和幅度。二是组织内部的权力结构和体制。三是组织内部的凝聚力。公共政策执行机构的规模越大、数量越多,则用于维持机构运作的开支就越多,付出的成本也就越高,而机构中从事行政工作的人数越多,同样成本也相应增加。四是政策执行机构的影响。

三、中国公共政策执行时间成本概述

（一）影响中国公共政策执行时间成本的因素

公共政策执行是将政策从理论层面落实到实际层面的核心步骤。在我国,公共政策的执行主要是依靠自上而下的行政强制命令实现的,在这种模式的主导下,一些大政方针政策得以有效地落实和发挥作用。但是在局部地区受一些外力因素的影响,存在着行政手段单一、执行时效不及时的情况,这种情况严重地影响政府的行政形象和公信力的提升。如果执行主体不考虑被执行对象的认识水平、心理承受力等实际情况,不是以理服人,而是一味采用行政方式和经济方式以势压人,直接导致目标团体逆反心理、干群关系紧张,最终影响了执行效果,同时公共政策执行的时间成本也随之提高。

目前影响我国公共政策执行时间成本的因素从执行的角度主要有以下四个方面:

（1）异化执行。异化执行又可称为替代执行,是指一项政策由上向下传达执行时,执行人员只遵从原政策的部分执行,而其他部分在执行过程中则发生了变化。一般情况下,原政策中的执行时间、执行空间是继续保持的,但是政策内容会根据情况发生改变。"上有政策,下有对策"正是对这种情况的描述。导致政策异化执行的原因主要是由于执行者价值取向的不同及对政策理解的不到位导致的。异化执行最直接的后果就是政策目标不能够及时实现,同时导致政策执行的环境变得恶化,影响政策执行的效率,从而加大了政策执行的时间成本。更为严重的是,原政策不能按时执行的同时又会引发新的社会问题,形成新的政策问题,导致形成乘积效应,时间成本在无形中无限扩大。

（2）选择执行。选择执行顾名思义就是在政策执行的过程中,执行人员

不能将全部政策要求贯彻落实,而是选择其中一部分进行执行。这种情况一方面是由于政策执行者自身能力的局限所导致的,一些情况下,他们不能完全能理解原政策的全部内容,也就无法将政策的全部精神与实质落实到位。另一方面是由于政策执行者作为利益个体最先接触到新政策,在执行政策时他们往往先对政策内容进行解读,对有可能损害自己利益的政策部分进行摒弃。这种情况在现实中的突出表现就是政策腐败与贪污。每一项政策都是经过严密的讨论与论证后才会进行到政策执行的步骤,而政策本身是一个具有整体性的系统,各个部分之间紧密相连,如果只有部分内容加以贯彻实施,其余部分被割裂遗弃,必然导致政策内容残缺不全。政策无法落实,相应的社会问题必然不能得到解决,原政策就要进行及时的调整,这就加大了政策制定者的工作任务与工作难度,原政策执行的时间成本加上调整政策的时间成本称为选择执行所导致的最终成本。

（3）冗余执行。冗余执行是和选择执行相对应的,是指在政策执行过程中由于执行人员附加了一些不恰当的内容,盲目扩大政策外延,使政策的调整对象、范围、力度、目标超越政策原定要求。这种情况的出现大多数是由于政策执行者试图将自己的利益捆绑到原政策上,自行附加额外目标。这就会导致原政策的内容变得冗余,政策执行的时间必然会被拉长,而这些时间所带来的新成本也会大大增加。

（4）机械执行。一是无视公共政策的精神实质,机械地照搬其他地区、部门或行业的公共政策;二是无视公共管理中各种新情况、新问题、新特点,机械照搬陈旧的、过时的公共政策;三是无视公共事务的时效性,在公共政策不到位的情况下,面对急需解决的公共事务问题无所作为,因坐等上级政策而丧失解决问题的最佳时机。机械执行使公共政策失去了针对性,不仅阻碍了政策执行功能的正常发挥,而且浪费了公共资源,降低了执行效力,给公共管理造成一定程度的损失。

（二）增强中国公共政策执行时间成本效能的途径

要想减少公共政策执行过程中不必要的时间成本的浪费,促进政策目标的尽早实现就必须采取措施消除政策执行的障碍。这些措施从整体上来看分为两类,一类是从政策执行者入手,加大政策执行者的知识储备,提高自身工作能力与素质水平。另一类从政策执行本身出发,建立完善的执行体制,保证资源的合理配置与运用,同时优化政策环境。在实践中不断调整政策执行的方式,通过提高政策执行能力与水平来减少时间成本的不必要浪费。

(1)提高执行主体的执政水平与能力。执政水平与能力既包括政策执行主体在工作过程中业务的熟练水平和工作效率,搜集、处理、传递政策信息的能力,也包括其对待工作的责任意识。可以通过定期学习培训的形式保证行政主体的知识水平处在不断进步的状态下,行政主体自身的工作能力,是政策有效执行的前提条件。同时为了减少行政成本提高行政效率,增强政府工作人员的竞争意识与责任意识,可以将满足条件的公共政策执行承包委托给政府以外的社会组织机构,由于不同的政策执行过程需要占有的资源信息资料的不同,将其"外包"能够使得资源得到最优化的配置,公共政策执行的阻力也将大大减少,实现政策执行主体的多元化。

(2)高效运用政策资源,优化政策环境。政策资源是指政策运行过程中可以获得并利用来促进运行过程的各种支持和条件,即政策运行所要花费的代价和必需的各种条件,它包括人力、物力、财力和信息等。在政策执行的过程中必然要运用政策资源,而政策资源的有效运用正是政策高效执行的关键所在。政策环境在政策执行中也起到不可忽视的作用。政策执行是系统性的政治行为,而其发展又处于一个更为复杂的系统中,这个系统中各因素相互交织,时刻影响着执行的整个过程。因此政策执行也要遵循可持续发展的要求,在保障政策目标顺利达成的前提下,节约资源。并且与社会主义核心价值观相一致的政策实施起来相对较为顺利,反之则会产生阻力,阻碍政策执行。

(3)完善政策执行体制与监督体制。公共政策体制优化的最重要的一点是公共权力社会化,政府服务意识的回归和公民主体地位的上升。简单来说就是要保证政策执行的民主效力。在政策执行的过程中,政府主体应该不断地搜集公众的反馈意见,通过对正确意见信息的整理,调整政策执行的内容与方式,使公共政策更符合服务对象的要求。监督机制是指在政策执行过程中要形成内在监督与外在监督并存的监督模式。内在监督包括上级对下级的监督、下级对上级的监督和平行的监督,也包括政府内部专业机构的监督。外在监督主要是通过人民群众的监督来实现的。政策所要解决的大部分是涉及社会民生的问题,而对于这一问题最有发言权的莫过于人民群众。另外,还应该建立政策执行者的责任追究制度,制约政策执行者的行为,增强其责任意识、使命感和危机意识。

第四节　公共政策执行时间成本的管理

一、分析执行过程及执行时间分析

（一）公共政策执行的过程

公共政策可分为渐进的三个阶段：准备阶段、实施阶段和总结阶段。这三个阶段还根据具体的实施情况进行划分（如图4-1所示），这些活动构成了公共政策的完整过程，从开始政策接收到最后的监控与协调是一个政策执行应完整具有的几个阶段，但根据不同类型的政策，在每一个过程的实施上的时间长短及侧重点不同，甚至几个过程可能同时进行，也可能几个循环直至政策的完全执行。

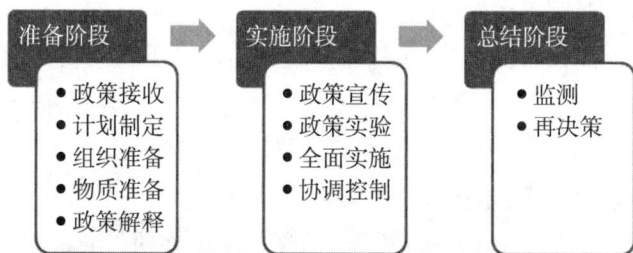

图4-1　政策执行过程

政策接收：指最终政策执行机构从政策制定决策机构接收到完整的政策信息。

计划制定：制定公共政策执行的具体步骤，安排各个阶段所需要做的事情。

组织准备：安排执行政策的机构部门、层级结构及工作人员，确定各个工作人员的工作岗位及责任。

物质准备：执行政策所需要的各种物质需求。

政策解释：公务人员或相关领域的专家就政策的原则、目标、具体实施办法进行详细阐述的过程。

政策宣传：针对政策目标群体进行有关政策的宣传活动，让目标群体了解政策的内容及执行步骤，以便政策更有效率地执行。

政策实验：先在目标群体的小范围内进行政策执行活动，查看哪些准备工作没有做好，再进行补充。

全面实施：在所有目标群体范围内实施政策，全面执行政策要求。

协调控制：在政策执行过程中，针对突发情况而进行控制，协调各个要素使政策执行顺利完成。

监测：在政策执行后期，监测政策完成的情况。

再决策：针对整个政策完成情况对不足的地方作出新的决定。

（二）政策执行时间

政策执行不是在某一个点突然完成的，但在政策制定时，会对政策开始执行的时间点有明确的规定，将这个时间点作为t，这个点由于是明文规定的，所以并不是估计的，而在执行机构接到政策的时间点到政策规定执行的时间点，这个时间段定为T1，从政策执行到最终大部分目标群体接受政策，政策基本执行完毕，这个时间段为T2，所以整个政策执行的时间T为两个时间段的和，即为下述公式。T=T1+T2。T：政策执行总时间；T1：执行时间点前的时间；T2：执行时间点后的时间。

公共政策的执行的时间T根据不同政策的不同性质、范围大小和执行难度等会有各自的长短，一般目标群体越是广泛、接受程度越难，该政策执行的时间就越长，但是执行的时间并不是越短就越好，或是越长越差，而是与政策的执行效果相关，是在理论上某一段时间内执行完其效果是最好的，但是由于政策执行是十分复杂的过程，这个时间要在执行时根据具体情况推断出来。（见图4-2）

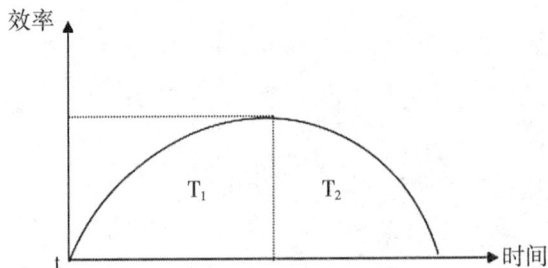

图4-2 执行时间与执行效率关系

（三）时间成本及公共政策执行时间成本

当确定了政策执行的时间段,随之可以确定这段时间中所耗费的时间成本,为了更好地认定时间成本,本书结合企业时间成本及其他时间成本的划分,将政策执行时间成本划分两大类:普通时间成本与执行失控时间成本。

TC=TC(×1)+TC(×2)

TC:总政策执行时间成本

TC(×1):普通时间成本

TC(×2):执行失控时间成本

1. 普通时间成本

可认为普通时间成本是由于时间延长而增加的时间成本，例如由于时间变长而增加的物质成本、人力资源成本,参与政策执行的工作人员随着执行时间的变长,所要支付的工资等也会随之增加。还有会议时间成本,我国政策执行的一大特点就是不断地召开会议,会议越多,占用的时间越长,为支撑这些会议就会增加各种成本。

根据执行情况而分类的三种政策,由于其特点具有不同的成本表现。

常规政策由于具有已稳定的部门设置和人员分配，只是在后续执行时随时间的变化而有相应成本的消耗，这时的普通的时间成本由于执行的稳定性也表现出较小的波动。（见图4-3）

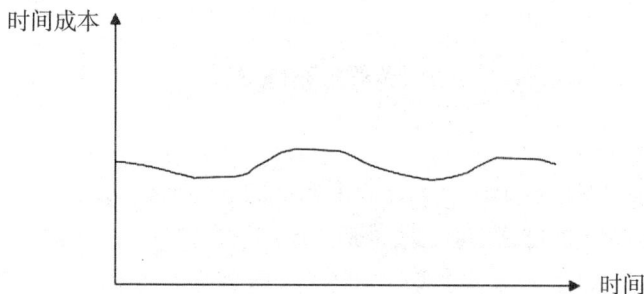

图4-3 常规政策的普通时间成本

新政策由于是在零基础上开始执行活动,但由于准备时间较长较充分,所以时间成本在准备阶段是缓慢增加，在执行稳定之后随时间增加而处于较平稳的状态,有较小的波动。（见图4-4）

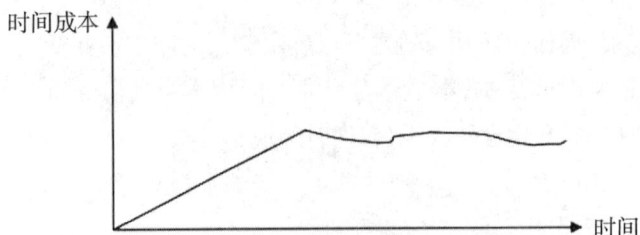

图4-4 新政策的普通时间成本

应急政策某种程度也是新政策,但是由于是突发事件引起的,也就是在公共问题发生之后立即需要执行的政策,这时所需执行的时间非常短,在短时间内会积累普通时间成本,但是由于公共危机处理之后,这时的政策如果消失就不再发生任何时间成本,如果转化成常规政策就会产生后续的时间成本。(见图4-5)

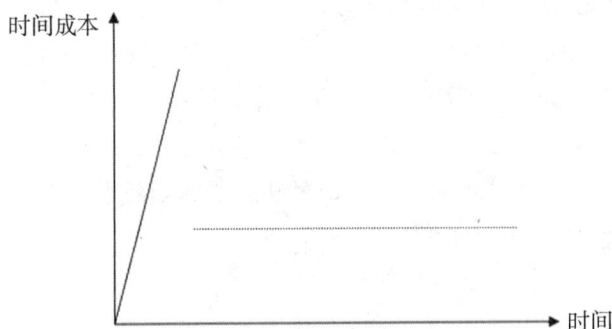

图4-5 应急政策的普通时间成本

2. 执行失控时间成本

指在政策执行的过程中,由于各种不科学的执行活动使执行时间增加而导致相应时间成本的增多,这类时间成本包括信息传递成本、工具选择错误成本、宣传失效成本、再决策机会成本等,这类政策主要是在政策执行的过程中显现出来的。(见图4-6)

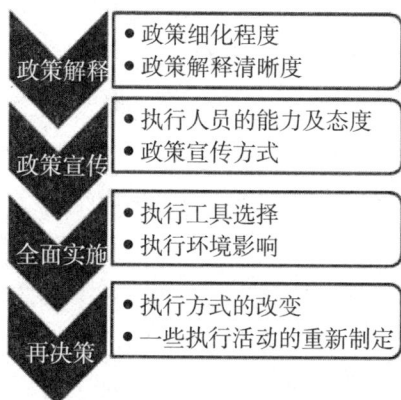

图4-6　执行活动中影响执行时间成本因素

政策细化程度:执行机构在政策执行前,针对政策的具体实施进行细致的划分处理,如果政策细化进行的不完善将会导致政策在执行后的时间延长,随之增加时间成本。

政策解释清晰度:政策解释是为了方便政策执行时目标群体对政策的了解,也就是目标群体越是了解政策的内容与过程,就越容易接受政策,缩短政策执行的时间,减少时间成本。

执行人员的能力及态度:执行的结果不仅在政策本身,很大程度上还要依靠执行者的执行力和在执行过程中对目标群体的态度,因为执行者是直接针对受众人群,越是有能力、有经验、有责任心的工作人员在执行时越是有利于政策的执行,有利于时间成本的减少。

政策的宣传方式:政策的宣传方式随着公众的接受需求增加和科学技术的发展也出现了多种渠道和形式,从传统的口头通知、纸上通知、广播电视到现在的网络微博等,方式越来越多,广泛来说越多的宣传渠道就能增加更多的接受信息者,但是就算是政府部门,其预算资金也是有限的,只有选择适合和最有效的宣传方式才能既达到好的宣传效果也能减少时间成本。

执行工具选择:现代政策执行越来越注重政策工具的选择,一项政策的执行过程虽然在政策制定时就会选择所要运用的政策工具,但是在实际执行中,这些政策工具的效果由其各自的特殊方式所决定,如果选择的工具不适用于这项政策的执行,就会造成很大的资源浪费,而其中的时间成本也相应增加。

执行环境影响:政策执行中,执行机构与目标群体所在的各种环境也直接或间接地影响着政策执行的时间、政治、经济、社会、文化等环境不可避免地围绕在政策周围,为政策执行带来各种推动或阻力,但是这种影响是潜在的,其时间成本并不能更为明确地体现出来,但是其影响却是巨大的。

执行方式的改变:政策执行在一定程度上已经产生了某种影响,但是由于各种原因,改变原有的执行方式,其目标应是为了更好地完成政策的执行,但是这种代价使原有的很多已经付出的时间都将成为时间成本,也就是执行的越困难、曲折,时间耗费的越大,这样的时间成本就越高。

一些执行活动的重新制定:一定的执行活动的调整是政策执行所不能避免的,但是重新制定某些活动,或是增加不必要的活动,随之引起的时间成本也将增大。

二、加强公共政策执行时间成本管理的建议

(一)优化组织架构,提高执行效率

组织架构主要是指组织中的角色、关系和成员相互协调的模式。科学合理的组织架构,是提高政府管理效率和工作效率的前提条件,只有首先构建合理的政府组织架构,才有可能有效地实现政府的短期社会目标和长期战略目标。

(二)制定适合的发展战略,并增强发展战略的可执行基础

首先要确立适合社会发展的可行的发展目标,包括长期、中期、短期,在此过程中要坚持政策目标。其次在执行的过程中,坚持按预先设定好的步骤进行,同时对不符合目标实现的过程根据实际情况进行控制和调整。

(三)重视人力资源建设,提高人员的执行力素质

提高执行力,其核心之一就是必须重视执行者的素质,大力提高行政人员的执行力素质,根据不同的岗位挑选适合的人来负责,让各个位置发挥其重要作用,保证执行过程的流畅和高效。同时建立科学合理的人员教育培训机制,不能让执行者在其位置上出现放松和懈怠的情况。

(四)建立科学的执行流程,规范机构的执行行为

执行流程是围绕公共政策的执行目标和任务,按照一定的组织程序和次序联系起来的一连串的执行活动。执行流程由于规定了相关业务执行活动的执行次序、执行者、执行时间、操作地点等,因而能够起到较好的规范执

行行为、减少执行错误的作用,有利于减少成本、提高效率。

（五）推动政府文化的革新,培育执行力文化

政府文化体现在行政管理的全过程上,对政府的战略、管理方式、公信力及企业之一的工作行为和风格发挥着巨大而持久的影响力。要建立一个有执行力的组织,就必须在内部建立起一种有利于执行的政府文化。

第五节　案例分析

一、常规公共政策

案例:医保报销为什么这么慢①

"医保报销速度慢"这似乎是参保人员的普遍印象。究竟为什么会让大家觉得慢? 有没有好的办法能让城乡居民医保报销速度快起来呢?

在城乡居民医保科,记者首先看到的就是一个个"发票小山"堆在工作人员的办公桌上。这些"发票小山"就是居民们等待报销的医疗费用等相关材料。工作人员告诉记者:"现在我们就8个工作人员,基本上一个月有三千多份的医疗费用报出来,多的一份医药费有发票几十张,而且每份都是要经过初审和复审两个工作人员的计算,何况还有规定病、备案、补卡、咨询等现场业务的量,一份医药费的报销并没有大家想象的那么简单。"究竟医疗费用是怎么报出来的呢? 记者在城乡居民医保科见证了一位村民医疗费用报销的全过程。

第一步,理出相应乡镇,整理成堆后,依次报销。第二步,工作人员将发票稍作整理后开始对其进行第一轮初审,从第一张开始核对姓名、医院类别和日期。由于医院级别和年份不同,报销的比例也不一样,因此该位村民的发票被分成了三份:区级医院一份,卫生院(门诊部)一份,省市级医院一份。第三步,正式审核三份发票。先拿的是区级医院的发票。第一次将发票从头至尾翻一遍,用笔在发票上的有关条目的金额旁边做上相关记号,类似于3%、5%、10%,等等;第二遍,加起所有发票的总金额;第三遍,加起所有3%标

① 《医保报销慢　市民路断腿》,《南方日报》,2016年8月26日。

记的金额,乘以3%,得出数字做好记录;第四遍,加起所有5%标记的金额,并乘以5%,得出数字做好记录;第五遍,加起10%标记的金额并加上丙类标记的金额。第四步,第五遍所得数字加上刚刚记录的3%和5%的数字,得出的是该份医疗费用的剔除金额。最后,用总金额减去剔除金额,得出的是进入报销范围的金额。第五步,将相关信息输入电脑,电脑进行自动计算后打印出结算单。

一份发票从头到尾要被翻上四到五遍,一份医药费才算报销完成。"这还不是最复杂的,如果碰到规定病,省级和市级医院还要分开。还有2008年的发票还要分开。有时候呢,刚算到一半,有现场或是电话咨询的,一打断,就全白算了,还得从头来过。如果是住院费用,还要复杂,还要分门别类填写剔除表格。"一位工作人员说。

那又是什么原因让城乡居民医保会有报不完的发票呢?原因主要有两个:

第一,为了贴近城乡一体化的政策,让农村居民也能享受高水平的医疗保障,从2009年开始,城乡居民医疗保险开通了省市级医院的普通门诊报销。记者做了个初步统计,从2009年1月1日—6月30日,省市级医院的手工报销量与区内医院基本持平,也就是说,2009年手工报销总量,较之上年上升了约40%~50%。因此在一定程度上延长了报销周期。

第二,居民刷卡意识还有待提高。还是以前面那位村民为例,其实那三份医疗费用中,有两份,即区级医院和卫生院的费用,都是可以直接刷卡报销的。工作人员告诉记者,在他们审核过程中经常遇到很多哭笑不得的事情:整理出居民送上来的发票,同一天在同一家医院,三张刷卡了,四张没有刷。工作人员表示如果参保人员能增强刷卡意识,直接在医院就刷卡报销那么他们的手工报销量就会大幅度减少,这样手工报销的周期也会大幅度地缩短,从而使参保报销过程进入一个良性循环。

二、新公共政策

案例一:"新农合"政策推进难

"新农合"政策是指新型农村合作医疗政策,该政策的目的是帮助农村居民更好地享受到医疗保障,具体的做法是由政府组织,农民自愿参加,并且由多方筹资,以小病为基础,以大病统筹为保障的互助模式。

湖南省桂阳县作为湖南省新型合作医疗试点县之一，从2003年7月1日启动到2004年11月中旬的这段实施过程中遇到了意想不到的尴尬。在实施的一年多时间里，是什么原因使这个将近八十万人口的大县参加合作医疗的人数仅为23.8万人，覆盖率仅为34.5%，从而成为湖南省5个合作医疗试点县覆盖率最低的县呢？面对这样一个"惠民利民工程"，作为真正的受益者，广大农民为何会出现出人意料的表现呢？政策推进难，政策推进的时间成本由何决定呢？

政策执行滞后的影响因素有以下三个方面：

（1）政府工作落实不到位。新农合政策出台后，政府便将其传达下发给各地区各部门，但是当政策到达经办机构和定点医疗单位时，各个单位由于各种各样的问题把其搁置一边，甚至是不闻不问。而在这时，上级机构也没有做到及时的反馈，监督审核政策执行的效率。每一项新政策从出台到执行都会经历一定的磨合过程，在面对新环境时，政策总不能是一成不变的，总是需要进行合理的调整。但是执行新政策必然会加大工作的难度，一些政府办公人员为了减轻工作任务，就会选择搁置政策。监督机构的不健全，给了政策执行滞后可乘之机。

（2）农民缺乏对"新农合"政策的了解。许多农民对新农合政策表示只是听说并没有真正的了解。这主要是由于政策宣传不到位，政策宣传是一个持久性的工作，它见效较慢，所以一般行政人员不愿意从事，所以宣传工作不到位，农民甚至没听过该政策导致政策落实难以继续。

（3）政府诚信问题。在该政策推进的过程中，我们发现影响政策难以继续，并增加时间成本的因素是——政府诚信问题。信任是人与人之间的信赖与真诚，也是构建社会和谐的一个重要方面。然而，在中国社会的发展过程中，信任也一度变得脆弱。中华人民共和国成立以来，特别是改革开放以来，"利己主义"危及到了社会信任，引起了种种社会问题。当然，一些基层政府本身言行的个别失信，导致民众对政府政策动员的观望甚至阻滞，政策信任的缺失构成了民众阴影化的历史沉淀，并加深着现实的连带逻辑，政府的信任赤字越来越成为政策执行对象的心理隔膜，这是我们无法否认的既存事实。政府的信用问题在当今社会越来越成为公众关心的问题。一个能够得到百姓信任的政府，无疑意味着在开展社会管理工作时更加得心应手，能够减少不必要的阻碍。现如今，我国正在着力打造社会主义和谐社会，构建社会主义和谐社会其对政府工作的首要要求就是诚信。与个人诚信不同的是,政府诚信影响的范围更广,涉及的方面更全。改革开放以来,我国的经济得到飞速发展,百姓的生活得到进一步的提高,不得不说政府的贡献是最大的,它们秉承着以人为本,以百姓为中心的价值观,创造出一个又一个令世界瞩目的成绩。政府对百姓负责,百姓对政府放心,建构起一个良好的秩序与关系。但是在取得成绩的同时,我们也应该看到存在的问题与不足,有些地方政府失信于民的现象还是普遍存在的。一些地方领导人为了攫取属于自己的个人利益,不惜牺牲百姓的权利与利益,利用招商引资的方式招摇撞骗,与商家沆瀣一气,朝令夕改、出尔反尔。大大降低了政府公信力,并且失信于民。在本案例中,也正是因为存在政府信任危机的问题,才会使得百姓对新政策不能也不敢相信,所以导致政策推进困难,大大增加了政策执行的时间成本。

总之在政策推进的过程中,从政府和百姓来考察,都存在着一系列的问题,而这些问题如果不能及时解决会大大增加政策执行的时间成本。为了打造服务型政府、责任型政府,我国政府关键的是要大力推进简政放权工作,切实转变政府工作职能,成为一个充分尊重民意,倾听百姓意见的诚信政府。

案例二:南召县促进城市务工人员再就业政策

南召县是国家重点扶持县,总人口62万,其中农业人口52万,耕地面积373.3平方千米,农村剩余劳动力达17.3万人,地少人多的矛盾较为突出。近年来,南召县坚持将劳动力资源作为第一资源,把发展劳务经济作为一项战备决策,确立了"输出劳动力,引回生产力"的劳务开发新理念,农村剩余劳动力转移工作取得明显成效,被省政府命名为"全省劳务输出基地"县。2008年以来,全县在外务工人员年均达12万人,占农村剩余劳动力总数的70%;直接劳务收入达10.5亿元,接近全县生产总值的六分之一。但是由于受金融危机的影响,县城市务工人员外出务工和回乡创业面临严峻挑战,给县域经济发展带来了一定的冲击和影响。

三、城市务工人员失业返乡给南召县带来的新情况新问题

南召县农民外出务工的地区主要集中在东南沿海的长三角、珠三角一带,主要就业渠道是外向型企业。由于受国际金融危机大气候影响,造成相当一部分出口企业订单减少,生产开工不足甚至停产状态,这一严峻形势导

致了企业裁员甚至长期放假的现象。2010年9月份以来，全县城市务工人员
从江浙、东南沿海等地返乡人数达一万二千人以上，占全县城市务工人员总
数的 8%左右。以南召县崔庄乡枣庄村、马良村进行了实地调查。枣庄村共有
1208位村民，原枣庄砖厂取缔后，有一百多位城市务工人员失业，外出务工
人员中有三分之一返乡，返乡的大多是从事体力劳动的男性外出务工人员，
女性外出务工人员返乡的少，从事远洋捕鱼的人员没有返乡。马良村有12个
村民小组，有一千六百多人，401户，劳动力人数700人，外出务工人员流动性
强，总人数360人，女性占多数，主要从事餐饮服务行业。返乡的主要是男性，
在外从事建筑业的就占五十多人，返乡人员占男性外出务工人员的60%左
右。从各乡镇调查反馈的情况看，返乡城市务工人员思想情绪低落，面对外
出务工困难无所适从，收入明显减少后对家庭生活带来了诸多困难，特别是
一些靠外出务工供养孩子读高中、大学的返乡人员思想极不稳定，怨天尤人
现象有之，因经济问题产生各种各样矛盾的家庭有之，因外出务工前土地转
包、林权转包要回承包权产生的纠纷有之，诸多新情况新问题给当地的社会
稳定经济发展带来了新的挑战。

四、城市务工人员返乡的原因分析

一是正常的年底返乡。调查中自愿提前回家过年的返乡城市务工人员
占25%。城市务工人员在外工作一年，到了年底总要回家和家人团聚。而且由
于2007年南方冰雪灾害，国家采取了许多措施把外出务工的城市务工人员
稳定在当地，有相当一部分城市务工人员没能回乡过年，2008年回家过年的
城市务工人员达到高峰，2009、2010年春节有所回落。二是因金融风暴返乡。
全球金融风暴下的中国劳动力市场正承受着一波侵袭，不少外向型中小企
业早早开始"节衣缩食"，而这些企业多属劳动密集型的建筑、纺织、服装等
行业，这恰是外来工最集中的岗位。这些企业倒闭、停产、减产、降薪、减员，
所带来的直接影响便是岗位紧缺，大量城市务工人员因失去工作岗位或所
得工资无法维持在当地的生活而迫不得已返乡。南召县有58%的城市务工人
员受全球金融危机冲击影响、因企业破产倒闭或减产裁员而返乡。三是受中
央支农惠农政策影响。国家最近陆续出台了一系列支农惠农政策，如新的粮
食收购政策的出台和新的土地政策，对城市务工人员返乡具有吸引力。很多

城市务工人员受优惠政策的激励开始返乡创业，特别是最近各级各类新闻媒体大量宣传报道国家出台的支农惠农政策，使返乡的城市务工人员看到了创业的希望，致使南召县有22%的返乡城市务工人员想在家务农或创业。

五、做好当前城市务工人员再就业工作的主要做法

面对城市务工人员返乡后逐步重新就业这一严峻现实，南召县不等不靠，认真学习党中央、国务院及省、市下发的关于城市务工人员就业创业的文件精神，采取了如下措施来促进返乡城市务工人员创业或就业。

一是加强组织领导，为城市务工人员就业保驾护航。经南召县委、县政府研究决定，成立了"南召县城市务工人员工作领导小组"，并制订了促进全县城市务工人员就业创业的中长期规划。县政府制定了"召政文〔2010〕7号"文件，将城市务工人员就地、就近或异地就业，涉及的方方面面的问题政策化固定下来长期不变，并将督促有关职能部门加以认真落实和执行。

二是充分调查摸底，掌握翔实数据。南召县就业部门要求各乡镇村逐户统计返乡城市务工人员的具体数字，统计内容包括返乡前的就业地点、就业岗位、工资待遇、返乡原因、返乡后打算等，并通过各乡镇劳保所将数字回拢上报到县就业办，具体统计结果是全县共有12000名城市务工人员返乡，县委、政府及时掌握全县城市务工人员返乡的具体情况，为2011年解决返乡城市务工人员创业就业工作提供了可靠依据。

三是在全县营造舆论氛围，引导鼓励就地创业或就业。在充分分析了近期城市务工人员就业形势后，全县着重营造城市务工人员回乡创业的舆论氛围，使返乡城市务工人员思想上得到解放，务工思路上更新观念，培育全新创业文化，宣传城市务工人员创业致富的典型。通过广泛宣传，使二百四十多名返乡城市务工人员产生了在家创业的思想，有相当一部分城市务工人员到县就业办了解小额贷款担保的具体发放办法，还有一部分城市务工人员靠自己的积蓄和亲戚朋友的帮助，创业已见行动，涉及饮食、服务、服装、日用品销售、农副产品加工，食用菌种植、经济林栽培等多个行业。

四是强化创业、就业培训，使城市务工人员掌握过硬本领。通过整合全县劳动力培训资源，依托南阳理工学院，利用县城的就业培训基地、县惠农中等职业学院、驻召三属企业技校等5所学校分别举办了5期城市务工人员

免费培训,每期开设20个班,参加培训的城市务工人员达五千余人次。创业培训内容包括创业指导、行业行情、工商法规、创业规划、企业管理知识等。在培训的方式方法上本着实用的原则,根据参培城市务工人员的意愿,对回乡创业城市务工人员和继续外出城市务工人员分别编班,分期培训,结合务工需求和创业技能"缺啥补啥",使他们尽快掌握一技之长。外出务工培训内容包括:焊工、机械、加工、饮食服务、足疗、建筑基本知识与施工安全微机操作、美容美发等。

五是加强内引外联,搭建城市务工人员再就业平台。2011年2月13日,由县政府、劳动人事和保障局联合主办了"南召城市务工人员就业洽谈会",邀请北京商会、东方印刷厂、浙江新高健美容美发公司等三十余家省内外用人单位及县域内三十多家非公有制企业到会,提供近二千个岗位,另外还提供了一百多个创业项目。同时在县委、县政府的大力支持下,经过精心筹划和准备,"南召绣女"和全省兄弟县市的四十多个优秀劳务品牌一道,如期参加了河南城市务工人员在北京农业展览馆的风采展示活动,印发宣传图册二千余份,组织专人现场讲解,使许多用人单位对"南召绣女"颇感兴趣,于北京商会现场达成用工意向三千余人,取得明显成效。此外,有关部门还将着力在高庄核电建设项目、天池涯储能电站、青山水泥等一大批招商引资项目建设上,培训大批城市务工人员从事建筑行业。

六、存在的问题和不足

一是本地企业受到冲击,本地就业形势严峻。南召县企业本来就不发达,吸纳城市务工人员就业的岗位和人数有限,受金融风暴影响,现有企业受到冲击,用工大量减少,对劳动力转移输出影响较大,大量城市务工人员返乡使本来就有限的就业岗位形势更加严峻。

二是城市务工人员就业困难,维权意识差。返乡城市务工人员大部分文化程度较低,没有一技之长,再就业难度相对较大,在所调查的枣庄村和马良村的城市务工人员中,初中以下学历的占60%以上,他们从事的多为苦、脏、累活,需要政府加大人力、物力投入,加大培训引导力度。

三是城市务工人员创办企业困难。城市务工人员返乡创业,面临融资困难、人才缺乏、土地紧张等困境,急需政府出台相关政策,加大扶持力度,促进城市务工人员返乡创业。特别是受商业银行运营机制影响，县城内的商业银行大多不愿开展城市务工人员小额贷款业务，给城市务工人员创业之初的融资问题带来诸多不便。

四是影响社会稳定。如不妥善处理好城市务工人员失业返乡后的培训、转移、就业、社保、土地经营、权益维护、社会稳定等相关问题，将不利于构建稳定和谐的社会关系。

七、对策和建议

城市务工人员再就业政策的目的是帮助城市务工人员的生活质量得到提高，促进家庭生活水平的提高，为了降低该政策的时间成本，本书从以下四个角度给予相关的建议与对策：

（1）破除体制障碍。我国长期以来实施的二元户籍制度，把农民与城镇人划分成了两个不同的阶层。对于城市务工人员而言，在城镇打工挣钱，但是却得不到城镇人的生活待遇。他们在生活的方方面面受到歧视。城镇户口对于城市务工人员而言是一块必须却又难得的敲门砖。没有这重要的户口，他们无法取得合法的身份，导致子女无法入学，医疗保障无法进行。所以必须破除这种体制带给城市务工人员的不公平的待遇。首先要改变认知，一部分城市务工人员选择去比较大的城市工作，他们认为大城市机会多，待遇会公平，那么这时就需要大城市展现她包容的一面。当城市务工人员在城市中挥洒着自己的汗水，为城市的发展添砖加瓦时，应该为他们提供合理公平的待遇机制。一部分城镇居民认为城市务工人员进城会打破原有的工作制度，会和他们争抢工作机会，所以习惯性地戴上有色眼镜，采取不合理的歧视政策，不断加固城乡之间的藩篱。政府在这时就要切实履行自己的职责，制定相关的规章制度保护城市务工人员的合法权益，促进城市务工人员生活水平的提高。

（2）建立制度保障。目前就业形势十分严峻，但大量城市务工人员涌进城，致使一部分人找不到适合自己的工作。这种情况如果长期存在会大大影响社会秩序，因此国家政府可以大力宣传和支持城市务工人员进行自主创业。提供一定的制度和政策保障，优化创业环境，在诸如工商、地税、金融等方面给予城市务工人员便利的条件。一方面通过自主创业解决了工作问题，提高了自身的生活水平;另一方面也可以带动整个社会生产力水平的提高。现如今,国家大力弘扬"大众创业,万众创新",城市务工人员也是社会生活的一分子,他们有权利也有义务选择适合自己的创业项目。建立属于城市务工人员自己的信息资源系统。利用科学化的方式,将农民的具体信息完整地记录下来,包括他们的特长爱好、专业学历、家庭情况,在进行这样的摸底调查之后,能够随时掌握城市务工人员的返乡动态,为他们及时地提供属于自己的职业。并且在他们选择和重新选择职业时,能够做到供需对接、培训转移,提供基础有效的数据支持与保障。做好就近就地转移,支持、鼓励中小企业、工业园区、规模养殖企业等,为返乡城市务工人员就近就地转移务工提供就业岗位。认真贯彻落实国家提出的扩大内需十项措施,进一步加大农村生产基础设施建设,依托农田水利建设、沼气工程、新农村建设等农业项目,增加城市务工人员的就业机会,引导城市务工人员为乡村建设做出贡献。

(3)提高城市务工人员的知识水平和素质。不可否认的是,城市务工人员与城市居民在受教育程度上的确存在一定的差距。优势的资源和教育环境集中在城市是不争的事实,教育程度低影响着城市务工人员工作的选择。在这种情况下,政府应该与各部门积极配合,利用农民农闲等时机开展一些培训课程帮助他们接受专业化、系统化的知识学习,提高他们的自主创业能力、再就业能力和维权能力,为他们再务工或从事农业生产经营打好基础。

(4)依法做好城市务工人员权益保障。为了发展劳务经济,始终把保障城市务工人员合法权益工作放在重要位置去抓紧抓好,抓出成效。一是在本县城市务工人员外出集中的地区成立商会和党组织,通过商会组织去了解城市务工人员权益保障情况,并由商会组织出面协调解决城市务工人员投诉案件。二是县司法系统和劳动保障部门,要对县域外涉及城市务工人员合法权益案件及时提供法律援助,由财政拨付专项资金支付援助人员的差旅费用。三是对县域内涉及的建筑、建材等行业拖欠城市务工人员工资问题,要利用行政、法律等手段进行协调解决。四是加强对城市务工人员的社保关系接续工作。凡在外省已参加养老保险的,只要农民有要求续保的,及时为其办理社会保险关系转移接续手续,同样在本县已参加工伤保险并经工伤保险机构鉴定为工伤或职业病的返乡城市务工人员,县工伤保险机构要及时与务工地工作保险经办机构协商,做好其工伤保险等待遇支付工作。

八、应急公共政策

2007年上半年,太湖在1998年"零点行动"后不到10年又暴发了蓝藻危机。5月份以来,由于无锡市降水偏少、水位较低和气温偏高等原因,太湖蓝藻提前大面积爆发。5月30日,部分水源地水质迅速恶化,对该市人们的生产、生活造成了较大影响。省委、省政府领导对此高度重视,立即指示江苏省和无锡市各级有关部门积极采取引水、导流、增雨、关闸等措施,同时强化自来水处理,加强水质监测,确保市场净水供应,全力以赴,让人民引用干净水。

通过该案例我们不难发现,我国在处理应急事件时还是存在一定的问题的,不同的层级之间不能有效的配合,不能充分发挥基层组织和中央政府的有效联系,但是一些危机事件的发生往往是从基层组织开始,这时基层政府总是坐以待命,听从上级政府的指挥,而上级政府却又不能掌握更多的资料。如果基层政府对突发危机事件不积极主动地应对、处理,基层政府和地方政府部门不主动承担应急政策管理的责任,而把责任上推,决策权上移,这将不利于及时有效地应对突发危机事件。

对于应急管理,西方学者艾尔莎伯格、费尔德斯和罗斯所建立的危机准备模式建构在莱利的模型基础上,其包括三个主要阶段:一是一般准备阶段,该阶段中包含两个重点:危机的策略规则、有益于危机管理的文化;二是早期预警信息的交流阶段;三是危机管理阶段,其中重点为:迅速的响应、资源动员、有效的信息流通。在社会转型的过程中,社会危机事件的出现机会也随之增多。政府在应对危机事件的能力需要不断增强,危机事件所造成的时间成本在某种程度上是政府预测范围之外的,所以我们应该将这部分成本的消耗降到最低。政府在实际的处理过程中要促进各个层级政府政策的整合、政府各部门政策的整合、官方和民间的政策整合、早期预警与危机应对政策的整合。

关于应急公共政策时间成本管理的处理方式在本章前半部分进行过详细的介绍,在这里就不做赘述。

第五章　公共政策评估的时间成本管理

公共政策评估是公共政策制定过程中具有重要意义的一个环节，也是政策运行科学化的重要保障。一个完整的公共政策过程，不仅包括科学合理的政策制定和有效的政策执行，还需要对公共政策执行以后的效果进行评估。通过公共政策评估，人们能够对公共政策目标的实现程度、公共政策的执行效果作出全面评价，判断政策的基本走向，从而决定一项政策是应该继续还是调整、替代。除此之外，通过政策评估，人们还能吸收政策执行过程的经验教训，为以后的政策活动提供参考和借鉴。

第一节　公共政策评估时间成本的相关概念

一、公共政策评估的含义

所谓政策评估，就是"依据一定的标准和程序，对政策的效益、效率、效果等价值进行判断的一种政治行为，目的在于取得有关这些方面的信息，作为决定政策变化、政策改进和制定新政策的依据"。

政策评估是作为检验政策是否有效的关键环节，在整个政策制定过程中具有承上启下的作用。一项政策在执行后，是继续执行，还是已经解决了社会矛盾需要终结，都是以政策评估作为基本根据的。那么政策评估就首先要建立起一整套评价的标准。在不同的领域内公共政策所要达到的目的是不同的，所以评价指标与标准也不尽相同，但是总体说来遵循的标准是：生产力标准、效率标准、公正标准。

二、公共政策评估过程时间成本含义

社会历史发展是对"以每个人的全面而自由的发展为基本原则的社会形势"①的追求。所以人的发展不是某一部分人和人的某一方面的畸形发展，而是广大人民群众和每个人的全面发展。因此应从公共政策上保证个人自由与集体自由的一致。

政策评估是检测政策的一种手段，是用来判断政策是否按照既定的价值标准进行。既然政策评估作为价值判断，首先就必须拥有评判的标准。不同时期的社会发展状况不同，所以其政策制定的倾向性与具体内容都有所不同，在这种情况下，政府会施以不同的评估标准。但是其核心的价值是不变的，也就是重视公平正义。只有以公平正义为主要精神的政策评估才能保证政策诊断的科学性，才能及时地纠正错误，进行合理的政策资源优化配置，不断提高公共政策的质量。然而政策评估这一步骤在很大程度上总是容易被人们所忽略。

在政策制定的其他过程中，政府总是花费大量的时间、人力、物力资源，而对政策评估的重视程度远远不够。过去我国政府也缺乏对政策评估的重视，甚至在政策制定的全过程中忽略了政策评估这一重要环节。导致这种情况的原因主要有以下三点：一是缺乏正确的意识。受旧体制的影响，陈旧的思想束缚了人们意识的发展，没有充分意识到政策评估在政策制定中所产生的重要作用，特别是作为政策制定主体的政府以政府内部的工作人员没能发现政策评估科学化、民主化的巨大作用。二是缺乏正确的运行机制，不能正确处理政策评估与决策的关系。实际上，政策评估对政策工作起到一种检查与监督的作用。一方面决策工作独立于评估工作之外进行，另一方面政策评估检查决策工作完成的实际情况。也就是说两者是既独立又相互依存的运行机制。但在实际的工作中，由于缺乏经验没能形成一种程序化的规范模式导致两者之间的良性互动无法正常进行。三是进行政策评估后的结果不被重视，使得政策评估过程流于形式，这是评估研究发展缓慢的一个重要原因。政策制定是为了满足公众的利益，当评估的结果损害了一部分人的利

---

① 《马克思恩格斯选集》（第二卷），人民出版社，1995年，第239页。

益时，他们必然会站出来指责评估过程，认为其评估结果存在偏差，如果这一部分人拥有较强的社会影响力，就会导致已经形成的评估结果成为空谈，所有的评估过程白白花费了时间、人力和物力资源。这一现象的存在导致政策评估的目的和意义的失效。那么也就最终导致政策评估不公平公正的现象存在。

政策评估理念的转变主要体现在，政府及政策评估的工作人员慢慢从思想上改变了自身的态度，端正了政策评估的指导思想。同时针对政府投入不足的问题也做了进一步的改善。首先，中央及地方政府加大了对政策评估的财力投入，保证经费的充足，建立专项评估资金，俗话说"巧妇难为无米之炊"，有了资金保证才能确保评估公平的程度。其次是培养了一系列专门的人才进入政策评估部门。通过专业人员的工作保证评估工作的科学客观与公正。同时建立了相应的评估组织。

"公共政策评估是依据一定的标准和方法，对公共政策方案规划、执行情况、政策效果及价值进行评估和评价的活动。"[①]政策评估将决定一个政策的未来走向，是继续进行还是调整终止，因此与政策评估有关的时间概念将会影响到政策的连续性。可以看出政策评估是一个复杂的过程，既包括程序、机制，又包括价值选择与判断。在这个复杂体系的缝隙中，大量的时间浪费造成的价值损失即构成公共政策评估过程时间成本，其主要指评估主体在政策评估过程中，由于非必要时间浪费和资源、信息闲置以及在政策问题界定和政策方案选择中所意味的机会成本引起的价值损失。

公共政策评估包含以下两方面的内容：①对价值的判断。公共政策是维护社会公共利益的主要手段之一，因此公共政策要准确地表达公共利益，而公共利益所包含的范围比较广泛，在这里可以简单地理解为决策主体的利益和目标群体的利益。因此，从政治公平正义、社会回应性和适应性等价值观层面上定性时间成本分析是时间成本计量的重要组成部分。②对事实的评估。时间成本既包含压缩时间内的成本的时间价值损失，又包括备选方案选择所带来的机会时间成本。评估主体在对公共政策进行评估时，因各方利益的博弈，评估的标准有时会进行微调，在这当中有关时间的延长不可避免，因而即便是严格地按照程序进行的评估，也不能完全达到时间的最优配

---

① 严强：《公共政策学》，社会科学文献出版社，2010年，第239页。

置,因此在可压缩的时间内的价值损失,即为时间成本的一部分。时间成本也可以看作是一种机会成本,即在作出选择时,因为选择了事物A而放弃了事物B,则B所造成的假设性获胜就是A的机会成本。也就是说,在一定时间内,做了A而没有做B,那么做B带来的时间损益则为A的时间成本。例如依旧在上班和休息之间作出选择,选择休息,那么休息一天的时间成本即为上班一天内的工作损失,相对于休息,上班一天的时间成本为零。当评估遇到备选方案时,即会产生机会成本,"所谓机会成本就是某一种生产要素用于某种生产时,所放弃的用于其他生产活动所带来的最高收益"①。

在假设条件下,备选方案常常比执行方案具有更好的时间收益,而这个收益即为执行方案的机会时间成本。机会时间成本不是事实造成的时间损失,但是在评估过程中,如若忽视机会时间成本分析往往会降低时间成本管理的准确性,使得评估结果的参照性降低。

可以看出公共政策评估过程时间成本的含义,包括价值和事实两个层面。在分析评估过程的时间成本时,要将两个层面统一起来。价值层面的政策评估,从公平正义出发,考量社会的参与度与回应度、政策影响和社会的可持续发展等要素,该部分可能会产生大量的时间成本,但是不应因此而批判该部分在评估过程中的重要性。事实层面上的政策评估,以价值中立为前提,以政策结果的效率、效益、效果和充分性为取向,坚持实证与技术的结合,应用了成本—收益、多元回归分析、民意调查研究、运筹学和系统分析等定量评估方法,"尽量回避与政策问题有关的党派目标和价值冲突,强调计算各种争取目标的手段的效率和有效性"②。将两部分统一起来就是将价值分析评估方法与事实分析评估方法相结合,设置多元复合化的评估标准,要重视经济收益,落实技术标准在政策评估中的应用,也要重视政治、社会、文化和法律性标准在政策方案制定和政策执行中的影响。两方面统一起来的时间成本分析是政策评估者需要考虑的,也是政策评估过程优化的参考指标。

---

① 周缤宏、何翔舟:《政府成本论》,人民出版社,2001年,第24页。

② [美]弗兰克·费希尔:《公共政策评估》,中国人民大学出版社,2003年,第16~22页。

三、公共政策评估过程时间成本的特征

由于时间的特殊性质，因此由其浪费而产生的价值损失——时间成本也具有一些特征：

（一）累加性

因为不论是私人的决策还是公共部门的决策都是遵照一些既定的程序进行，因而会占用不同的时间区间，由时间成本的含义可以看出，在一个决策中不是时时均会有时间成本产生。例如一项决策完全地依照程序进行，并且每一程序中均进行严格的时间控制，决策的方案也是单一的，且在规定的时间内完成，那么这一决策就没有产生时间成本。但是这只是理论上的假设情况，而现实生活中在每一个过程均有产生时间成本的可能，在统计时间成本时，就需要将每一部分累加在一起，才是这一决策的完全时间成本管理。

（二）隐蔽性

时间虽然是一个客观存在的物理量，但其具有十分强烈的主观臆断性。当一个人在没有任何计时工具的情况下，很难将时间计算的十分精确，因此在论及时间成本时，个人强烈的意愿往往会夹杂在对时间的利用率上，作为决策主体的个体来讲对于时间的需求是不一样的，也就会对产生的时间成本无所察觉，造成时间成本的累加性增长。这种隐蔽性是产生时间成本的根源，也是作为决策主体缺乏时间观念的必然产物，因为在时间成本管理时，要针对不同决策制定不同标准将隐蔽的时间成本显性化。

（三）伸缩性

作为时间这一概念来讲是绝对不具有伸缩性的，也就是说在地球上，不可能发生一个人的时间走了六十秒，而另一个人的时间走了三十秒的情况。但是作为价值损失层面上的时间成本来讲，就具有了伸缩性，也就是说在完成一项决策时，A花费了三十分钟，而B花费了六十分钟，相对于该决策的标准决策时间二十分钟来讲，A造成了十分钟的价值损失，B造成了四十分钟的价值损失。可以看出同一决策对于不同的人来讲产生的时间成本是不同的，因此根据时间成本这一特性，在建立时间成本评估体系时，要根据不同的情境来制定相应的标准，以实现时间成本评估的公平性。

（四）不可逆性

时间作为单向度的物理量，具有不可逆转的特性，就是说2012年9月22日过去了，下一秒钟就只能是2012年9月23日，而不可能是2012年9月21日。因此在谈及由时间而造成的价值损失也就同样具有了不可逆性，不同于机械成本可以以折旧或变卖的方式来降低成本。一旦时间成本产生，那么就是不可消除的，因为时间已经流逝过去，不可能再重新来过一次。因此这一时间内的价值损失就是一个既定的值不可更改。正是时间成本的不可逆性，才使得时间成本管理变得至关重要，因为时不我待，决策者要在有效的时间内尽可能多地完成有效的决策，这才是时间成本管理要达到的效果。

第二节　公共政策评估时间成本作用与分类

一、公共政策的时间成本评估必要性

探讨时间成本评估就不可能将时间成本的概念完全局限于公共政策理论当中，而是需要借鉴其他学科的理论。从经济学的角度可以便于从成本的角度来论证时间在公共政策中的重要性，以量化的方法来衡量时间成本，缩减时间成本。政府作为公共服务部门职责是维护社会和公民利益，即在保证私人利益的前提下，实现社会利益的最大化，当然这里所说的私人利益并不是广泛的私人利益，而是在产权制度下个人合法的权利与义务。而社会公共利益是一个比较宽泛难以量化的概念，政府实现社会公共利益的途径是单一的，即向社会提供公共物品，以此满足人们对那些"必要而又不愿意自己提供的物品或服务"[1]的需求。公共物品可以理解为"具有非排他性和非竞争性的物品和服务"[2]。例如，国防、法律和司法服务、社会安全、医疗、教育、公共交通等。

非排他性和非竞争性是区分公共物品与私人物品的关键特征，非竞争性意味着在总量既定的情况下，"每个人对这种物品的消费并不会导致任何

---

① 王雍君：《公共经济学》，高等教育出版社，2010年，第7页。

② 同上，第135页。

其他人消费的减少,也不会减低其他人的消费质量"。在法律建设的例子中,增加一个新生儿,不会影响原有公民对法律的需求,也不会加大法律制定的开支。非竞争性是指"排斥某人(如不付费者)消费此类产品是不可行的或极其困难的(排斥成本很高),或者是不必要的。"①在环境治理的过程中,排斥某人从中受益是不可能做到的。正是这两种特征的存在,使得政府提供公共物品的过程具有独特性和不可替代性,因此这也是保证政府是提供公共物品的唯一合法性组织。虽然公共物品也可以由私人提供或政府与私人联合提供,但这两种途径均需要由政府授权方可生效,因此不论哪种方式,政府在公共物品的供给上占有主导地位。

政府向社会提供公共物品时缺乏合理的市场机制的调节,而是在单一的政治途径下运用行政权力支撑决策机制,向纳税人提供基本的国防、法律、基础教育等社会服务。而对这一过程的合理解释即为制定公共政策,政府通过公共政策的执行来实现社会利益的最大化。因此政府几乎每天都要作出大大小小与资源配置相关的各种选择,即公共政策过程。公共政策就是政府选择做与选择不做的事情,即政府决定做某件事情或不做某件事情均为公共政策。政府通过制定公共政策来决定如何向社会提供公共物品,提供哪些公共物品,公共物品覆盖什么的目标群体等。因此公共政策是考察政府效率的主要指标,决定社会资源配置的效率和结果。

政策制定是一个过程——政策是如何按一定步骤制定的,包括问题确认、议程设定、政策形成、政策合法化、政策执行、政策评估等过程,②并且这些过程是相互渗透在一起的。公共政策过程的任一阶段的效率均会影响政策的效率,而对于效率的评价则主要集中在公共政策评估过程当中。公共政策评估是对一项公共政策的反馈,将政策的影响及时回馈到政策的每一个过程,即可以将政策的效用扩大,将政策中的不足与经验放大,以便在下一政策过程中作出调整,以提高政策效率。然而对于目前社会的发展速度来看,单纯地评价政府做什么与不做什么,已经不能很好地保证政策所能实现的价值,而要做到这一点,就要在一定的时限内评估政府提供公共物品的数量(这里指政策),它们之间的联系,及其最终实现了的公共利益。对每一项

---

① 王雍君:《公共经济学》,高等教育出版社,2010年,第135页。

② 参见[美]托马斯·R.戴伊:《理解公共政策》,谢明译,中国人民大学出版社,2011年,第28页。

评估规定相应的时限,并不是说评估进行的越快越好,因为评估毕竟要进行大量的数据调查,若无限制的压缩时间,只能是信息和资料的不完全,降低时间成本评估的价值,使其流于形式而表面化。而时间过于宽泛,则易引起政策反馈失灵,不能及时调整政策,然而任意一项政策均不能保证完美无缺的实行,那么这就将引起政策在错误的方向上越走越远,而造成的损失将不只是时间成本,更大的损失将不可估量。

探讨时间成本评估就是要找到政策的时间节点, 在正确的时间做正确的事,是政府对公共利益表达的完美形式。事实上,政府并不是无所作为的,虽然现阶段,我国无论是政治体制还是经济模式,无论政府职能还是社会突发状况均在发生着翻天覆地的变化, 但是作为政策的目标群体总是看不到政府有所作为, 那是因为大多数的公共政策不论是中央政策还是地方政策均是以治理的形式出现,也就是说要在社会公共事件发生后,制定政策来缓解纠纷,而未能做到事先的预防措施。因此公共政策评估时间成本管理就变得尤为重要,这既是对政策目标群体的一种比较直观的政策作为的表达,也是对政策主体治理公共事件具有借鉴的意义, 是对政策共同体进行整体评估的表现,合理整合政策过程中各方利益,以趋于实现公共利益的最大化。

二、公共政策评估过程时间成本的分类

由于时间成本具有累加性、隐蔽性、伸缩性和不可逆性四种特性,因此根据不同的特性可将时间成本进行分类。但是因时间成本可能同时具有至少一个特征的原因,该种分类的方式不能完全包含所有时间成本的类型,也有可能同一时间成本存在于几种分类当中, 因此在这里只是提供一个认识时间成本的角度。·

(一)根据累加性可将时间成本分为单次时间成本和多次时间成本

因为时间成本具有可以累加的特性, 因此在进行时间成本评估时要将过程分块,进行每一部分时间成本评估。若得到的结论是时间成本即为单一部分的时间成本,则称为单次时间成本;若时间成本是由不同部分的时间成本累加而成,则称为多次时间成本。对于单次时间成本,在评估结论中可认为时间成本较小, 问题主要集中整个过程的一个环节上, 在下一政策周期中,要对该环节的流程和人员任用加以考核。而对于多次时间成本,在评估

结果中即可认为政策过程存在比较大的不协调，需要对政策进行调整或是终结。

（二）根据隐蔽性可将时间成本分为隐性时间成本和显性时间成本

在评估时易于被发现的时间成本即为显性时间成本，在评估时不易被发现的时间成本即为隐性时间成本。例如在进行数据分析与整合时，人员之间将大量的时间用于闲聊和休息，那么所造成的时间成本即为显性时间成本。而当对同一政策进行评估时，不论是更改评估流程，还是更换评估人员，均造成时间成本的居高不下，那么这当中就存在着大量的隐性时间成本。例如，人员对时间的不同认识所造成的时间成本即为隐性时间成本。隐性时间成本在评估时很容易被忽视掉，造成低时间成本的假象，而高估了政策评估的时间效率。

（三）根据伸缩性可将时间成本分为不可压缩性时间成本和可压缩性时间成本

对于一个现实当中的政策评估过程，不论流程多么完美，人员多么尽责，时间成本是一定存在的，那固有的时间成本即为不可压缩时间成本，但是时间成本也是要控制在一定的范围当中的，当超出了这个范围即为可压缩时间成本。在进行评估时要正视不可压缩时间成本的存在，既把它当作必然又把它当作偶然，既要接受它又要缩减它，来实现评估过程时效的最大化。而对于可压缩时间成本则要坚决的剔除掉，来提高评估过程的高效性。

（四）根据不可逆性可将时间成本分为短期时间成本和长期时间成本

在短期的评估过程中造成的时间成本即为短期时间成本，而因评估过程时间周期长而造成的时间成本即为长期时间成本。在评估时间成本是不能因为时间成本的数值小，就判断时间的利用率高；反之，时间的利用率低。因为短期的政策评估所用时间短，造成的时间成本相对就要小一些，而长期的政策评估所用时间长，造成的时间成本相对就要大一些。因此单纯的数值比较是没有任何意义的，而是要看时间成本在成本中的比例，比例高则时间利用率低，反之时间利用率高。

第三节　公共政策评估时间成本管理的影响因素

一、制度性前提薄弱

"在现在科学中,不论是自然科学还是社会科学,都或多或少的建立在一些理论假设基础之上"[1],在此基础上方可进行细致深入的分析,公共政策评估也是如此。但是政策评估是一个复杂的过程,有其自身的发展规律,发现和掌握评估规律是评估顺利进行的基本保障, 在此基础上才能将复杂的过程总结出抽象的理论并推而广之。假设基础是发展规律的前提,在一些假设的条件下总结分析具体事实,并逐步放宽假设条件,以得到普遍通用的规律。贠杰、杨诚虎指出:"现代公共政策评估之所以必要和可行,是因为它是建立在一个以法治为基础的全面责任化政府体制基础上的。"[2]由此可见,责任化政府体制是公共政策评估的制度性前提,是评估的逻辑起点,是评估过程时间成本管理的保障。但是在现实政策过程中,并不是所有的政府都是责任化政府,并且在责任化政府当中,责任的示意与理解也并不相同,因此这势必会影响评估的时效性。责任化政府对于政策评估本身起到一种规范性作用,使得评估人员有理可查,评估过程有章可循,评估结果有法可依,从准备环节上降低时间成本。另外在责任明确的政府中,责任贯穿于政策过程当中,从而尽量避免政策主体个人偏好对政策过程的影响,使得政策在可操作的流程中进行,这样有利于政策评估的开展,从操作环节上降低时间成本。

二、可评估性分析缺乏

胡雷提出先对政策进行"可评估性分析",并通过"可评估性确定报告"实现与决策者和执行机构的沟通,在得到评估结果使用者的反馈信息后,再

---

① 贠杰、杨诚虎:《公共政策评估:理论和方法》,中国社会科学出版社,2006年,第11页。

② 贠杰、杨诚虎:《公共政策评估:理论和方法》,中国社会科学出版社,2006年,第13页。

确定政策评估的步骤。[①]可评估性分析就是确定能否或应否对一项政策启动评估，是评估的前提。威廉·邓恩指出，如果政策评估者缺乏对评估目的和评估结果对个人、团体或整个社会价值的考察，仅以评估者的主观标准进行评估，即使采用科学方法对政策效果进行可靠、有效的评价，仍然是一种"伪评估"[②]。不得不承认我国在这方面工作的缺乏，因此当对不具有可评估性的政策进行评估时，所有花费的时间都是浪费的时间，均为该评估的时间成本。结合中国公共政策评估的实际，贠杰、杨诚虎提出从有效性、必要性与可行性相结合的原则来确定政策可评估性，即评估对象有价值且能通过评估达到一定的目的；评估对象从评估的时机、人力、物力、财力等条件能够满足评估的需要。具体地说，我们应从以下方面来选择评估对象：①法定评估项目。②问题较大的政策。③效果显著的政策。④应要求评估。⑤长期项目的阶段评估，即对于长期项目应该根据阶段性要求确定是否进行评估。[③]若忽略对评估对象的选择，不考虑政策的可评估性，势必会影响评估预算的准确性，影响评估人员选择与培训的科学性，影响评估标准制定的合理性，影响信息的收集与分析的可操作性，进而从整体上造成评估过程时间成本的累加性增长。

三、政策评估共同体的存在

"政策评估中所有的行动者包括政府、评估机构与利益相关者一起构成了政策评估共同体。"这种共同体会对评估者的行动策略或数据信息的获取发生作用，甚至增加了政策评估质量的不确定性。而在这种情况下，"政策评估的主体本身就属于政策共同体的一部分"，而"政策评估有关的信息和知识就不会仅仅局限于评估者所理解和掌握，而这些信息和知识会从评估主体进一步扩散到一个更大范围的政策共同体"[④]。这就造成了公共政策评估主体的不明确，好像人人都在做政策评估，事实上什么也没做。因此在进行政

---

① See Joseph S. Wholey. Evaluability Assessment in L. Rutman ed, *Evaluation Research Methods : A Basic Guide.* London : saga. 1977. p.48.

② [美]威廉·N. 邓恩：《公共政策分析导论》，谢明等译，中国人民大学出版社，2002年，第438页。

③ 参见贠杰、杨诚虎：《公共政策评估：理论和方法》，中国社会科学出版社，2006年，第85~86页。

④ 赵德余：《公共政策：共同体、工具与过程》，上海人民出版社，2011年，第208页。

策评估时,要首先明确政策评估主体,一般"监督者是最常见的评估主体"[1],进行时间成本评估,必定要查阅大量的会议记录、数据信息等,而很多公共政策又会涉及国家利益、安全,不便于完全向评估者公开,因此监督者就是时间成本评估的最佳人选,这既便于获取评估资料,进行及时准确的评估,又可将评估与监督联系起来,做到评估即监督,监督即评估。这当中又存在一个问题, 就是要保证监督体系的相对独立性,破除政策评估共同体的束缚,这不单单指利益联系,还包括权力制约。政策评估监督体系如图5-1,监督体系分为中央政策评估监督组织和地方政策评估监督组织, 二者之间无职位与权力上的直属关系,各自向同级的人民代表大会负责。在各级的监督部门当中,将政策主要负责人、社会专业人士、目标群体成员以"三三制"为原则组成监督委员会, 委员会下设评估具体执行人员进行评估数据搜集整理。根据不同政策涉及不同的委员会成员,委员会成员对时间成本进行分块打分,如表5-1,分值由1~5,对于1分的比例超三分之一的部分,需要该负责人说明原因,并且监督人员对其进行开诚布公的讨论,目的在于描述评估的作用。对5分比例超过三分之二的部分,也应该说明原因,以便达到时间成本评估的真实性,以此来将监督者的注意力集中在可以改变的因素。[2]对于低时间成本进行鼓励,高时间成本进行管理。如果是规则程序造成阻碍,则可适当调整机制;如果是因评估人员能力缺乏,则可进行适当的撤换;如果是评估人员积极性不高,则可进行适当的激励机制。

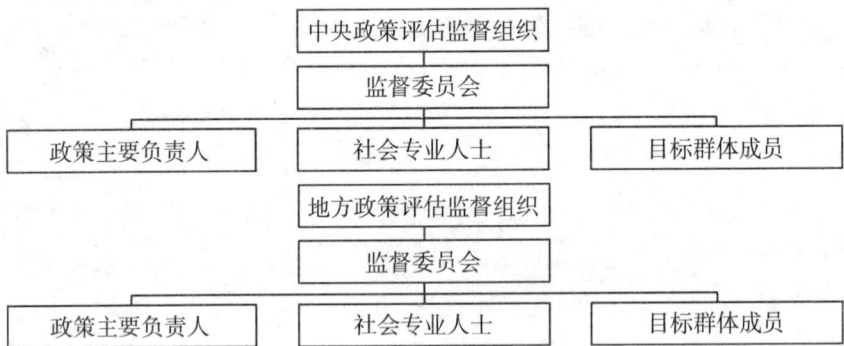

图5-1 政策评估监督体系

---

① [美]米切尔·K.林德尔、卡拉·普拉特、罗纳德·W.佩里:《应急管理概论》,王宏伟译,中国人民大学出版社,2011年,第291页。

② 同上,第293页。

表5-1　时间成本评估等级表

	时间成本远远高于目标要求	时间成本高于目标要求	时间成本等于目标要求	时间成本低于目标要求	时间成本远远低于目标要求
评分	1	2	3	4	5
监督者意见					
监督者属性					

在私人领域当中,通过个人对物品的购买很容易判断出个人的偏好,作为为私人服务的厂商来讲,只要通过捕捉这些信息作出恰当的反应来满足市场的需求,实现个人利益的最大化。然而当这种偏好进入到公共领域当中,至少是政策评估过程当中,偏好就成为一个难题。托马斯·R.戴伊指出:"政策评估是对政策影响的评估,而非政策产出的评价政府机构做了大量统计工作来衡量产出,比如以支付的福利补助、逮捕的犯罪和起诉数量、医保支出和学校招生人数等。"[①]在评估领域,偏好应该理解为一项政策为目标人群带来什么样的变化,而对于这些变化的社会评价即是偏好。若将数量的多少定义为目标人群的偏好,就是一种偏好失真。当偏好失真出现时,作为对价值的一种判断——时间成本亦即发生。政府花费大量的人力物力财力在

---

① [美]托马斯·R.戴伊:《理解公共政策》,谢明译,中国人民大学出版社,2011年,第285页。

数量的统计上,并对数量进行评估,以此作为评估公共政策的标准,不论是在过程中还是结果上,都造成了时间成本的增加。因此,在评估时把握目标群体的偏好趋势,是将评估的重点更多地落到政策影响上来,这既是节约时间成本,也是控制时间成本的途径。

因为偏好主要是人的好恶,虽然政策评估需要考虑目标群体的偏好,但也是有个人情感的掺杂,这就需要评估主体与目标群体进行时时沟通合作,在有效时间内进行评估的具体和可测量的目标。这些目标应更多地体现共同制定的结果,此时方可开始时间成本的评估。

四、政策不确定性的局限

依据贠杰、杨诚虎政策评估的不确定性表现在以下三方面:政策目标的不确定、政策因果关系的不确定和政策效果的多样性和广泛性。[1]政策目标的完成程度是政策评估的首要内容,然而由于政策过程的复杂性,使得政策目标往往会随着政策的进程而发生偏移,甚至出现双重或多重目标。在定量评估时不确定的目标会使评估标准难以量化,在定性评估时不确定的目标会使价值判断偏离政策本身,因此将降低评估的时效性,增加评估的时间成本。政策因果关系是评估的一项重要内容,但是在评估时,评估主体往往很难准确地说明政策结果是有某一项或多项原因造成的,因此从定性评估的角度来讲,政策因果关系将深深地影响评估过程和评估结果,从而增加对政策评估时间成本的影响。政策效果分为长期效果、短期效果,预期效果、非预期效果,主要效果、次要效果等,使得一般性的政策评估很难作出全面准确的分析,以时间为价值量,从成本—收益角度来讲,时间的付出得不到应有的回报。

五、资源配置不均衡

这里之所以讨论时间成本就是因为时间是一种稀缺资源,自身就具有成本。然而由于时间的特殊性,在政策评估过程中,其他资源的分配不足,就

---

[1] 参见贠杰、杨诚虎:《公共政策评估:理论和方法》,中国社会科学出版社,2006年,第38页。

会造成时间价值损失的累加,增加时间成本。例如进行地方性项目评估时,评估往往会从项目结束后随即进行,而此时的人力物力不能及时转化到评估当中,人员队伍不完整,物质资源又相对比较短缺,势必引起工作的开展在短缺处、在无人无物的场面下进行,甚至在有人工作的领域也难以配合而放缓工作进程,而由此会引发大量的时间成本生成。但是由于资源的稀缺性,这种时间成本是无法避免的,只能有合理的制度进行控制,这就涉及人员工作职能的转化。由于一项政策的落实是按照一定的程序,人员的配合,那么在不同的时间节点上就会有不同的人在工作,因此在进行政策评估时,可以将过程分解,针对已完成的工作尽早进行评估,对后续进行的工作晚些评估,最后再将每一部分汇总起来,做一份总结性报告。这既可解决资源配置不平衡的问题,又可降低评估的时间成本。

另外,公共政策作为政府部门维护社会公共利益的工具,必然需要受到"市场"的调节,在对政策进行评估时就要适当地受到市场经济的制约,这包括两方面:一是政策评估要受市场经济的影响,以效率为导向,确定评估对象、设置理性目标、制定评估标准、培训评估人员,以期高效完成评估任务。市场经济的外部环境下以目标为导向,人人追求效率,以高效能作为评判是非好坏的标准,造成的时间成本必然是远远低于目标要求的。但这并不是评估时间成本所要达到的目的,这是不科学不可持续的。市场的调节面对公共政策有时是失灵的,甚至是背道而驰的,在进行政策评估时,再将市场观念带入到评估过程中,势必是不合时宜的。政府的政策过程是不同于市场经济的行政程序:目标群体的利益得到很好地表达,政策主体通过民主与法制实现行政职能。政策的评估过程是依托于理性的价值标准对政策的影响作出评估,不关心政策的好与坏,而是在下一政策过程中看到改变。市场经济的高效原则容易导致非理性的时间压缩,造成时间收益假象,实则为政策评估的不详实、不具体,终至政策评估流于形式,无实际的参考价值。现实当中的行政程序是不完善的,又因市场经济无形的影响,时间成本的收缩是政策评估过程中比较难的过程。

第四节　公共政策评估时间成本管理

一、我国公共政策评估现状

公共政策学作为一个专门的学问起源于西方，当时公共政策被认为是政府的一项活动，拉斯韦尔认为政策科学具有跨学科、解决问题和显规范性三重特征，运用科学的技术解决价值的问题。然而自此，政策科学就陷入了科学和价值的纷争之中。运用科学方法统计数据、建立模型、分析政策成为政策科学的一种分析方法，这就是早期的实证主义分析方法。另一种分析方法则是注重政策的影响，运用价值标准分析政策，政策分析进入后实证主义时代。公共政策分析作为引进学科，我国学者也注意到了西方的这一纷争，但是由于历史文化背景，我国学者主要进行理论上的梳理、哲学上的升华和政治上的分析，往往忽视数据统计、模型分析等具体技术层面操作。政策评估作为政策分析的主要环节也难以避免这一现实问题，使得"政策评估陷入了恶性循环的困境：评估者抱怨评估结论未能受到应有的重视，决策者则抱怨政策评估结论无法提供有用的参照"[1]，这就是我国政策评估环节薄弱的主要原因。另外在事实层面有些公共政策是不适于用科学方法进行评估的，例如改革开放政策，它影响了几代人社会生活的方方面面，甚至改变了一个国家的经济基础、政治面貌、文化内容等，因此简单的数据分析、模型理论，并不能完全地评估该政策。基于以上政策评估的特点，笔者将我国政策评估分为显性评估、隐性评估和无评估三类。

显性评估是指运用科学的方法，建立政策评估体系，遵循政策评估过程，对政策进行评估，是常规性政策评估，将政策问题、政策目标、政策方案、政策执行、政策结果都纳入到政策价值评估的范畴，同时把价值评估作为一种重要的指标，纳入统一评估指标体系，使政策评估从理性的技术性评估逻辑起点过渡到理性和非理性相结合的系统评估方向发展。[2]尽管个别学者提

---

①　负杰、杨诚虎：《公共政策评估：理论与方法》，中国社会科学出版社，2006年，第85页。

②　参见刘祺等：《公共政策价值评估：缘起、概念及测度——一种批判实证主义的评估程式建构》，《东南学术》，2011年第4期。

出,我国公共政策评估实践尚不成熟,而且缺乏严密的方法论指导,在借鉴先进国家政策评估理论方法的过程中, 应该确立起我国公共政策评估研究的实证主义取向,[1]但在具体学术实践中,大多数学者还是认同将公共政策评估的技术性分析与价值评估结合起来。事实上,在公共政策过程的不同环节,技术性评估与价值性评估的权重并不相同,在方案制定和政策执行过程环节,技术性评估要重于价值性,在议程设置和政策执行后果环节,价值性评估要重于技术性评估。[2]评估过程如图5-2。

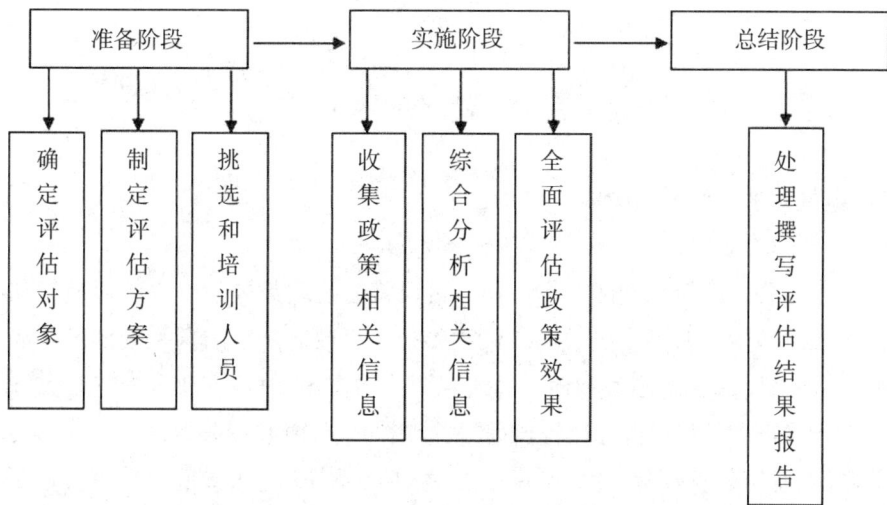

图5-2 积极评估流程图

隐性评估是指运用哲学的思辨方法,借助历史经验的归纳总结对现行政策的影响作出理性的评价。这是一种隐性评估,不遵循政策评估过程的具体操作,没有数据统计、模型分析等常规手段,而是对政策效果进行理论分析,并且大多为价值判断,以社会影响、公民回应度和社会的可持续发展为评估标准,评估过程如图5-3。这种非常规评估方式是我国政策评估的主要方式,并且大多数主体为政府智库,因此对于消极评估进行时间成本分析时,也要运用价值标准来衡量,而不应该拘泥于具体的数字文字。

---

① 参见和经纬:《中国公共政策评估的方法论取向:走向实证主义》,《中国行政管理》,2008年第9期。

② 参见赵德余:《政策绩效评估:地方部门案例》,复旦大学出版社,2011年,第4页。

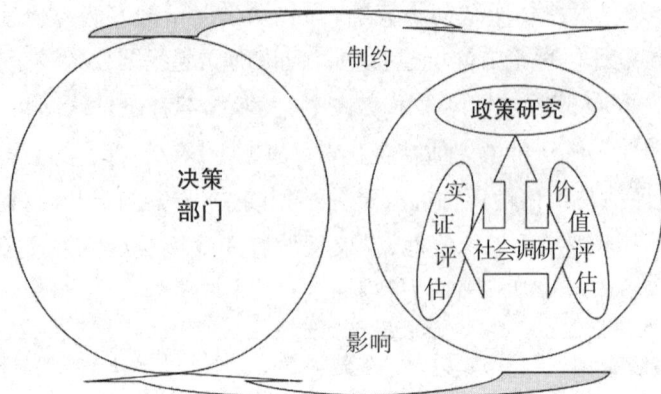

图5-3 隐性评估流程图

二、显性评估时间成本构成

根据公共政策制定的主体不同，可以将公共政策分为中央政府政策和地方政府政策。其中中央政府政策主要是中央政府制定的国家规划发展战略大计方针,起到对国家和地方的宏观调控的作用,对地方政策的施政方针起到指导作用。政策目标比较长远,政策周期偏长,执行起来难度偏大,如国防政策、基础教育政策、社会保障政策、法律法规等。地方政府政策主要是由地方政府针对地方实际情况运用自由裁量权或是应对社会突发事件管理而制定的政策。政策目标比较贴近生活,政策周期比较短,执行起来灵活度比较大,如地方性交通政策、污水治理政策,公园管理政策等。基于以上对公共政策的分类,在进行政策评估时也应按照不同的政策运用不同的程序、执行不同的评估过程,进而进行时间成本评估。

（一）中央政府政策评估过程的时间成本构成

根据中央政府政策所具有的特点，在进行政策评估时也应该从宏观的角度出发,以政策的完成率来核算时间成本。若以细节来核算时间成本,工作量之大是可想而知的,而为了时间成本的评估而造成经济上的花费,从而会带来时间成本的累加损失, 投入与收益的比较将不会有理论和现实上的动力支持。因此对于宏观政策评估过程的时间成本,主要存在于评估人员的培训和评估标准的制定两个过程中。"政策评估的过程实际是一种理论研究过程,它对评估人员的理论素养要求很高。"①因此必须根据不同项目评估培训专门的人才,来提升评估技能。该部分时间成本的管理应建立在评估人员个人的学习记录的基础上,而带来的问题则是个人价值观的影响。例如人员A一天学习的时间安排,哪些是必要时间,哪些是非必要时间,这是一个仁者见仁智者见智的问题。因此作为时间损失的计算应在统计所有人员的时间安排后,计算出一个合理的时间安排作为评估标准,超出的时间乘以单位教育费用即为时间成本。第二部分时间成本的管理主要针对的是会议时间所造成的价值损失。会议是任何的政策评估都不可能避免的决策过程,因此时间的浪费不易量化,因而可以需要根据不同政策规定会议所占用的时间比重,宏观政策的会议时间应多于整体评估时间的20%为宜,若时间超出20%的部分乘以单位部门经费即为会议时间成本。

(二)地方政府政策评估过程的时间成本构成

根据我国宪法,地方政府是专指地方国家行政机关,《辞海》中根据我国宪法,将地方政府释意为设置于地方各级行政区域内负责行政工作的国家机关。地方政府是一个狭义的概念,是指中央政府直接管辖下的,治理国家的某一地区或地域的社会公共事务的政府单位。它主要包括我国的省(直辖市、自治区)、市(自治州)、县(自治县)、镇(乡、自治乡)等各级地方政府。地方政府是一个国家的区域性政府,行使权力的范围有限,这决定了它与中央政府之间有很大的差异。因此有专家认为,地方政府政策是"各级地方公共权力机构在与社会充分交流的基础上,依法对辖区内的公共利益或公共事务作出的规范性安排"②。并且从政策的环境系统、政策的原则性和灵活性程度、政策的层次性和差异性、政策手段等四个方面区分了地方公共政策与国家政策的不同,明确了地方政府政策的自身特点。地方政府政策构成要素如图5-4。

---

① 严强:《公共政策学》,社会科学文献出版社,2010年,第250页。

② 郭剑鸣:《地方公共政策研究——一种政治学的范式》,中国社会科学出版社,2006年,第12页。

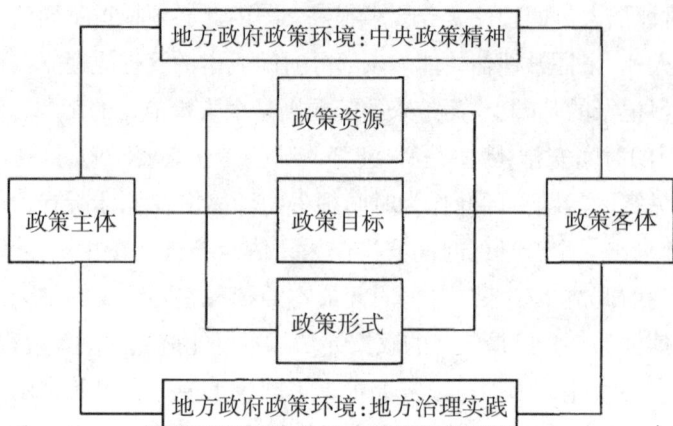

图5-4 地方政府政策构成要素①

地方政府政策评估是一个动态过程,是指按照一定的客观标准,对实施中或实施以后的政策的效益、效率、效果等进行评估,确定公共政策实施后是否达到预期目标、达到的程度如何、对社会生活带来哪些影响(正面影响或负面影响)等,以此来判断公共政策方案本身的优劣、政策执行中的效率,根据此评估结果来决定地方政府政策延续、调整、废止、替代等措施。②

相对于中央政策来讲,地方政府政策评估工作量小,数据资料易于统计,涉及的评估人员少,因而对于评估的三个阶段均要进行时间成本评估。

政策评估第一阶段:准备,包括制定评估方案和挑选培训人员。政策评估方案制定时包括五方面内容:阐述评估对象,明确评估目的、意义和要求,确定评估标准、评估类型和评估的具体方法,提出评估的基本设想,说明评估的场所、时间、工作进度、评估经费的来源和使用。③可以看出该部分的时间成本主要存在于会议时间和培训人员当中,计算方法可参考宏观政策部分。

政策评估第二阶段:实施,包括搜集政策相关信息、综合分析政策信息、全面评估政策效果。这是政策评估活动中最为重要的阶段,因为此阶段工作量大、信息繁杂、参与人员多,因此这是时间成本管理最为重要的部分。此阶段的时间成本应该由三部分构成:信息闲置造成的时间价值损失,信息处理过程的时间价值损益和评估效果的时间价值损益。

---

① 参见董幼鸿:《我国地方政府政策评估制度化建设研究》,上海人民出版社,2012年,第22页。

② 同上,第29页。

③ 参见严强:《公共政策学》,社会科学文献出版社,2010年,第250页。

搜集政策评估的相关信息需要大量的资金和人力才能完成，然而搜集起来的信息并不一定全部具有使用价值，而且在可使用的部分当中并不是所有信息一同使用，任何一条信息均占用了搜集人员的时间，而其闲置的时间就相当于时间相乘。例如，一个小时工资为7.5元花费时间t_1搜集到一条信息，那么该信息的原始价值即为7.5 t_1，如果信息因为处理不当未能被及时采用，到被采用是闲置时间t_2那么它造成的时间价值损失为7.5 t_1 t_2，即为时间成本。另外在现实社会中，政策评估的信息是不对称的。政府部门由于考虑本部门的利益，很难真正地将信息完全公开。一是地方政府具有保守信息的倾向，因为信息越公开，越是挑战地方政府的权威，一旦地方政府无信息可保守了，地方政府自身的利益就完全公之于众了，这是地方政府不愿意看到的。[1]尽管有些地方政府已经出台了政府信息公开的若干规定，明确了政府信息公开的内容、公开的程序、公开的责任等，但由于传统中国行政文化的制约，信息公开制度的运行大打折扣，政府公开的信息也是经过多重过滤的，公众缺乏评估政策真正需要的信息。因此，由于地方政府政策评估的信息匮乏会造成评估过程存在大量的隐性时间成本。

信息处理过程时间价值损益。信息处理包括对"有关原始数据和信息资料进行系统的整理、归类、统计和分析"[2]，此时涉及备选方案的决策，因此这一部分带来的将会是时间价值的损益。例如在进行数据分析时，可选择A、B两种途径，经过严格的时间假设，认为选择A方案时数据分析需用时间t_3，并由n_1个人参加，那么该方案的时间价值为7.5 n_1 t_3，选择B方案时数据分析需用时间t_4，并由n_2个人参加，那么该方案的时间价值为7.5 n_2 t_4。将两者进行比较，若7.5 n_1 t_3<7.5 n_2 t_4则选择A方案，那么方案A的机会时间成本为7.5 n_2 t_4；若7.5 n_2 t_4<7.5 n_1 t_3则选择B方案，那么方案B的机会时间成本为7.5 n_1 t_3。在执行A方案时实际的时间价值为7.5nt，若7.5nt<7.5 n_2 t_4，即成为时间成本收益，为负值7.5nt-7.5 n_2 t_4，反之为时间成本损失，为正值7.5nt-7.5 n_2 t_4。

第三阶段：总结，即评估者处理评估方案、撰写评估报告，可见该阶段是做一些文书案头工作，因此时间成本可忽略不计。

---

① 参见张劲松：《论公民参与公民管理的有序化》，《江苏行政学院学报》，2002年第3期。

② 参见严强：《公共政策学》，社会科学文献出版社，2010年，第250页。

(三)公共政策评估过程时间成本特征曲线

1. 中央政府政策评估过程的时间成本特征曲线

通过对宏观政策评估过程的时间成本构成的分析，可以看出时间成本与时间压缩有关，随时间压缩量增加而增长，因此可得出如图5-5特征曲线。可以看出：

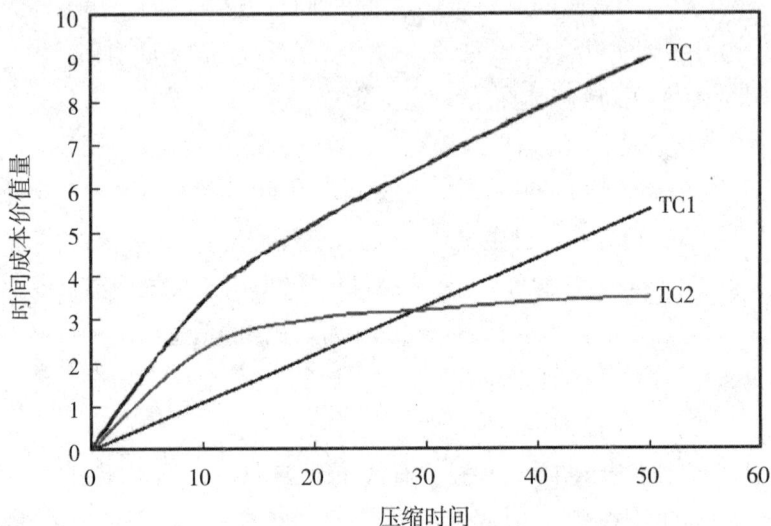

图5-5　宏观政策评估过程的时间成本特征曲线

TC1为人员培训时间成本，与时间压缩呈线性关系，随时间压缩的增加呈直线增长。TC2为会议时间成本，当中规定超过评估总用时20%的部分计算时间成本，假设会议用时为100%时，那么评估就不能称为政策评估，因此也就无所谓政策评估过程时间成本，所以当会议时间量大到一定程度时，时间成本即为一个定值。TC为宏观政策评估过程的时间成本，因为时间成本要有一定的价值量作为参考，因此时间成本要控制在一定值之间，方能证明政策评估的有效性，时间成本值过于偏小，则对真实性产生质疑，偏大则证明政策评估失效。

2. 地方政府政策评估过程的时间成本特征曲线

通过对微观政策评估过程的时间成本构成的分析，可以看出时间成本与时间压缩有关，随时间压缩量增加而增长，因此可得出如图5-6特征曲线。

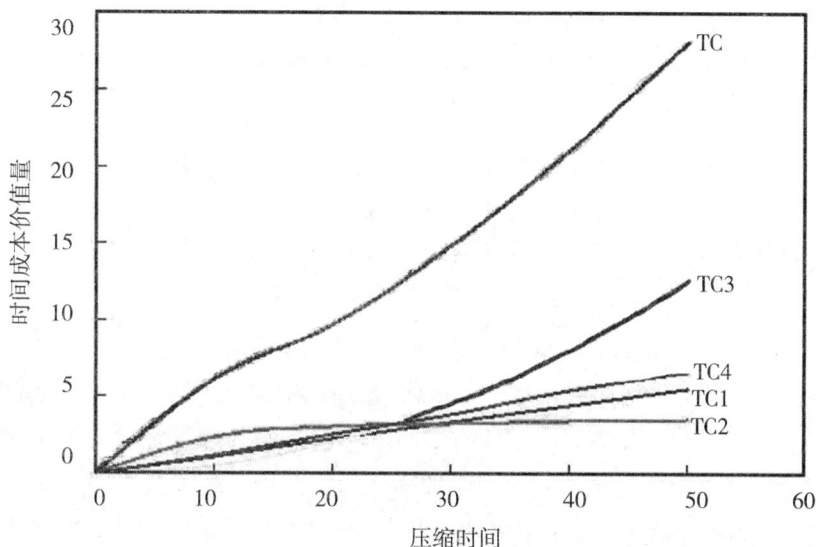

图5-6 微观政策评估过程的时间成本特征曲线

TC1与TC2为人员培训时间成本和会议时间成本，二者与宏观政策评估过程相同。TC3为信息闲置时间成本因为当中包含两部分时间相乘，因此时间成本与压缩时间呈曲线增长关系。TC4为信息处理过程时间价值损益，包含正负值。同样，微观政策评估过程的时间成本也控制在一定值之间，方能证明政策评估的有效性，时间成本值过于偏小，则对真实性产生质疑，偏大则证明政策评估失效。

三、隐性评估时间成本分析

"智库由多学科专家和学者组成，他们主要从专业化的角度，客观、科学地对涉及政治、经济、社会、科技、军事、外交、文化等领域的战略性或具体性政策问题展开深入研究，向政府及有关部门提出政策建议，并影响社会舆论和公众观念。"[①] 2011年，由美国著名智库研究专家詹姆斯·麦肯领衔的美国宾夕法尼亚大学"智库与公民社会"项目组发布了2010年《全球智库调查报告》，报告指出中国智库数量为425个，在全球智库（不包括美国智库）前50强

---

① 孙蔚：《中国智库的现状及其参与决策研究》，《中州学刊》，2011年第2期。

中,仅有3家中国智库名列其中,并且均为官方智库和半官方智库。[①]可见,作为我国公共政策评估的主体——智库占用大量的资源与信息,不同层次的影响政府的决策。

按照政策研究机构本身及隶属部门的性质,当代中国的政策研究群体基本可以划分为以下四类:民间政策研究机构——民间智库、学术部门下属的政策研究机构——学术智库、党政部门下属的政策研究机构——部门智库、中共中央和国务院下属的政策研究机构——最高智库。表5-2从政策分析的性质、主要活动、研究成果、优劣势五个方面,对我国四类政策研究机构进行综合比较。上述四类政策研究机构,是当代中国政策研究群体的基本构成。通过比较可以发现,不同类型的政策研究机构,其最显著的差异并不在于其所隶属单位的性质或行政层级的高低,而在于其政策研究的性质与活动的方式。四类政策研究机构由低层次到高层次,从微观的社会生活统计到宏观的国家战略提出,不同程度的参与中国的决策过程,并且贯穿政策过程当中。这当中既包括对旧政策的评估,对政策是否继续执行,或是修改或是终结提出专业意见;还包括对新政策可行性的评估,在社会调研的基础上,对政策的效果进行预期,并且在执行过程中对目标完成度进行评估,提出专业意见作为政策反馈。

---

① 参见徐晓虎、胡庆平:《从最新〈全球智库调查报告〉看中国智库的发展》,《当代世界与社会主义》,2012年第2期。

表5-2 不同层次和类型的政策研究群体比较①

	政策分析的性质	主要活动	研究成果	优势	弱势
民间智库	·外聘研究 ·政策倡导	·政策分析 ·政策完善 ·倡导特定政策立场	·零星的意见 ·访谈 ·给媒体的简报	·独立于政府 ·具备理论,历史及中及比较视野 ·对社会需求敏感度高 ·沟通技术强	·缺乏资源 ·容易被特殊利益影响 ·意识形态导向明显
学术智库	·利益无涉 ·合同研究	·政策分析 ·政策建议 ·政策完善	·学术论文 ·不定期简报 ·给政府的材料	·具备理论,历史及中及比较视野 ·对社会需求敏感度高 ·相对不受特殊利益左右 ·研究方法优势	·获得数据的途径有限 ·对政策制定过程不了解 ·抽象思维倾向
部门智库	·内部研究 ·政策倡导	·政策试验和田野 ·调查 ·政策规划 ·政策协调	·提交本部门的技术及可行性分析报告 ·给决策者提供的材料	·具备专业政策领域的知识 ·熟悉政策制定过程 ·具备将观念转化为可行性政策建议的能力	·部门导向 ·受部门层级关系限制 ·研究方法弱
最高智库	·内部机构 ·政策倡导	·政策试验和田野 ·调查 ·政策规划 ·政策协调	·简单报告 ·给决策者的材料 ·最终的政策文件	·身份超脱,独立于部门利益 ·综合性较强,政策视野广 ·"直通车"的优势 ·跨部门协调的优势	·缺乏具体政策领域的知识 ·研究方法相对薄弱

---

① 参见王绍光、樊鹏:《政策研究群体与政策制定——以新医改为例》,《政治学研究》,2011年第2期。

　　四类政策研究机构所隶属单位的性质或行政层级不同，因此对政策的影响程度自然不同，并且影响时间均由隶属单位决定。例如，某一政府部门要求部门智库在一定期限内对该省某一政策的落实情况进行评估时，那么该政策研究机构则会对某一社会现象进行调研，通过民意调查来收集数据，判断社会价值取向来评估政策。政策研究机构在进行社会调研时运用民意调查来判断公民对某一社会问题的认知程度，以此来把握社会问题的走向。据零点研究咨询集团统计，目前中国的民意调查的内容主要涉及八个方面，包括投资环境、政府施政议程、政府表现公众评价、公益项目受益者评价、公共政策选择、社会群体发展、行政首长表现公众测评、公众生活满意度。[1]民意调查的方式则主要有会议调查、电话调查、面对面调查、信函调查、网络调查、短信调查等。[2]可见这一过程中的时间成本比较复杂，以一具体案例分析该过程的影响因素比较直观。

　　N市是一个地处中国东南沿海的副省级城市，科技教育发达，文化特色鲜明，曾获得"国家卫生城市""国家园林城市""联合国人居奖""全国创建文明城市工作先进城市""全国文明城市"等多项荣誉称号。2009年，该市正式启动公共文明指数测评工作，并根据本市实际情况，先后制定《N市深化全国文明城市行动计划（2009—2011）》《关于印发〈N市公共文明指数测评体系（试行稿）〉的通知》等政策性文件。全市每季度开展一次公共文明指数测评，测评结果向社会公开，民意调查在N市公共文明指数测评中的大致状况，见图5-7所示。[3]

---

　　① 参见袁岳：《公共政策民意研究及政府表现公众评价的零点经验：独立民意调查在中国的位置》，《市场研究》，2005年第3期。

　　② 参见李超：《建立科学规范的民意调查机制》，《领导科学》，2008年第22期。

　　③ 参见许益军：《民意调查与社会政策评估——以N市公共文明指数测评为个案》，《南京社会科学》，2010年第6期。

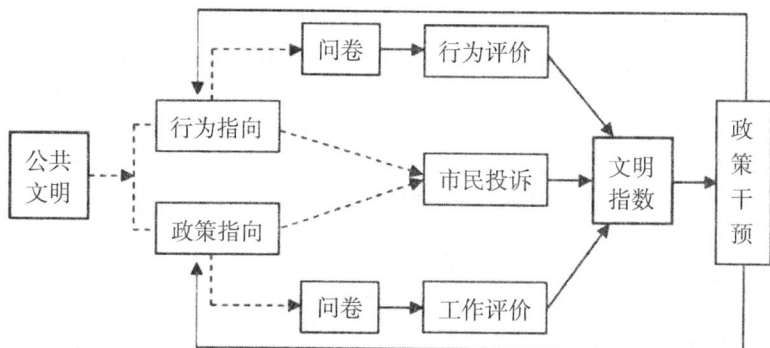

图5-7　民意调查在N市公共文明指数测评中的状况

1. 研究机构的财政能力

财政影响因素可以从两个方面进行分析：一方面即为信息、资源的占有情况。当该评估机构的财政能力良好，则相对来讲占有比较多的信息与资源，在进行民意调查时，就会有足够的人力与物力进行信息的收集与处理，并且可收集到的信息亦会比较多，利于评估的顺利进行，从这个方面来讲所产生的时间成本比较小。但当信息、资源较多时就会出现闲置的情况，随即造成浪费产生时间成本。当该研究机构的财政能力比较差时，占用的信息、资源相对就比较少，而使评估不能顺利进行，出现评估延期，造成时间浪费产生时间成本。另一方面，即为会议时间成本。当该研究机构的财政能力非常好时，在外进行社会调研时就会发生铺张浪费的现象，相比之下该时段内的花费就会比平时高，而高出的这部分价值即为该时段内的时间成本。更有甚者以开会调研的名义进行旅游观光，那么在这一时段内的所有花费均可当作时间的价值来计算时间成本。当然这并不是说财政能力好就会产生比较高的时间成本，而是在计算时间成本时，要将时间价值化，因此财政能力是一个比较直观的衡量，可以将抽象的时间转化为具体的财政方面的数字，使得时间成本计量具有可操作性。

2. 社会问题的紧迫程度

社会问题的紧迫程度使得政策研究机构进行社会问题分析的可用时间不同，因此可以将分析分为对常规性事件的分析和公共性危机时间的分析。案例中对N市公共文明指数测评体系进行的民意调查则为常规性事件分析，此时的时间成本分析仍可按照智库常规的工作程序进行时间价值的计量。对公共性危机事件的分析是在公共性危机事件爆发后，对现有政策进行评估或对危机事件进行评估,因此对时间的要求比较高,并且此时大多进行非常规性评估,因此对时间成本的分析大多存在于价值层面。对于重大危机事件的处理最重要的环节即为决策,要在黄金72小时内作出尽可能正确的决定,因此这72小时内产生的时间成本可只当成是机会成本,因为智库对政策或问题的分析均要用作决策层的决策。可见及时准确的分析,可以降低决策的风险,减少时间成本,反之时间成本则不可估量。

3. 社会问题的复杂程度

政策研究机构在进行社会调研时运用民意调查来判断公民对某一社会问题的认知程度,以此来把握社会问题的走向。民意调查的基本理论基础是实证主义与现代统计学,主要"采用自填问卷或结构式访问的方法,系统地、直接地从一个取自总体的样本那里收集量化资料,并通过对这些资料的统计分析来认识社会现象及其规律"①。对于一个比较复杂的社会问题来讲很难从实证的角度对民意做出比较准确的表达,因此从价值的角度讲,问卷式民意调查存在大量的时间浪费而产生时间成本。另外从统计学方法角度来看,民意调查中的样本选取、问题选择和内容呈现方式等都可能影响结果。在N市公共文明指数测评中,就有一些基层的同志抱怨抽出来的样本总是落在相对老旧的小区,因此而影响了他们的问卷调查得分率。城乡差别、区域差别、群体差别确实加大了中国社会调查研究的复杂性,造成了一些民意调查中难以回避也很难解决的问题,从而影响了政策评估效果。延长政策评估时间,从时间的角度看这一影响不仅单纯的是浪费时间,也可能会使本来已失效的政策继续执行,在世情国情变化如此之快的今天,过时的政策将会对社会产生巨大的影响,造成严重的损失,例如行政审批政策严重降低了如今政府的工作效率,阻碍了社会的发展,因此尽早的政策评估会对行政审批政策作出科学的判断,适当的放松行政审批制度,减低政府对社会对经济的捆绑。当然政策在终结之前未能有新政策出台,延长政策评估时间也会是行之有效的。2013年1月,第三期家电下乡政策即将结束,这一认可度高执行效果好的政策即将终结,但仍未有新政策在此领域与其接续。另外,面对复杂社会问题民意调查对民意的表述仍是一个难题。研究表明,一些中国人对"调查"问题的预判可能使被调查者偏离自己的真实想法,在这些被调查者心目

---

① 风笑天:《社会学研究方法》,中国人民大学出版社,2001年,第122页。

中，"调查研究总被认为是一个纠正错误，或者避免可能的错误，从而有益于被调查者的过程"①，因而在回答问题过程中会努力使答案"准确"。因此在政策评估中，非常需要对民意的政治性与真实性、公众意见（Public Opinion）与公共意见（Common Opinion）作出区分。这就是时间成本评估的价值角度，但价值判断发生偏离，任何的时间花费都是时间的浪费，都会造成时间成本。

第五节　案例分析

一、婚检政策分析

2003年8月8日，国务院颁布新的《婚姻登记条例》，取消婚检作为结婚登记必要条件的规定。但全国人大常委会1994年10月27日颁布的《母婴保健法》规定，男女双方在结婚登记时，应当持有婚前医学检查证明或者医学鉴定证明。由于《母婴保健法》的相关规定没有修正，国务院的新条例出台后，强制婚检的法律规定面临尴尬。2005年7月，由国务院法制办、民政部牵头，卫生部、人口计生委、财政部联合组成的国务院联合调查组，就这一争论给出答复：婚前医学检查应当鼓励，但必须坚持婚检资源，不必要也不宜实施强制婚检。该婚检政策争论的两个方面主要在两个层次上，即取消婚检与支持婚检的问题和强制性婚检与自愿性婚检。第一个层面：支持与取消。在现实生活中，一部分人支持取消婚检，其主要理由分别有：认为自己的身体完全健康，不需要进行不必要的检查；认为在工作时间进行婚检会耽误工作；有些地方的婚检流于形式，而且会收取一部分费用。一些人反对取消婚检，他们认为：国家已经制定了相关的政策法规证明婚检是很有必要的；婚检是对双方负责的行为；如果一方隐瞒了病情，有时会影响下一代的健康成长。第二个层面是：强制与自愿。支持强制的人士认为，婚检不仅是对自己负责的行为也是对民族和国家未来负责的行为，关系到人口的素质。但是支持自愿婚检的人士认为婚检应该尊重个人自由，而且能够避免政府以此乱收费

① 方慧容：《"无事件境"与生活世界中的"真实"——西村农民土地改革时期社会生活的记忆》，杨念群：《空间·记忆·社会转型———"新社会史"研究论文精选集》，上海人民出版社，2001年，第2页。

的情形。实际上，从科学属性和现实状况上看，婚检争论基本上落实在第二个层面上，其焦点集中在婚检是否强制的问题上。

婚检之争说明了什么？透过这次婚检争论，可以发现目前中国公共政策转轨所面临的若干问题：

第一，理性与人文情感的矛盾。婚检的作用是能够对结婚的双方男女进行全面的身体检查，能够有效地防止各种传染病或其他疾病的发生。从工具理性的角度而言，这项政策是必要的。它不仅是对结婚双方负责，对他们将来的孩子负责，也是对整个社会负责的表现。在这方面的作用是毋庸置疑的，但是其争论的焦点在于是自愿还是强制。这就涉及人文情感的问题。我们都知道结婚是男女双方在平等自愿的基础上进行的，属于隐私范畴内的社会关系，如果强制公民婚检无疑是破坏了这种自由，由政府进行干涉就触及从私人领域向公共领域转化的问题，而公私不分的结果必然导致公共价值的紊乱。而且根据调查显示，在由强制转向自愿之后，公众自愿进行婚检的人数正在下降。这个转变表明，过去强制的政策给公众造成了强烈的习惯，他们习惯于在政府的严格控制下进行一系列的社会活动，当政府取消放弃这种资格后，他们反倒表现得不知所措。这种情况其实不是偶然发生的，任何一项政策从旧政策转变过来之后，总会经历一个起伏的过程，这个过程中或遭到强烈的反对，或得到热烈的赞同，这就是所谓的"政策断裂"。而政策断裂带给我们最大的影响便是，时间成本的增加。

第二，不同利益集团之间的争论。在婚检是否该自愿的问题上，不同的利益集团其态度也是不同的。在民政方面，他们出于个人隐私和人权理性的角度认为，婚检完全应该遵从男女双方自愿的原则。而医疗卫生部门则认为婚检应该强制，因为《母婴保健法》建立在前，而新《婚姻登记法》在后并与之相抵触。各个利益集团从自己的角度出发代表自己不同的利益，导致争论不休。争论与博弈必然会增加时间成本的付出，如何找到令各个阶层、各个利益集团都满意的平衡点，是当前我国政府所要做的工作。当这个平衡点找到后，时间成本必然会大大降低。

第三，政策的连贯性较弱。政策是政府进行社会管理的依据与手段，但是当今社会存在的严重问题是政策的连贯性较差，朝令夕改问题严重。这一方面是由于客观环境的不断变化造成的，另一方面是由于政府的懒政行为导致。一项公共政策在执行过程中必然会随着环境的变化产生不同程度的反应,在这种时候政府应该及时调整政策,而不是得过且过、敷衍了事。在强制婚检是否取消之前,社会争论就极其强烈,但最终基于当时婚检制度实施过程中出现的敷衍了事与更强调以人为本、尊重个人权利等因素,国家最终还是取消了强制婚检。

第四,政府与公众的交流缺乏必要的途径。政府在百姓的眼中总是高高在上,所以导致当社会问题出现后,公众往往找不到合理的渠道与正规的途径表达自己的想法,这就需要我们建立完善第三部门,例如婚检政策的管理可以划分给"妇联""红十字会"等社会组织来解决与处理,这样大大缩短了公众的意愿达到政府的速度,从另一个角度看也就是缩短了政策反馈与整理的时间成本。

总之,一个成熟的社会需要政策争论,政策争论能够帮助建立合理、民主的公共政策安排,也能够促进新政策改进时时间成本的管理。

二、食品安全政策分析

(一)我国食品安全问题

食品安全是国家公共安全的重要组成部分,食品问题直接关系人民群众的健康和生命,影响社会安定和经济增长,关乎我国的国际形象和信誉。虽然问题复杂,但是终究要政府认认真真地引导社会价值观念,建立政策制度体系,规范行业规则准则。

进入21世纪以来,我国的食品行业在不同程度上都存在着安全问题,并且长久地不能解决,表5-3是对我国1999—2012年食品安全问题的简单梳理,每年只举出一个比较典型的例子,已可见我国食品安全问题的严重性。

表5-3 历年食品安全问题回顾

事件	爆发时间	问题物质	危害
"满记甜品"芒果布丁	2012.1	细菌超标	危害健康
毒豆芽	2011.4	尿素 6-苄氨基腺嘌呤 恩诺沙星	会在体内产生亚硝酸盐,长期食用可致癌

一滴香	2010.8	化工合成物	食用后会损伤肝脏,还能致癌
王老吉	2009.5	夏枯草	
三鹿奶粉	2008.9	三聚氰胺	可致肾结石、肾衰竭等泌尿系统疾病,严重者可致死
味全婴儿奶粉	2007.8	阪崎肠杆菌	引起严重的新生儿脑膜炎、小肠结肠炎和菌血症
福寿螺	2006.8	管圆线虫病	重者可引起较重的神经系统病变
肯德基奥尔良烤翅	2005.3	苏丹红	致癌
散装白酒	2004.5	甲醇	中毒,致死
毒海带	2003.12	化工染料	可能致死
白砂糖	2002.6	硫酸镁	引起胃痛、呕吐、水泻、虚脱、呼吸困难、紫绀等
冠生园月饼	2001.9	过期原料返厂加工再售	危害健康
毒瓜子	2000.12	矿物油	致癌
食用油	1999.8	液状石蜡	致癌

食品安全问题直接影响着我国公众的生命健康,所以当食品安全出现问题时便得到了社会大众和政府的高度关注,并且相继出台颁布了一系列政策和法律法规。同时,食品安全问题也影响着企业的生存和发展,一部分企业为了获取最大的利润不惜牺牲信誉,没能做到严把质量关,生产的食品以次充好,当食品流通到市场后,企业的信誉大大下降,最后导致企业亏损甚至是破产。同时当不合格的食品流入市场时,部分顾客会产生疾病,这时必然导致国家整体医疗卫生成本的增加、整个社会的生产水平下降,进而影响社会的稳定和繁荣。在国际方面,如果我国食品安全检验不合格必然导致国家食品出口贸易市场的损失。

（二）我国食品安全政策评估实效性分析

我国食品安全政策与其他政策一样，在整个政策的制定过程中经历议程设置、政策决策、政策评估、政策终结四个阶段，在本章中我们主要分析政策评估时效性的问题。由于政策评估在我国发生的时期比较晚，所以专业化、规范化水平一直不高，在评估过程中出现各种各样的问题是在所难免的。

首先缺乏相关的制度与体制的保障，对比国外的相关政策，我们政策评估制度起步晚、基础薄弱，因此阻碍了我国政策评估的制度的发展。通过分析我国历年来食品安全问题，我们发现，在我国的许多地区政府部门并没有设立相关的基于食品安全政策评估的机构，也就因此没有对该政策的执行进行有效的评估，造成了食品安全问题层出不穷。而且在评估人员方面，没有专业的人员进行评估制度的操作，从整体上影响了政策评估效力的发挥。如果评估人员欠缺并且没有足够多的人数的话，将会持续影响评估工作的开展，同时评估工作与制定和执行不同，它具有专业的流程和制度安排因此需要的针对性较强，而我国正是缺乏这种体制与制度安排。

其次，评估与监督组织单一。现阶段，我国的政策评估主要是以系统内部监督为主，缺乏第三方监督组织。内部监督的优势在于它们能够掌握第一手的资源与信息，从本质上抓住参与评估的政策的要点，但是也正是由于内部评估的特点，它要求组织必须超脱于部门利益，跳出自身利益的樊笼，作出科学而合理的客观评估。同时由于我国官僚主义思想的僵化导致传统的思维方式在系统内部盛行，从而影响食品安全政策的评估。在这样的情况下，就要求由一个第三方的组织——超脱于政府组织，站在客观的立场上进行全面的分析与评价。而我国正是缺少这样的一种组织机构，这种机构从建立到运行都是一个相对复杂的过程，首先它们的经济不独立，会依附于政府机构，这样会影响评估的客观性。而且第三方组织获取的资料并不是第一手资料，结果是否权威也值得商榷。

再次，评估的手段与方式单一。任何一种评估，无论是项目评估还是政策评估，最主要的方式都是定量与定性分析，但是在我国食品安全政策评估中，以定性分析为主，定量分析运用的较少。定性分析虽然能够判断出影响食品安全的因素，进而有针对性地进行政策改进。但是定量分析的方式能够准确直接地测算出因素影响的数值等具体内容。比如一些食品中的添加剂、抗生素、农药等问题，通过定性分析是无法彻底看出影响的，只有结合生物化学技术通过技术手段进行综合分析与评估。

最后，由于以上因素的影响与制约，往往会导致评估结果的失效。

（三）时间成本管理——政策收益的时间节点

政策评估最简单的形式是了解公共政策的后果，它有两个根本性任务：一是通过描述其影响，来确定一项政策的后果。另一项任务是根据一组标准或价值准绳，来判断政策的成败。政策评估是对一项国家计划达成目标的总体效力的评价，或是对两项以上的计划达成共同目标的相对效力的评价。因此在讨论公共政策评估过程中时间成本管理问题时，也可以从两个方面进行：一是针对两个（或以上）政策，对其进行时间管理。另一个是基于单一政策以时间为单位，进行政策影响的讨论，专注于政策的后果或结果。

在食品安全政策的制定过程中，由于公共部门对时间成本的主观的或非主观的忽视，不注重对必要时间成本的压缩和对机会成本的规避，而导致在制定政策时的时间冗长。通过对时间成本的理解，尽量将时间成本控制在一个合理的范围，找到解决社会问题的理想的时间节点。

三、简政放权之行政审批改革

国务院印发《关于取消和调整一批行政审批项目等事项的决定》，取消和下放58项行政审批项目，取消67项职业资格许可和认定事项，取消19项评比达标表彰项目，将82项工商登记前置审批事项调整或明确为后置审批。另建议取消和下放32项依据有关法律设立的行政和职业资格许可认定事项，将7项依据有关法律设立的工商登记前置审批事项改为后置审批，国务院将依照法定程序提请全国人大常委会修订相关法律规定。本次取消和下放行政审批事项有三个特点：一是"含金量"高。其中涉及投资、企业经营45项，占78%；金融类12项，占21%。二是取消事项多。直接取消的事项达到42项，占72%。对面向公民、法人和其他组织的非行政许可审批事项，以取消为主，彻底改革。三是非行政许可审批事项比重大。共有25项，占43%。这些事项的取消和下放，有利于降低企业投融资成本、减轻企业负担，加快建立透明诚信的市场秩序。

党的十八大以来，简政放权，简化行政审批手续等政策措施的实施，使很多地方政府部门和工作人员的办事效率、办事态度发生了很大的变化，但仍有不少地方行政审批已然存在着流程复杂、效率低下的现象。特别是一些涉及跨省办理的审批手续，发函回复常常会因相关部门推诿扯皮，办理人员拖拉延误，使本来一两个月就能够完成的手续，需要半年甚至一年才能办成。严重影响了企业的经济效益，制约了社会经济的发展。"一口受理""限时办理"，群众办事通过"一个窗口"统一受理，办事部门和人员依法规给出办理时限承诺，减少了办事程序，加快了办事速度，提高了办事效率，方便了群众；审批受理、进展、结果等信息的公开，便于群众对行政审批程序的了解和监督。审批流程的再造，既是形式多续，也是民心所向，顺民心、得民意。

行政审批制度改革时间成本分析——从存在的问题角度进行分析：

一是行政审批制度改革观念没有得到及时更新。一方面，服务意识和服务观念还没有深入各个行政审批部门。掌握审批权的部门和官员仍然存在严重的"官本位"观念，潜意识中把自己当作社会的统治者，而不是人民的公仆，甚至把行使审批权看成是给予申请者优待，而不是为社会、企业和个人服务。一些部门和官员甚至把审批权当作是谋求部门利益和个人利益的工具，缺乏服务理念和服务意识。另一方面，重审轻批监管的观念仍很严重。虽然改革措施中开始重视后置监管的问题，但审批部门和官员没有树立充分的监管意识，不仅审批部门对已获审批项目的实施缺乏必要的监管，更为令人担忧的是，对行政审批权的部门的监督没有落到实处，甚至可以说审批部门及其官员并没有得到实质性的监督。在设立了监督机构的地方，对监督机构的监督是一个更为棘手的问题。因此，行政审批制度的进一步改革必须更新观念，解决好监督问题。

二是行政审批制度的牟利性运作是改革的难点。行政审批制度的改革，必然触及深层次的矛盾，那就是损害审批部门的利益。行政审批制度的初衷是维护中央的绝对权威，有效配置和充分利用有限的资源，控制和稳定经济秩序和社会生活。但是该项制度的收费性使其逐步演化为政府职能部门谋求部门利益的重要途径，为职能部门创造了巨大的涉足空间，也为实体制造了寻租的可能。行政审批权所带来的经济利益自然归审批部门及其雇员所有，而利益是刚性的，要调整或改变这种利益，必然受到来自审批部门及其人员的强大阻力，致使行政审批制度的变迁步履维艰。由此可见，"政府权力部门化，部门权力利益化，获利途径审批化"是当前行政审批制度的一个基本特征。

行政审批制度改革仍然存在诸多制度缺失。这些制度缺失包括以下三个方面：一是行政审批制度改革的配套措施没有及时跟上，尤其是收费、发证领域的配套改革没有同步进行，即使出台了部分配套措施也没有得到切实的贯彻落实。二是行政审批制度本身还不完善，一些具体的制度并不规范，一些审批程序也不合理，一项正规的审批，如果没有程序上的严格规定，一些审批部门就可能利用自由裁量权，无限扩大审批许可权，让看似简单的审批复杂化。三是与行政许可相关的一些制度还没有制定，如行政许可证制度，对《行政许可法》执行情况的各种监督制度，行政许可重大利益方的参与制度与行政许可听证会制度，行政许可设定机关对行政许可的规范性文件审查与撤销制度等。制度缺失要求制度创新，制度创新是防止行政审批制度牟利性运作的重要途径。行政审批制度创新的核心主题是国家和政府，其目标是实现制度均衡，提升制度绩效，制度创新必须正确处理好行政审批制度的制约因素。

第六章　公共政策终结的时间成本管理

公共政策制定的整个过程是一个完整的周期，公共政策终结虽然是整个周期中最后的环节，但是它却具有承前启后的重要作用。在过去的很长一段时间里，行政主体放在政策制定和政策执行上的注意过于集中，往往忽视了政策终结领域。但是现实情况告诉我们只有将政策终结妥善的进行下去，整个政策过程才能得到有效的循环。目前，我国公共政策终结面临的环境比较复杂，受诸多因素的影响许多应该终结的政策难以终结，这种情况导致了政府各种资源的极大浪费，政府的行政效率也随之下降。为了解决这一问题，我们就要深入了解导致政策难终结的原因，并在此基础上构建出一套科学合理的机制对政策终结过程进行优化管理，这对推动整个政策循环过程具有重要意义。

第一节　政策终结时间成本的基础理论

当全世界的政策学者逐渐意识到政策终结的重要意义后，便开始展开了对政策终结的研究。自1976年开始，政策学术界共举行了三次关于政策终结问题的专业研讨会，并向社会公众推出关于该问题的相关论文集。1976年，《政策科学》(Policy Science)首次出版以公共政策终结为主题的特刊。其中编辑尤金·巴达奇主要阐述了公共政策终结的特点，政策终结的类型是多样的，不能作出统一的规划与安排，以一概全；政策的制定者受主观意愿的指使希望政策一直存续下去；政策一旦终结将面临复杂的社会环境；潜在的改革支持者由于不确定是否能真的得到好处，也不愿意破坏现有的计划、组织；政策终结缺乏有效的政治刺激。[1] 1997年，关于政策终结问题的第二次研

---

[1]　See Bardach. Policy Termination as a Political Process. *Policy Sciences*(1976). pp.123–131.

讨会顺利召开,同时也出版了相关的论文集。这次会议就政策终结的阻碍因素、政策终结的模型等进行了更深层的谈论。2001年,关于政策终结的第三部论文集由《公共行政国际期刊》出版。在这一时期的讨论中,最主要的探讨议题是政策终结的概念。

一、政策终结的含义

(一)西方学者的观点

之所以说政策终结肩负着承前启后的责任是因为政策终结不仅是一个政策周期最后的环节,同时也是新政策落地出台的起点,所以在整个政策周期的循环过程中有着重要的意义。关于政策终结的概念,西方的不同学者给出了不同的答案。美国学者H.拉斯维尔认为,政策终结是一种活动,是人们取消政策方案的行为,或是人们在研究若干信息之后认为政策必须继续而采取的某种行动。P.德利翁认为政策终结是政府当局对某一特殊功能、计划、政策或组织,经过深入评估而加以结束或终止的过程。[1]在P.德利翁给出定义后,丹尼尔斯却不甚认同他的观点,丹尼尔斯认为政策终结的一个目的是为了减少政府的开支,在政府对其公共服务项目进行终结时,其实是对不必要的支出进行削弱。他进一步支持:政策终结虽然是政策周期的最后一个环节,但是同时作为发展的概念,它也是新政策的开端。[2]

(二)中国学者的观点

中国学者对于政策终结的概念主要有以下两种代表。陈振民认为,政策终结是政策周期的一个过程,是在经历了政策制定、政策执行、政策评估后,经过认真的分析与谨慎的评估后,将过时的、无效的政策进行终止的过程。张金马认为:"政策终结指的是在政策领域里发生的终结现象,不过,较之一般意义上的终结的概念,政策终结的概念比较严格,也更为复杂。其中,最根本的区别在于,政策终结不是一种自然现象,而是人们在政策过程中主动进行的,旨在提高绩效的一种政治行为。政策终结是政策决策者通过对政策进行慎重的评估后,发现修改政策已成为多余、不必要或不发挥作用时,采取

---

[1] 参见行政管理大词典编写组:《行政管理大词典》,中国社会科学出版社,1989年,第186页。

[2] See Make R.daniels. *Terminating Public Programs:an American political paradox*. New York:harp, inc.1997:5–6.

必要的措施予以终止的行为。"

综上所述，政策终结可以界定为这样的概念：公共政策在经过议程设置、政策执行、政策评估后，在经过政府和其他社会组织或公众的检验之后，由行政主体决定将不适用的、无效的、过时的政策予以终止或结束的过程。在政策终结的概念中，政策终结的主体是政策执行的主体也就是政府行政主体，其他组织与个人无权进行政策终结。政策终结的客体是指无效、过时、多余的政策。而政策终结的最终依据是政策评估的结果，只有经过谨慎的政策评估才能进行有效的政策终结。否则政策终结无根无据。

二、公共政策终结的时间成本的含义

所谓公共政策终结的时间成本主要是指经过由政府组织进行政策评估后，政策的决策者或制定者采取一定的措施，将过时的、无效的或多余的政策、计划、功能或组织予以终止或结束，在这一过程中由于非必要时间的浪费和资源、信息闲置以及在政策问题界定和讨论过程中所意味的机会成本所引起的价值损失。

其中这一过程所涉及的起止时间以政策评估的结束为开端，以政策的终结为结束，在我国目前政策结束的标志为，由各级人民代表大会及其常务委员会或者国务院通过发布文件的形式从程序上看，目前的政策终结多以内部文件、行政首长命令等形式进行。政策终结的现实形态多体现为对行政法规、部门规章以及其他规范性文件的废止。国务院颁布的《行政法规制定程序条例》《规章制定程序条例》规定，行政法规和规章如果要废止或宣布失效，参照制定程序执行。

三、政策终结的必要性

公共政策的周期性与时效性要求在政策目的得到实现后，政策就该进行必要的终结。政策终结不仅代表着旧政策的结束，而且象征着新政策的开始；政策终结不仅有利于政策资源的节省，而且有利于政策绩效的提高。具体而言，政策终结的必要性表现在以下三个方面。第一，有利于政策资源的节约。政策终结是由多种因素导致的，但是这些政策具有共同的特征就是这些政策是无效的、过时的、无法解决现在的社会公共问题的。所以如果继续进行下去,既要付出相应的实际成本,还需要付出必要的机会成本。而政府占有的信息、资源都是有限的,资源只有实现了最优化的配置才能产生出最高的社会效益。第二,有利于提高政府的政策效率。当今中国,已制定出数量较多的公共政策方面的制度。数量的增多必然会导致一些问题的出现,规则制度冲突现象屡见不鲜。有一些公共政策争着抢着去落实,因为有利可图,而其他一些政策却放手不管,直接导致政策效率的低下甚至失效。第三,有利于政策时间成本的优化。政策制定是解决当下问题,创建和谐社会的活动,在执行过程中会遇到各种想不到的问题,所以建立有效的政策终结机制,有利于及时发现问题、纠正错误并吸取教训,这对政策过程各个环节的工作改善和公共政策内容质量的提高都是非常有益的。

第二节　影响政策终结的时间成本的因素

一、政治博弈与互动造成的高时间成本

　　一项公共政策的出台其主要目的是为了解决社会问题, 但是其在一定程度上能够满足一部分群体的利益, 所以公共政策终结的抵触心理主要的一方面来自公共政策的受益者。当该项政策面临终结的状态时,也就意味着他们不再能够享受到该项政策带给他们的既得利益。当自身利益得到破坏时,势必会导致产生逆反心理。第二个方面是来自于原公共政策的制定者。导致公共政策终结的原因往往是多方面的,但是无论是何种原因导致,都代表该公共政策已经不适于当下社会的发展,已经不能解决社会公共问题,继续下去只会浪费资源。但是公共政策的制定者认为在制定政策时耗费了大量的时间与精力,因此不愿面对其终结的情况。另一方面,他们不愿承认公共政策存在不适应社会发展的缺陷与失败。因为若是承认政策的失败从另一个角度而言就是承认自己工作的失败。所以,对某项公共政策的终结产生逆反心理。第三个方面是来自政策的执行者。当公共政策制定后,必然要尽快得到执行。公共政策的执行者为了使公共政策制定的目标有效实现,必然在执行的过程中倾注了大量的心血与精力, 而当政策在执行一段时间后产

生了积极的效果,他们会对自己的工作成果倍加珍惜。那么,在这样的情况想要终结某项政策一定会导致这部分群体的心理抵触。而对公共政策终结的抵触,会影响终结的进程在这一过程中的时间成本必然增加。无论是来自哪一方面的阻碍,政策终结从本质上来说都是各个参与者政治之间的互动与博弈的过程。

综上可知,政策终结的参与者来自不同的利益集团,有政策执行者也就是政府机关等政治机构,也有政策的受益者各个利益集团等。这些不同的参与者对政策终结实施不同程度的影响,他们利用自身占有的资源对政策议程过程加以影响。有时他们通过维护现有政策的稳定,阻碍政策终结来保持既得利益者的相关利益,有时他们又推动政策的不利后果转化为新的公共政策问题将其纳入政策议程范围内。根据“经济人”理论的影响,政策参与者在推动或阻碍政策终结的过程中,是以追求自身利益最大化为宗旨的。政府的政治行政主体占有大量的政治资源,他们在对政策是否应该被终结,在何时终结,以及以何种方式终结等问题上进行探讨与商议,目的是为了能够获取最大利益,或者将其损失降到最小而进行成本—收益分析,施展各种策略。这种政治的博弈与互动在政策终结过程中是常见的现象,也正是由于存在这种政治过程,导致政策终结变得更加复杂化,其耗费的时间成本也随之增多。

二、政策终结类型的复杂化造成高时间成本

通过本书前半部分的学习我们了解到,政策制定的整个过程是复杂的,当进入公共议程时,必须使政策合法化才能真正上升为政府管理社会的手段。同样当一项政策面临终结时,也必须通过法定程序来进行。所谓法定程序就是通过相应的程序与规则,按部就班不得随意省略或更改步骤。将程序法律化是一种严格行政的重要体现,但是由于政策终结是一项时效性较强的政府行为,由于复杂的终结程序往往会延误终结的时机,造成更多的不必要的时间、资源、信息的浪费。可见法律程序的滞后性也是影响政策终结时间成本的重要因素。

政策终结的类型是多样的,不同的政策终结类型有着不同的终结程序,因此研究政策终结的类型对优化政策终结时间成本而言是很有必要的。

(一)按照政策层次的不同进行分类

根据政策层次的不同可以将政策终结分成四类，一是政策功能的终结也可以称作政府功能的终结。即政府履行为公众服务的责任的终止，具体表现就是终止由原有政策为公众带来的服务。这种终结类型最为复杂。因为一方面为解决公共问题所确立的公共政策必然得到公众的支持与拥护，要想终结必然会遭到各方面的反对。另一方面，在公共政策制定与执行期间，政府内部各个不同部门之间势必进行通力合作，将部门的工作重点都转移到具体的公共政策项目上来，同时社会组织之间也会转变自身的工作内容，也就是说政策功能的实现，不是单独的行政机构就能实现的，而是由许多不同的机构共同承担的，要想终结往往需要做大量的组织和协调工作。在这种情况下，政策终结的时间成本毫无疑问会增多。二是政治组织的终结。公共政策制定的全过程都是通过一定的组织进行的，当一项公共政策面临终结的境地时，相应的政治组织也随之终结。政治组织的终结在实施起来也有很大的困难，因为组织中存在着大量的工作人员，终结时会触动这部分群体的切身利益，势必会遭到他们的抵触和反对，延误政策终结的时间，造成时间成本的浪费。政治组织的终结是指与政策相关的组织被分解、压缩、撤销，组织成员被重组、精简及分流的过程。一般而言，组织的终结存在两种形式：一种是具体特定组织的终结，有一些行政组织是为了某一政策的执行而专门建立的，这部分组织随着政策的终结必然面临终结的命运。另一种是有些组织往往具有多种职责与功能，某项政策的终止不足以导致机构的撤裁，他们有很强的生存能力。三是政策内容的终结。政策内容的终结相对而言比较容易进行，受到的阻力较小。在经过政策评估之后，政策的效果是显而易见的，比较容易进行取舍。四是政策执行手段以及相关措施的终结。政策执行与落实需要通过不同的手段与方式进行，只有最合适的手段与方法才能达到公共政策的目的。随着公共政策的终结，这些措施也理应终止。在政策终结的四种类型中，这一部分终结起来相对而言是最容易的。

(二)按照所需时间的不同进行分类

一是爆发型，是指政策在短时间内终结。二是渐减型，是指通过长时间的缩减政策所需预算等方法而逐渐终结的类型。三是混合型，是指上述两种类型的混合形态，是在短期间内分阶段终结政策的类型。

（三）按照政策终结的方式的不同进行分类

一是政策废止。政策废止存在两种情况，一种是政策效力被弱化之后的自然老化，当政策运行到一定阶段后，该公共政策完成目标自然终结。另一种强制终结，与强烈抵制政策终结的力量进行博弈，使其终结的情况。当一项公共政策经过政策评估确定某项公共政策完成解决公共问题的任务后，继续执行只会浪费政策资源，政府将会根据社会环境的变化对这些无效的、过时的政策进行清理，及时废止。二是政策替代。政策替代是指用新政策替代旧政策，但是政策目标既定不变。由于社会各方面因素的影响，政策制定与执行所面临的环境比较复杂，有时旧政策无法解决新问题，这时就需要对其进行更新与发展。政策替代简单来说就是政策的部分终止，将不适应的政策部分进行政策调整，其他部分或分解，或合并到新政策中。三是政策法律化。指的是一项经过长期实行确实有效的政策，为了提高其权威性和强制力，经过立法机关或者授权立法的行政机关审议通过，上升为法律或行政法规的过程，这是另一种意义上的政策终结。

在对政策进行终结前，首先要分析政策终结的类型，只有确定政策终结的类型，因地制宜、对症下药才能进行最有效的终结，减少时间成本的浪费。但是在现实生活中，由于政策终结类型的复杂化导致政策终结的时间成本随之增高。

三、深入分析影响政策终结时间成本因素

在现有的研究中，对政策制定和政策执行较为重视，而政策终结作为公共政策与运行的最后一个环节，较少为人所研究。然而对政策终结的时间成本因素进行分析有助于促进政府提高政策效率，优化政策系统，从而提高公信力。德利翁认为政策终结之所以困难，主要是因为在政策过程中，至少存在六种障碍阻碍政策终结的顺利发生：①心理上的不愿意。②组织或制度的持续性。③动态的保守主义。④反终结联盟的组成。⑤法律上的障碍。⑥高昂的终结成本。[1]本书在此基础上研究影响政策终结的时间成本因素。

---

① See Peter DeLeon. "Public Policy Termination: An End and a Beginning". *Policy Analysis*. 4(1978). pp.379–396.

（一）触发事件的发生

触发事件形象来说就是引发政策终结的导火索，某项公共政策已经无法解决社会公共问题时，如果能够得到政府与公众的关注，这时就需要一件触发事件的发生。一种触发事件能够把执行公共政策的效果完整地反映出来，而这种公众反映往往是消极不利的，同时受众面广、影响力强能够引起公众的关注。但是并不是所有的事件都能够成为触发事件让公共政策突然终结，这些事件必须满足一定的条件，也正是这些条件影响了触发事件的发生进而影响了政策终结的时间成本。首先，事件的影响范围必须波及社会公众中的大多数人，当大多数人的利益受到影响才会引起政府决策者的重视。其次，公众对事件的反应。如果公众对该事件的反应是强烈的，那么他们必然需要寻找相应的途径表达自身的诉求，这样政府决策者为了避免事态恶化就会给予高度重视。最后，事件的触发时间。理论上事件的触发时间分为两种，一种是发生后，很快进入公众视野被人所知晓；另一种是需要经过一段时间才会被认知。一般情况下，只有当触发事件迅速被人知晓才能在短时间内促使政策决策者做出反应。只有符合了上述三点的要求，才能够成为促使短时间内政策终结的触发事件。反过来，如果一项不符合社会发展，或已经解决了社会问题的无效政策没有触发事件发生，或者爆发了一些事件，但是这些事件的影响范围，持续时间没有达到恰当的程度，那么该项政策不会达到政府决策者的关注，也就无法促进其终结。所以说触发事件影响终结的时间成本。

（二）政策评估

在本书的上一章中我们介绍了政策评估的内容。政策评估是政策终结的前提，政策终结是政策评估的结果。在政策系统内，政策评估存在于政策终结的前一个环节，作为检验政策效果、效率的基本途径，也是决定政策走向的重要依据，因此，政策评估是促使公共政策正常终结的影响因素。一项公共政策在接受了政策评估的检验后往往会出现以下三种情况：一是通过政策评估，发现该政策能够有效地解决社会问题，并能够完成既定的效果与目的，则可以继续进行下去。二是如果发现该政策没能达到既定的效果与目的并与政策环境发生矛盾，更为严重的情况是引发大量的社会问题，那么政策制定者就要对其进行调节或终结。三是发现某项公共政策已经完成了解决社会公共问题的任务，继续存在会对政策资源造成极大浪费，那么政策制定者该对此进行终结。所以政策评估的效果决定着政策终结是否进行,从这个层面上来说,政策评估必须做到科学合理有效。如果缺少了这一关键环节或者这一环节缺乏可行性与科学性都将影响政策终结的开展与进行。政策评估也成为影响政策终结时间成本的关键因素。

(三)政策环境

公共政策环境是指:"影响公共政策流程的全球化因素、政治因素、经济因素、文化因素和自然因素等环境因素的总和。"[①]伴随着这些外部因素的变化,公共政策必须作出相应的调整或者终结。

一是全球化因素导致政策终结。当前的国家已经不再是单独存在于社会中,全球化的影响逐渐加深,并且市场化和信息化已经渗透在社会生活的方方面面。这也就要求我们在制定政策的过程中不仅需要考虑国内环境,更重要的是适应国际化环境。同时全球化环境的变化是更为频繁的,因而当全球化要素发生变化时,政府的决策者就要适时地检查当下公共政策,或调整或终止。

二是政治环境的变化导致政策终结。所谓政治环境的影响主要是指政治制度的变化,政治制度具有权威性、阶级性等特点,在不同时期实施不同的政治制度会对公共政策的权力作出不同的分配,也就是说当权力结构、利益结构发生变化时必然会导致公共政策与环境的冲突,这时许多公共政策就面临终结的命运。

三是经济环境的变化导致政策的终结。随着社会的发展,科技的进步,经济的加速发展成为中国时代进步的主题。经济基础决定上层建筑,要求我们当经济发展到全新的规模之后,政策如果不更新换代必然跟不上时代发展的步伐,原来的政策必然面临终结的命运。

四是文化环境的变化导致政策的终结。文化作为一个国家发展的软实力在如今的社会中发挥着越来越重要的作用。它是人们行为的规范与道德的准绳,贯穿于公共政策的全过程,决定着公共政策执行的认同感和执行效力。当文化环境发生变化之后,政策的核心价值也要随之改变,那么原有政策也就无法适应社会的发展,最终导致提前终结。

五是自然环境的变化导致政策的终结。自然环境与人类发展之间是相

---

① 徐家良:《公共政策分析引论》,北京师范大学出版社,2009年,第35页。

辅相成的关系,一方面人类的发展需要从自然环境中获得基本的资源,另一方面人类的活动也影响着自然环境的变化。人类的不合理利用与发展会破坏环境的生态平衡与可持续发展,所以在进行公共政策制定与执行时必须充分考虑环境因素的作用,尊重客观规律,顺应环境的要求,从而使政策获得更大的效益。当自然环境发生了变化时,一些资源面临枯竭的境地,为了满足人类的经济效益生存环境遭到破坏,公共政策将无法正常进行下去,面临提前终结的命运。

(四)政府决策者的决策能力

政策终结的目的是结束不适应环境的政策,减少政策资源的过度浪费。公共政策从进入公共议程到终结其主体都是政府决策者,因此决策者的决策能力直接决定着政策的终结进程。如果政府的决策者具有敏锐的洞察能力和分析判断能力,那么当一项公共政策已经成为或无效或过时或产生社会问题时,就会迅速地找出原因并及时调整终结。例如当我国的社会经济步入社会主义正轨后,邓小平同志适时地结束了长期的计划经济体制,逐步建立了市场经济,促进了社会经济的快速发展。因此,充分利用和发挥政策决策者的能力是实现政策及时终结的有效路径。

(五)公共舆论促进公共政策终结

"公共舆论是社会公众中有较大影响力的群体围绕共同关心的社会事件和问题,通过一定的方式公开表达和传播的,对政府管理产生直接或间接影响,具有相对一致性和持续时间的信念、态度和意见的总和。"[1]公共舆论对政策终结的影响是两方面的,一方面当支持政策终结的人首先利用舆论进行宣传,那么就会加速终结的进程,反过来,反对政策终结的人利于舆论则会制造阻碍政策终结的要素。在这样的情况下,我们必须要形成有利于政策终结的舆论氛围。

公共舆论的释放平台一般集中于新闻媒介以及网络媒体。它们具有影响范围广、舆论发声迅速的特点,也正是由于这样的特点,公共舆论影响着政府决策者的行为同时对公共政策目标群体的价值观和行为模式也造成了一定程度的影响。因此,公共舆论氛围会使公共政策的终结变得更加快速。

---

[1] 刘伯高:《政府公共舆论管理》,中国传媒大学出版社,2008年,第28页。

第三节　政策终结的策略模式及时间成本管理

一、休克策略

休克策略(shock strategy)是指在一个很短的时间内,明确、彻底地终结一个公共政策以及由此政策衍生的所有内涵和外延的策略选择。休克策略类似于美国学者莱斯特和斯图尔特提出的"big bang"策略。就是指在一个指定的时间宣布官方决定,完全终结一个公共政策的策略。这是一个"粉碎性"的力量,使反对者没有时间组织反抗。这种终结策略的退出通常要经过各方势力长时间的斗争和酝酿。

终结条件。休克策略是一种强力的终结策略,这种策略的使用要求社会公众有强烈的终结某项公共政策的愿望,政策终结的动力极大,阻力极小。另外对于那些对社会发展构成严重阻碍或者是时效性比较强的公共政策,采用休克策略也是比较恰当的。

终结方式。休克策略通常需要经历一个很长的酝酿过程,在充分评估终结的必要性、风险和代价之后,平衡各方利益,完成终结的一切准备工作。在做好各项准备工作之后,立即宣布终结时间,完整、彻底终结与政策有关的组织、人员、预算等各方面,如果由新的政策取代旧的公共政策,则终结旧的公共政策后立即启动新政策。休克政策各项终结过程均是明确、清晰的,过渡时期非常短,一般会指定一个明确时刻作为终结标志。

二、非正式终结策略

非正式终结策略(informal strategy)是指当政策终结过程遭遇来自公众的阻力,但是政策本身确实有终结的必要时,保留政策的名称而终结其内涵与外延的一种政策终结策略。政策终结的必要性与公众终结政策的意愿并不是完全一致的,尤其是当政策本身发生变异,具有衍生利益的时候更是如此。非正式终结策略的目的就是尽可能减少政策终结的破坏性,并且尽可能保留和兼顾政策的衍生利益,以推动政策终结过程。

终结条件。非正式终结策略使用时,就意味着政策终结遭遇比较大的阻力。这种阻力主要来源于以下方面:其一,政策并非完全失效,尚有其存在价值,但是阻碍效应远远大于存在价值。这时的政策受益群体还有一定的规模,因此推动终结的力量和阻碍终结的力量并存,造成政策终结动力不足。其二,政策在长期的执行过程当中产生的附加效益使政策受益群体规模扩大。其三,政策在推出时考虑不周,但是朝令夕改将损害政府的威信。在上述阻力存在的条件下,采用非正式终结的策略是理想的选择。

终结方式。非正式终结一般有两种方式,一种是保留政策的名称而终结一切该政策的外延和内涵,直至政策自然消亡。另一种是采用"无限期暂停"的方式终结政策,直至政策影响完全消失。

三、桥梁策略

桥梁策略(bridge strategy)是指在政策终结过程中不制定明确的时间表,但是缓慢而不间断地推进政策终结过程,同时重视与公众的沟通和联系,争取公众支持的政策终结策略。在桥梁策略中,公共政策面临来自公众的压力并不是非常大,但是政策本身对于社会发展的阻碍比较明显。

终结条件。采用桥梁策略的政策终结过程通常发生在那些终结意愿不强烈,但是危害性比较大的公共政策上。这些公共政策的危害性需要比较全面的信息和专业的知识才能够分析和判断。因此,在桥梁策略中政策的终结意愿表现明显。

终结方式。桥梁策略的终结方式是渐进式终结。一方面,桥梁策略没有固定的时间表,而是制定一系列指标,只有当上一个指标体系达成之后,才会推动下一步终结过程,各个终结过程之间没有明显的界限和标志,终结过程缓慢而有力。另一方面,桥梁策略由于来自公众的终结意愿不强烈,终结动力不足,为了防止终结过程的中途搁浅,政府通常会主动出击,与公众沟通,争取公众对政策终结的支持和理解,并借此降低政策终结过程的冲击,减少政策终结过程的阻力。

四、缓冲策略

缓冲策略（buffering strategy）是指在公众终结政策的意愿比较强烈的情况下，采用明确的时间表，分阶段、有步骤地终结公共政策的策略选择。缓冲策略终结政策的目的和过程与休克政策同样清晰明确，但是缓冲策略并不追求一次性终结政策，而是用明确的步骤来分阶段终结政策，各个阶段之间分界明显，有时各个阶段之间有明确的时间划分。

终结条件。缓冲策略与休克策略相似，也是一种比较强有力的终结政策，但是，政策终结的压力、时效性和紧迫性都不如休克政策面临的情况。在某些情况下，虽然有强烈的政策终结意愿，但是政策牵涉面比较广，需要一定的过渡时间的政策终结过程也会采用缓冲策略。

终结方式。缓冲策略当中，政策不是一次性终结，而是分步终结，各个步骤之间关系明确，目标清晰。缓冲策略主要有两种终结方式。一种是从组织、人员、预算等方面逐步终结政策。这种终结方式的主要意图是延迟政策受害群体的出现和延迟政策受惠群体的出现，避免受害群体与受惠群体发生矛盾和分化，保持政策终结的公众基础。另外，这种终结方式也给执行政策的政府组织以一定的缓冲时间，避免由于对政策执行机构冲击过大而引起反弹，进而危及政策终结过程本身的顺利进行。第二种缓冲策略是从政策的变更、过渡、终结等方面逐步终结政策。案例：我国终结旧的身份认证政策，启用新的IC卡身份证的政策。

五、逆动策略

逆动策略（retroactivity strategy）可以说是政策终结过程中的危机策略，即政策威胁到社会和公众的根本利益，且这种威胁迫在眉睫，但是同时，反对终结的力量又十分强大，在这种危机环境下，一切常规的终结策略都难以奏效，政府可采用逆动策略，即推动旧策略运行，使其危害在短时间内进一步显现，从而积聚起足以终结该政策的推动力量。

终结条件。逆动策略的终结条件有两个：一是政策终结要求必须十分迫切，其威胁性极大。二是阻碍终结的力量极大，使正常的终结过程几乎无法进行。

终结方式。逆动策略的终结方式是欲擒故纵,运用一系列策略使政策危害更快显现,以推动终结。一般来讲有以下方法:其一,保留政策,使其继续运行一段时间,拒绝改良。其二,放任政策的危害性结果蔓延到一定程度,有意削弱对该政策的压制力度。

第四节 降低公共政策终结时间成本的路径选择

公共政策终结是一项困难重重、高度复杂的政治行为,但适时地终结无效的公共政策又是公共政策制定者必须担负起的责任。所以公共政策制定者应当运用高度的智慧和技巧,妥善地处理好与公共政策终结相关的问题。针对政策终结的障碍,可以采取如下措施,以促进政策终结的实现。

一、推进宣传工作,减少抵触

在政策终结过程中, 面对具有抵触情绪的原政策利益既得者应该提高其思想认识, 让他们充分了解政策终结的必要性。发挥公共舆论的重要作用,通过新闻媒体和网络媒体大力宣传公共利益的正义感,消除人们对政策终结的抵触情绪。政策制定的出发点是为了解决社会公共问题,维护公共利益,从根本上说是利国利民的事情。政策的终结并不是对社会问题的妥协,而是进一步的解决, 如果继续存在无效或过时的公共政策只能浪费公共资源,只有让社会公众充分明白这一点才能有效地推进政策终结的进行。这就要求政策制定者及时公开政策评估的结果, 有些政策由于政策设计或政策取向等问题,而导致政策不仅不能有效解决其所针对的公共政策问题,反而严重违背客观事实,阻碍社会的发展,若要继续实施该项政策则会给社会造成更大的损失。只有公众了解到终结的目的后才会减少抵触。

二、建立公共政策终结的程序机制

公共政策的终结与公共政策的制定一样, 必须经过一定合理合法的程序。而就目前中国的情况而言, 政策终结的法治程序落后于政策终结的需要,在这某种程度上已经影响了终结的进行。因此,中央及地方各部门应该根据社会发展的客观要求及时制定与更新相关的立法活动。如果根据决策者的偏好来决定政策终结的对象是不科学也是随意性极强的,因此建立健全政策信息反馈机制是势在必行的,同时还应该设立政策终结的常规议程。当政策终结制度化规范化之后,政策终结的阻力便会大大减少。在这里值得注意的是,现阶段我国正在全面推进简政放权制度,在公共政策终结的机制建立的同时我们也应该注意减少不必要的环节,这对于政策的及时终结是有很大帮助的。

三、适当运用强制力推行政策终结

任何一项政策无论是实行还是终结总会使一部分人受益,而影响另一部分人的利益,这就要政策终结的操作者运用强制力,快速结束任务。如下达行政命令,发布行政决定等。这也是在策略选择上运用的一个有效办法。当然这需要政策终结的操作者具有政治魄力,能审时度势。政策制定的决策者要充分发挥自身的领导能力。该领导能力不仅意味着其决策的权威性,也应该在社会发展的过程中具有敏锐的观察能力与分析判断能力。政策决策者拥有决策政策终结的权力,在面对外界环境的巨大压力时,要做到审时度势,遵从自身内心的信念。同时领导人要发挥自身的示范带头作用,发挥榜样的力量,只有这样才能在一定程度上缓解利益上的冲突。并且要借助自身的领导能力,说服政策终结的反对者,让他们充分认识到政策终结的必要性。

四、作出必要妥协,减少公共政策终结的代价

各个不同的利益集团之间利益的诉求是不同的,而每个集团都会为了自身的利益进行充分的努力,他们之间进行政治与经济的互动与博弈。这时互相的制约与拉扯往往会成为阻碍政策终结的因素。当政府面对强大的阻力时,采取折中妥协的办法不失为一种有效的策略。有时政府制定的目标过高,经过一段时间的努力却没有达到理想的效果,这时政府要正确调整目标,调整工作重点,放弃较高的目标,但是也要有必要的限制,即必须坚持一

定的原则,绝不能随意妥协而丧失原则,可以采取渐进式终结的方式。也就是说在政策终结时要选取最佳的时机,这样可以减少政策终结的阻力。并且政府可以充分利用一些有效的办法,比如优秀企业家的榜样作用,或者重新分配利益结构,当政策终结的确影响一部分人的正常利益时,政府可以颁布一些措施弥补这部分人的受损利益。

第五节 案例分析

一、食品免检政策的发展

(一)背景描述

2000年,为了提高产品质量监督检查的效率,并且鼓励企业提高产品质量。政府制定了《产品免于质量监督检查管理办法》,其中规定"产品经省级以上质量技术监督部门连续三次以上(含三次)监督检查均为合格免检"。从制定该政策的目的出发,它是一项既有利于提高企业经营又有利于百姓生活的政策。各食品生产企业为了能够获得免检资格,致力于制造安全卫生合格的食品,大大提高了市场中流通食品的质量。同年,第一批免检企业名单出炉,并规定每年进行一次免检产品的评定工作。由于此项政策对于企业来说是有利而无一害的,所以企业纷纷把跻身于成为免检企业作为工作之重。尽管2001年12月,国家质检总局颁发新的《产品免于质量监督检查管理办法》,但免检产品仍越来越多。截至2006年,共有105大类产品、2152家企业获得国家免检资格。2008年,中国食品工业百强企业三鹿公司出现"三聚氰胺毒奶粉事件",把整个食品免检政策推到了风口浪尖上。短短几天,关于该制度存在的合理性的探讨逐渐风行各大网络论坛,建议废除者有之,呼吁完善者有之。食品安全关系着全国百姓的身体健康安全,是全社会关注的重点。问题奶粉中添加了三聚氰胺严重危害百姓的健康。这使得百姓对食品安全存在着巨大的质疑,一时间,百姓的呼声、广泛的社会舆论使得政府不得不重新审视食品免检政策。为了保证食品质量安全,维护人民群众身体健康,2008年9月18日国务院决定废止1999年12月5日发布的《国务院关于进一步加强产品质量工作若干问题的决定》(国发〔1999〕24号)中有关食品质量免检制度的内容。至此持续八年的食品质量国家免检政策在一个食品安全重大事故之后宣告结束。

（二）从多源流理论视角分析食品免检政策

采用多源流框架对政策终结进行分析，具体来说就是通过分析影响政策终结的各变量和各个变量之间的关系，来解释政策终结的内在逻辑。多源流理论框架主要由三部分构成，即问题源流、政策源流和政治源流。

1. 问题源流

政策终结过程与政策制定的本质起点都是公共问题的出现，当社会公共问题出现，引起了社会公众的普遍关注由此进入了政府的视野，进而确立需要解决的问题。同样当一项公共政策由于自身原因或客观环境的改变引发需要被改变的现状后，公共政策面临终结的困境。有些时候是由于政策本身在制定或执行过程中出现问题，偏离了原定政策目标的轨道，成为需要改变的政策。在这种情况下政策本身就是一个"问题政策"。在实践过程中，一项政策能够被提上终结日程通常由以下几个方面的信息来源，如政策运行的监控指标、触发事件的发生、政策评估情况的反馈信息，等等。最直接的政策运行监控指标是政府的财政支出，通过分析该指标可以清晰地确定政府财政支出是扩大还是缩减，在经济领域内分析财政支出是判断政策是否有效的有力措施。

触发事件促进政策终结的助推器，一些公共政策在实行一段时间后，已经不能发挥其应有的功用，但是从全局的角度来看继续存在并不影响公众的正常生活。相对于政府而言却在消耗无形的时间成本。这时就需要一个触发事件来推动政策终结，有时是一次公共危机，有时是一个焦点事件。如甲型流感在我国的爆发就充分暴露了我国原有医疗保障体系上存在的漏洞，尤其是城乡二元化的发展模式导致医疗保障体系发展不平衡，促成了传统医疗保障体系中一些不当政策措施的终止和农村医疗保障体系的建立。此外，政策评估的反馈信息也是政策终结的依据和前提。政策评估作为检验政策是否有效的依据，存在于政策执行的整个过程中，属于一种监督手段。

在程序化模式中，政策决策者可以通过正式渠道获取这些反馈信息，在这种正规渠道下获取的信息多数属于运用指标规划的定量信息，通过监控评估研究报告呈现。决策者也可以通过自身实际经验或与公众沟通交流等方式获取反馈信息。经过政策评估，政策决策者可以确定一项公共政策的存在是否达到了预期的目的，也可以发现是由于政策执行过程中由于执行方式的不当而导致政策目标的偏离，还是政策本身就存在相应的问题。食品安全政策的问题流的形成主要有以下几个方面内容。阜阳劣质奶粉：自2003年以来，安徽阜阳的7个县区，都发现了"大头娃娃"。这些孩子四肢短小，身体瘦弱，脑袋偏大，经当地医院诊断均为"重度营养不良综合征"。经查，这些孩子是因为食用劣质奶粉所致。龙口粉丝：经过调查发现在山东省龙口地区为了增大企业的收入降低成本，一些生产粉丝的企业将玉米淀粉掺进原料中，更加严重的是，为了使这些玉米呈现白色，这些厂家用增白剂过氧化苯甲酰对玉米淀粉进行增白。彭州毒泡菜：四川省彭州市一些泡菜厂在进行泡菜生产时大量使用工业盐以降低生产成本，同时为了延长泡菜的使用期限，竟然在泡菜上喷洒敌敌畏，严重危害了社会公众的健康。媒体陆续曝出了南山奶粉、南极人内衣、双汇火腿肠以及金龙鱼、福临门食用油等产品的各种质量问题。

不合格的食品流入市场不仅危害公众的身体健康，而且食品免检政策还破坏了市场的竞争机制。首先一些已经通过标准检测进入到食品免检行业的企业，在成功获取"免死金牌"后，为了将成本降到最低获取更多的利益，开始以次充好，滥用免检的权利。有些企业擅自扩大免检的权利，将没有通过免检的分企业扣上免检的帽子，试图扩大市场占有份额。同时，在原本激烈的市场竞争中，资金雄厚的大企业由于行业规模较大，市场占有率高，获得免检的概率往往高于中小企业。这就自然造成了社会竞争的不公，在一定程度上影响了社会经济的正常发展。

在三鹿奶粉被卷入阜阳毒奶粉事件的黑名单时，该产品已获得免检资质和中国名牌产品称号，很快转危为安。与大头娃娃事件中的劣质奶粉是由不合格厂商生产不同，后者都是国家质检总局认可的"中国名牌""国家免检产品"。由于媒体的曝光，广大群众的积极反映，这些事件在社会上已然掀起了一场风波，政府也采取了一些措施，但食品安全问题仍然未能得到很好的解决。

2. 政策源流

政策源流是指针对某一政策问题在"原始的政策鲜汤"周围漂浮的多种意见和主张，这些意见和主张是由政策共同体中的成员提出的。在政策终结的过程中也存在着这样一个政策共同体，他们由学者、利益群体的代表、政府办公人员等构成。并通过信息反馈报告、媒体信息以及非正式渠道的公众交流获取信息,对现有政策形成自我的价值判断。与政策制定过程相比,对于政策终结的态度比较简单明了可以分为两类,一类支持政策终结,另一类反对政策终结。因此,在政策原汤中备选方案的"软化"较之政策制定的方案"软化"更加激烈与明晰。双方通常采用媒体、论文和与官员谈话等方式公开攻击对方的观点,也正是由于双方激烈的争论,引起了舆论的压力与政府的关注,加快了决策进程的步伐。

首先对食品免检政策提出诟病的是法律界的专业人士,他们从专业的角度对该政策提出质疑,首先我国已经出台的《产品质量法》中并未涉及免检的内容,也就是说食品免检制度无法律规则可循。其次,食品检测工作属于政府监督行政部门的工作,如果食品免检出台,那么就意味着该部门放弃了自己的本职工作。在国家政府行政机关内部,也出现了反对的声音。在2007年3月的全国政协十届五次会议上,全国政协委员丁瑜曾对国家免检产品制度发出质疑:对于企业来说,无论大小,都是以追求利益最大化为目标,如果对部分企业施行免检,就相当于让它们游离于监管之外,这无疑是给公众的健康安全埋下隐患。与反对食品免检政策相对的是赞成的声音。一部分人认为,食品免检政策的出台无论是对消费者还是生产商甚至是政府工作人员而言都是有利的。首先通过这种激励政策能够促进我国食品质量的整体水平得到提高。减轻了政府工作的负担,减少了行政成本的支出。在政策源流中由于价值观念与利益立场的不同,形成了不同的政策声音。

3. 政治源流

政治源流是指譬如公众情绪、利益集团间的竞争和政府的变更等因素构成的。就政策终结而言,舆论的作用相对较大。政策制定的出发点是为了解决社会中存在的公共问题,当一项政策执行后,其效果很容易被公众所察觉,一旦政策失效必然会导致社会中一部分人的利益遭受损失,为了弥补自己的损失,他们会加大对该公共政策的关注并通过媒体等手段表达自身的诉求,给当局政府造成一定的压力,从而导致终结失效政策。除了公众的不满情绪影响之外,各个利益团体之间的博弈也是政策终结的因素之一。一些有影响力的利益团体会进行一些活动,往往会达成敦促政府采取新政策或终结无效政策的目的。随着社会的进步,经济的发展,利益集团的影响力已经不容忽视了。就食品免检政策而言公众的情绪属于政治源流的一部分,另一来源是我们党的执政理念。我党始终坚持以人为本的执行方针,时时刻刻为人民着想,为人民服务。在2008年9月20日召开的关于科学发展观活动的大会上,时任国务院总理的温家宝指出,"食品安全和安全生产是贯彻落实科学发展观的要求。决不能以损害人民生命健康来换取企业发展和经济增长"①。

4. 三者合流,开启政策窗

食品免检政策从出台到经历了一段时间后,越来越偏离最初制定该政策的目的。一些企业为了进入免检的行列,以牺牲质量为代价,甚至走上不正当的道路。同时一些地方政府与企业勾结,为企业大开绿灯,主要在于企业和政府的利益一致。由此,食品免检政策面临终结的境地。在终结的过程中新闻媒介、法学专业人士以及政府工作人员、人大代表发挥了积极作用。早在食品免检政策第一个免检期限到期前,新闻媒体就对免检产品进行了抽查并发现不合格事件的出现,并由此通过新闻媒介呼吁食品免检政策废除。随后的几年时间里,不同的媒体纷纷争相报道食品安全问题,引起了社会公众、政府官员的关注,极大地推动了政策系统中的三源流的顺利耦合。专业的法律人士,通过法律视角审视食品免检政策,对其的弊端提出了深刻的批判,并在此基础上提出终结该政策的主张,使得决策者重视食品免检政策的弊端和问题,有力地推动了政策的终结。在对待食品免检政策的问题上,很多人大代表和政协委员也都持否定的观点和看法。同时通过他们自身的积极行动,扩大了政策终结的支持力量,使得政策终结的建议在政策源流中占据了压倒性的优势,为政府作出政策终结的决定提供了重要的依据。

综上所述,正是由于三鹿奶粉等食品安全事件的发生,食品质量免检制度和免检管理办法废止的问题流、政治流、方案流加速会合前行,不仅政治气候和问题意识都已充分具备,并且也基本找到适当的解决方案,此时便形成了政策机会,政策窗随之打开,终止食品质量免检制度被正式提上议事日程。

产品质量国家免检政策目的是"为了促进企业提高质量,避免各种重复性的检查,减轻企业负担"。这段话本身存在一个悖论。每个企业都想要进入免检的行列,但是在进入该行列后,并没有一个完善的监督监管制度对企业进行监督,因此并不能保证企业产品的质量。而企业为了提高经济水平,会选择用不道德甚至是不法途径以次充好、降低产品质量从而达到降低成本

---

① 温家宝:《食品安全和安全生产是贯彻落实科学发展观的要求》,中国农业网,2008年12月9日。

的目的。虽然减轻了企业的负担,但是导致的直接后果是质量不过关,严重危害百姓的健康。与经济水平发展的提高相悖的是人们的身体健康越来越得不到保障。在两次《产品免于质量监督检查管理办法》中,我们看到政府并没有把食品作为一项特殊产品而单独制定切合实际的政策。企业追求利润最大化,追逐利益无可厚非,但是作为政府有责任和义务承担起监督的作用。利用道德、舆论、法律的措施把企业推向正确的轨道上。

根据《产品免于质量监督检查管理办法》的规定,质监部门针对连续三次抽查合格的产品,授予其免检称号。但是随着社会环境的变化,这种规定变成了硬性化规定。在一定的特殊时期,完全可以随着经济社会的发展而做出相应的适时调整,提出更加严格的规定。政策系统是一个不断进行新陈代谢的系统,它是一个与周围环境互动并及时做出调整的系统。在这样一个不断变化的环境中,如果政策不做出相应的变化调整,必然导致政策执行的不科学。

由于变化了的主客观环境而失效或产生负效应。政策分析过程只能减少政策失效或者负效应发生的概率,它并不能保证政策的成功。

(三)产品免检政策终结时间成本的思考

1. 政策受益者的阻碍

主要是指政策受益者在政策实施过程中受到了利益的驱动。公共政策的实施在解决一定的社会问题的同时,必然涉及利益与价值的分配问题。因而受到政策恩泽的利益集团就会千方百计地影响公共政策的终结。食品免检政策中,免检企业是这一政策最大的受益者。它们不仅拥有免检的金牌,同时在消费者心里又留下了良好的信誉印象。免检可以使得企业降低成本,节约时间,赢得百姓的信任,大大增强了竞争力。所以各大企业想尽办法地遮盖自身的丑闻,掩盖自身产品质量不过关的真实信息,置百姓的健康于不顾,为的是能够确保该政策继续顺利进行下去。当政策终结迫在眉睫时,反对政策终结的利益集团为维护既得利益,必然会采取各种合法或非法的途径,以阻止政策终结。因而各利益集团必然千方百计地努力影响公共政策。利益集团的存在,对政策终结产生了巨大的阻碍作用。利益集团为了保护自身利益拖延政策终结的时间,在此期间由于旧政策造成不必要的资源、信息浪费,导致时间成本的增加。

2. 政策制定者、执行者的阻碍

这两方面的阻碍主要来自心理。政策制定者不愿承认他们制定出的政策已经失去了原本的功效,而执行者也不愿承认在执行过程中所犯的错误。一个公共政策的出台是经过相当长的一段时间,从发现问题到政策评估乃至最后的终结,期间所耗费的时间成本、物力、财力是很难进行具体估算的。所以对于公共政策的相关者来说,这种心理阻碍是在所难免的。这种心理阻碍的出现往往使得一项公共政策体现出大规模的失败时,人们往往从客观的环境寻找原因,而不是从自身从政策本身寻找失败的根源所在。

观察一项该政策是否有效,以及效果如何,不能仅凭表面的状态来评定,而是要采取科学的手段和方法进行分析。对于信息的搜集要全面准确,样本的抽查要具有代表性,这就需要花费大量的时间以及占用大量的资源。同时对于政策评估这一环节不能省略,而且要将评估的内容向社会公开公布。

由于公共政策终结的时间成本货币表现=公共政策终结固定成本货币表现+公共政策终结损失成本货币表现+公共政策终结时间比较成本货币表现。

在此政策终结的形式下,阻碍因素较小,因此损失成本较小导致总体的时间成本降低。

二、个性化车牌政策的紧急叫停与重新回归

(一)背景描述

2002年8月12日,以北京、天津、杭州、深圳作为试点开启了机动车号牌的自主选择政策,即《公安部关于开展启用二〇〇二式机动车号牌试点工作的通知》。个性化车牌政策出台的目的是为了满足机动车所有者拥有自主选择号牌的意愿,当这项政策一出台便得到了公众的一致好评。但是好景不长,8月22—23日,上述四个城市因"系统技术故障"暂停发放新式车牌。经调查发现,由于对车牌的编码未作任何限制,导致各种"创意好牌"层出不穷,如"CHN-001""USA-911""京A123456"等,这种号牌的出现引发了社会各界的争论。至此,出台了10天的政策不得不面临终结的命运。2008年5月27日,公安部发布了新的《机动车登记规定》(公安部令第102号),并自2008年10月1日起开始施行。该政策在原有政策的基础上增加了可由机动车所有者自行编排号码的条款,但是与之前出台的二〇〇二式个性化车牌政策不同的是,

其自行编排要符合《机动车号牌》标准规定的要求,各省(区、市)可根据本地号牌资源情况和实际管理需要制定具体的编排规则。我国的个性化车牌政策的终结,个性化车牌的政策本身是有缺陷的,实施该政策不久就发现了一系列问题,因此政府采用的就是非正式终结策略,即宣布该政策暂时冻结,但是不宣布其解冻时间,实际上等于无限期冻结该政策。

(二)影响个性化车牌政策终结的时间成本的因素

1. 政策主体

通过对整个公共政策系统与过程进行研究,我国政府的决策者将大部分精力与资源都耗费在了政策的制定与执行上,往往忽视了政策终结。政策制定者往往存在这样一种心理,认为一项政策如果终结说明其实施效果没有得到预期目的,甚至可能是由于引发了其他社会问题,所以如果终结该政策就相当于承认自己工作的失职或者无能。就个性化车牌政策终结案例而言,其终结的随意性很强,由于缺乏科学性而导致公众抗拒,这时政府一方面需要及时终结该项政策,另一方面还需及时安抚公众的情绪。这也是时间成本的构成因素。

2. 政策过程

政策的终结与制定相同,同样需要按照既定的规程进行,如果只是凭借政策主体的想法与命令,政策终结的过程将混乱不堪。同时在政策终结之前,应该将政策执行情况向社会各界予以通报,也要就新政策的发布征求公众的意见,让每个个体都了解政策的执行情况,这样既可以提高政府工作的透明度,增强政府的外部形象与公信力,又可以避免公众的误解,减少政策终结带来的阻力和非议。个性化车牌政策实行了10天就匆匆下台,这严重影响了政府形象,所以政府不得不采取非正式终结策略。而这只是暂停或冻结该政策,这会导致终结过程很长,成本很高。

三、家电下乡政策及其延续

(一)背景描述

其推行的背景主要有国际和国内两个方面。从国际上来说,自2007年开始,我国制造业在国际上面临的形势严峻,人民币的升值不利于国际市场的开拓,使得我国在对外出口的家电行业进入了"销售寒冬",2008年在全世界范围内爆发了金融危机,世界经济遭遇动荡,在这种情况下,国际上许多国家都加大了对农业和农户的补贴。如果中国不对农业和农民进行补贴,将影响整个社会的稳定。从国内方面来说,受到金融危机的影响,中国出口受阻。为了拉动内需,开拓国内市场,农村市场的巨大消费力开始被大家关注。同时中国的农业发展和农民生活也受到了金融危机的影响,需要尽快出台政策保障农民的生活水平。因此,家电下乡是我国对短期内市场机制失灵和国内外市场继续调整阶段进行的一项保护农业平稳有序发展的一项重要政策。

家电下乡政策始于2007年,并以山东、河南、四川、青岛三省一市作为试点。家电下乡的内容主要是对彩电、冰箱(含冰柜)、手机三类与百姓生活息息相关的电器给予购买优惠,农民购买这三类产品可以享受销售价格13%的一次性财政资金补贴。在家电下乡政策第一阶段开展一年后,取得了比较显著的成果,第二阶段以2008年10月16日财政部商务部联合印发《家电下乡推广工作方案》为开端,将家电下乡推广到包括内蒙古、辽宁、大连、黑龙江、安徽、山东、青岛、河南、湖北、湖南、广西、重庆、四川、陕西在内的十四个省、市、自治区。同年12月颁布《财政部商务部工业和信息化部关于全国推广家电下乡工作》的通知,标志着家电下乡工作在全国推广。第三阶段为家电下乡政策的完善与终止阶段。除之前的三省一市在2011年9月23日截止外,全国其他地区均至2013年1月31日截止。

(二)家电下乡政策以人为本——基于对农民的实地考察

家电下乡政策的出台一方面能够帮助农民提高生活水平,享受经济发展带来的好处;另一方面通过鼓励农民消费,拉动内需,带动家电市场的发展。这一政策给予了农民生活方便,农民普遍表示认可。调查显示,79.4%的农民表示该项政策带给自己实惠,79.6%的农民认为该项政策的落实达到了政策制定的目的。(见表6-1)。换句话说,绝大多数农民认为家电下乡政策是一项有利于农民生活的政策,持支持的态度。进一步的调查发现,家电下乡政策之所以能够获得农民的肯定,原因至少包括四个方面。其一,国家政策的落实。家电下乡政策提出为农户购买家电贴补销售价的13%,缓解了农民的财政压力。其二,这项政策的受惠对象很明确,只为农户提供优惠待遇,这在一定程度上增强了其对政策的好感度。其三,家电下乡的产品无论从分类还是质量都有保障,满足了农户的生活需要,得到了一致好评与反响。其四,家电下乡采取市场化的正常交易方式进行,不存在强制,农民对交易过程具有完全的自主权。

表6-1　农民对"家电下乡"政策的整体评价

您是否从政策中获得了实惠？	比重/%	您认为政策是否达到了成效？	比重/%
是	79.4	是	79.6
否	7.4	否	5.9
说不清	13.2	说不清	14.5
合计	100.0	合计	100.0

从产品质量来看，认为产品质量较好的农户最多，占有效样本的48.4%；认为质量很好和一般的农户数量相当，分别为22%和26.4%；认为质量较差和很差的农户合计仅为3.2%（见表6-2）。也就是说96.8%的农户都认为产品质量是可以接受的，这可能是农民对整个家电下乡政策给予积极肯定的主要因素之一。（见表6-3）

表6-2　农户对"家电下乡"产品价格、质量、品种的评价

价格评价	比重/%	质量评价	比重/%	品种评价	比重/%
很贵	10.5	很好	22.0	很多	27.3
较贵	13.7	较好	48.4	较多	25.7
一般	48.4	一般	26.4	一般	26.9
较便宜	25.4	较差	2.4	较少	16.3
很便宜	2.0	很差	0.8	很少	3.7
合计	100.0	合计	100.0	合计	100.0

表6-3　农户对影响其购买行为诸因素的重要性排序　　　单位：%

影响因素	第一重要	第二重要	第三重要	第四重要	第五重要	合计
品牌	19.4	18.0	21.6	18.9	22.1	100.0
质量	58.6	24.1	10.0	5.0	2.3	100.0
价格	9.2	38.5	23.9	19.7	8.7	100.0
售后服务	8.8	13.3	25.8	29.5	22.6	100.0
财政补贴	4.6	5.6	18.5	26.9	44.4	100.0

（三）家电政策的终结或延续

2013年1月，第三期家电下乡政策将结束，政策结束后将延续的传闻已在坊间流传很久，而关于其"存废"争论甚至在更早之前就已不绝于耳。

家电下乡政策全国推广已经正式实施了三年。三年来，这一项目已经上升为国务院总理亲自批准，国家财政部、商务部、工信部牵头，所有省级政府、660家生产企业、514家销售企业参与其中的高规格国家政策，有赞誉、有诋毁、有支持、有反对，正如每一件伟大的事物一样，它誉满中华，也谤满天下。

"家电下乡"政策在实施的三年中,完成了它的历史使命与任务目标。作为扩大内需的需要而制定的公共政策,在金融危机导致的出口成本增加、家电行业不景气的背景下,在应对金融危机、统筹国内外市场方面做出了积极的贡献。在城市家电市场饱和的状态下,积极将产能过剩的家电行业转移到市场前景广阔的农村,能够让家电企业恢复新的生机与活力。但是在由于政策落地后,农民购买家电时,政府会给予相应的财政补贴,长期会扭曲生产要素价格,这不利于产业升级,所以对于政策的存废问题一直存在争议。在工信部组织的一场家电下乡政策是否延续的讨论会上,海尔、美的、格力、海信等主流家电厂商都明确地表示了反对意见。同时家电下乡政策中给予农民补贴是由政府负责的,而且分成两部分,80%是中央财政拨款,剩余的20%是地方政府负责,这就造成了地方政府的财政压力,所以对该政策的积极性不高。

(四)家电下乡政策终结时间成本——从所面临的问题角度探析

家电下乡政策在一定的范围与程度上取得了较好的影响。以黑龙江取得的主要成效为例:

近年来,黑龙江省坚持以扩大内需、统筹城乡改革发展为方针,以政府加强引导、企业承办实施、健全规章制度、保障农民受益为基本方法,扎实推进家电下乡,努力扩大农村消费,有力促进了全省社会主义新农村建设。自2008年12月1日至2010年12月31日,全省累计销售家电下乡产品249.2万台(件),实现销售收入50.6亿元,剔除非补贴用户购买14.3万台(件)后,实际兑付补贴数量232.1万台(件),兑付补贴资金5.9亿元,兑付率为98.9%。

1. 家电下乡让农民充分享受到了改革成果

以2008年全省504万农户计算,累计每百户农民购买的家电下乡产品数量达到了46.1台(件),平均每户得到补贴资金117.1元。

2. 家电下乡内生动力促进了经济发展

2010年,农民购买家电下乡产品的热情高涨,销售量逐月增加,农村消费市场启动加快,积极财政政策效应凸显,促进了全省城乡经济协调发展。黑龙江省全年社会消费品零售总额实现4001亿元,同比增长19.0%,其中乡村消费品零售总额实现453.3亿元,同比增长18.8%。

3. 家电下乡销售网点经营行为趋于规范

进行科学规划与布局,引导家电流通企业向县及县以下农村市场延伸销售服务网络,全省通过备案的销售网点达4237家,其中80%以上布局在县或乡镇,基本实现了县及乡镇全覆盖,为推动生活日用品和生产资料下乡打下了较好基础。同时严格要求销售网点守法经营、诚信经营,全年咨询投诉电话由2009年的三百多起,减少至2010年不足五十起,咨询投诉率大幅度下降。

4. 家电下乡产品售后服务网络初具规模

启动实施了"家电下乡售后服务网络"建设工程,推动家电销售网点及售后服务网络向乡镇延伸,大大提升了农村家电售后维修能力。2010年全省利用财政补助资金1641万元,带动企业投资4373万元,开展了家电下乡流通网络新建、改扩建销售网点502个,建设改造配送中心项目38个,购置配送车177辆。新建售后服务体系项目11个,信息系统项目5个,购置专用电脑148台,配发专用服务车100台,培训维修员三百多人,增设一百多家农村服务网点。

5. 家电下乡消费市场得到了净化

省财政、商务、工商、质监、宣传等家电下乡职能部门密切配合,不断加大对农村家电消费市场的监管力度,对中标的流通企业及销售网点的货源组织、供货配送、产品质量等情况及销售网点宣传活动、促销手段、履行服务承诺、垫付补贴资金情况等进行全程监控,坚决取缔借"家电下乡"名义销售假冒伪劣商品及严肃查处骗取财政补贴的违法行为,进一步净化了农村家电消费市场,维护了农民的消费权益。

在这些成就的面前,人们往往局限于眼下的利益从而不愿对该政策进行有效的终结,这在一定程度上影响了政策终结的速率。

四、身份证制度的变迁

(一)身份证制度发展简述

户口登记制度、户口迁移制度和居民身份证制度——我国户籍管理制度的三项内容。身份证制度作为我国户籍制度的改革中的重要一项内容,实施至今,在户口制度中显示出其重要的地位。

第一代居民身份证是中国自1984年为中华人民共和国公民颁发的身份证明性证件,第一阶段采用印刷和照相翻拍技术塑封而成,为聚酯薄膜密封、单页卡式,15位编码。1995年7月1日起启用新的防伪居民身份证,采用全息透视塑封套防伪。1999年10月1日起,建立和实行公民身份号码制度,身代码是唯一的、终身不变的18位号码。2004年1月1日,第二代居民身份证开始换发,第一代居民身份证在2013年1月1日正式停用。(见图6-1)

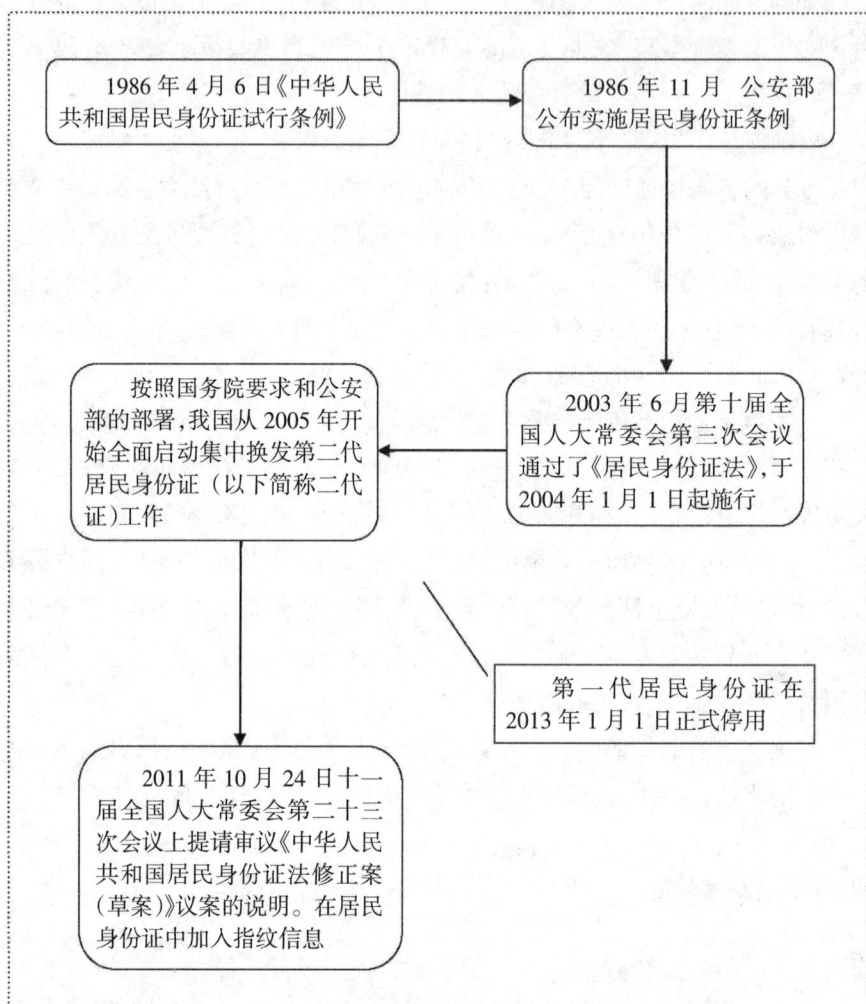

图6-1　身份证制度的变迁历程图

（二）一代身份证制度终结的时间成本分析

由于缓冲政策具有一定的灵活性,政策终结过程也比较短,同时由于其终结步骤是事先明确拟定的,所以缓冲策略的漏洞也比较小。由政府信用为担保的时间表使缓冲策略面临的反抗压力也比较小,不大可能在短时间内形成足以威胁政策终结的反抗力量,因此其政策终结成本也比较低。其对于政策终结的时间成本而言,也是同样的。其时间成本相对较低。在此政策终结的类型下,降低时间成本的有效方法就是政府应制定一个明确的时间表,并且切实保证这个时间表的执行。

首先我们从二代身份证制度的技术情况改进方面分析时间成本。为了避免出现身份证造假行为,二代身份证提高了其防伪的功能。这也就意味着采用了更高级别的材料,成本大大加大。二代身份证表面采用防伪膜以及印刷防伪技术,并且芯片也完全采用数字防伪措施。中国作为一个人口大国,人口信息管理工作是一个系统庞大的工作,二代身份证制度为了解决这一问题,开发机读功能,满足信息交换的需要。这一系列措施的实施必然会造成政府支出的增加,也就导致一部分人反对一代身份证制度的终结。

根据本案例,该政策的终结的时间成本应该为2005年开始全面启动集中换发第二代居民身份证到2013年1月1日全面废止,在此期间所花费的时间成本。从一代身份证到二代身份证的换取可谓是一件工程量浩大的政策,其牵扯多个省市县。由于政策终结的时间成本是指由非必要的浪费造成的,所以我们首先要对"非必要"进行描述。我们可以采取推断统计的方法,对身份证换代终结政策的时间成本作出一个概念上的分析。

抽样是从总体中选取样本,并依照样本值来推断总体特征。这种推断显然存在误差。比如从样本计算的平均值y去估计总体平均值y时,y不可能等于y,只会在y附近,或可能大于y,或可能小于y。总体y值实际上是未知的,但我们可以通过样本值y,以及某个精度来估计总体值y。样本值y可以通过抽样调查获得,关键是如何确定一个适合精度。

如果从n个元素中,用同样的方法反复抽取规模为n的样本,并计算每个样本的统计量y。人们发现不同的样本值有不同的发生概率。那些所有可能的样本值的概率分布,被称为抽样分布。抽样分布的中心是所有可能样本值的平均值,也称为样本期望值,用ey表示。

中心极限定理表明,当样本规模n足够大时,抽样分布近似于正态分布。正态分布是应用最广泛的概率分布。它是以样本期望值ey为中心的对称分布。统计抽样的目的是以样本统计量y来估计总体值y,即欲知y以多大概率落在以统计量y为中心的区间内。人们在有一定概率做保证的程度下,总体平均数的可能范围称为置信区间,概率所保证的程度称为置信度。与其他社会统计一样,政策分析中常将95%与99%作为置信标准,尤其95%的置信度使用更多。

在本案例中，由于资料的限制我们可以进行如下假设。

我们可以选取多个省市在2005—2012年间的二代身份证换取人数相同的基础上，所耗费的时间做出抽样调查。然后根据服从正态分布的数据图，我们可以选取到最适合的平均值。假设该平均值为a，那么大于a的值就意味着，同样人数的换取下，该省市花费了更长的时间。则此期间比平均时间多耗费的时间、人力、物力财力即为时间成本。

身份证制度作为一项涉及百姓生活的民生政策，其重要作用不言而喻。而由于第一代身份证制度的种种缺点，二代身份证的更新换代迫在眉睫。

（三）管理政策终结时间成本的有效路径

首先，充分认识到政策终结的必然性。政策终结不代表将社会问题置之不理，一项公共政策的终结必然是历史与现实交融的产物。当经济不断向前发展，社会朝着新阶段迈进时，不合时宜的政策必将要退出历史的舞台，否则不仅不会解决社会问题，反而会引发不必要的利益纠纷与社会矛盾。由于旧的身份证拥有身份证所载信息少、制作材料普通、制作工艺简单、制作周期长、防伪性差、检验单一等缺点，而随着科技的进步、社会的发展，种种新科技的出现，在一定程度上能够克服一代身份证为人民生活所带来的种种不便。所以，提高人们的认识，能够有效地缩短更换的时间，从而降低在时间内的时间成本。及时终结过时的公共政策，不仅能够大大减少资源的浪费，同时也能够使资源得到合理优化的配置。以最少的资源使用率达到预期最大的效益。通过宣传政策终结的目的、意义以及预期所能达到的效果，是激发人们主动积极支持该政策终结的有效途径。如果人们能够了解到终结该政策能够既满足社会利益又对自身的利益有益时，他们就会发挥自身最大的主观能动性，积极参与到政策终结的行动中来。其次，就政府工作人员而言，面对一项旧政策终结，他们往往要承担比往日更繁重的工作，而一些行政人员存在惰性心理，不愿从事更多的工作，这是妨碍树立政策终结观念的一种无形力量。在此心理的作用下，行政人员往往会贻误工作完成的期限，造成不必要的时间和成本浪费。所以，在政府机构中应该引入竞争机制，增加工作人员的责任意识。适时地将行政人员的工作效率、创新能力以及对待新事物的适应能力等作为个人绩效考核的一个方面。中国作为一个人口大国，二代身份证的更换难度是显而易见的，而目前有些行政人员在困难面前畏畏缩缩,消极怠工,这大大影响到身份证更换的速率。同时,造成大量的人力、物力资源的浪费,导致高时间成本。在终结一代身份证,启用二代身份证的政策上,政府应该制定一个明确的流程计划书,清晰地规定出,每个时间节点的任务。这样就可以大大地节约时间,不会引起不必要的时间浪费。

五、计划经济体制的终结

(一)计划经济体制建立的必然性

从中华人民共和国成立初到十一届三中全会的胜利召开,在经济领域内我国实行的是计划经济体制。这种体制的建立与实行是有着历史必然性的。1949年中华人民共和国成立,中国政府和中国共产党面对的是一个经济残败的新政权,所以经济上主要的工作是恢复生产力,毛泽东提出了过渡时期的总路线。到1953年为止,我国的经济发展是将计划与市场结合,进行社会主义改造,具体说来是要逐步实现社会主义工业化,实现国家对农业、手工业和资本主义工商业的社会主义改造。根据过渡时期总路线的要求,到1956年基本完成了社会主义改造,就经济领域而言,国家的行政指令成为管理与发展的主要要求,在生产与消费领域里,计划管理成为主要手段。由此,计划经济体制建立。其建立的历史必然性主要由以下二个方面构成:一是公有制为基础的经济体制影响。在传统的经济理论中,社会主义经济是以公有制为基础,如何从根本上夯实公有制的基础,必然要求建立计划经济体制。二是中国的经济基础决定。经过多年的战争,中国国内的经济水平发展落后,在取得了抗日战争和国内战争胜利后,政局逐步得到稳定,国内百姓迫切希望改变自己落后的生活环境和生活水平。但是在国际方面,美国不承认中国的独立地位,并对中国进行一系列的制裁与封锁。在国内外形势如此严峻的情况下,中国政府决定集中资源优势,加快国内的经济建设与国防力量。

将计划经济作为管理与发展社会经济生活的形式,以此来调动广大群众的生产积极性,于是高度集中的计划经济体制就应运而生。在面对内忧外患的历史环境下,计划经济体制在一定程度上发展了中国的经济,巩固了新生政权的稳定。由于计划经济体系是将优势资源集中起来,以计划作为行政指令,所以在有效的集中物质后,建立了比较完整的工业化体系,基本满足了人们的生活需要。严格的计划经济体系能够公平分配,避免两极分化的可能。并且当工业体系建立起来,军事发展便有了基础,国防实力也随之得到增强,维护了国家的主权和领土完整。所以,在中华人民共和国成立初期的计划经济体制发挥了很大的作用。但是随着经济的发展,社会生活的丰富,计划经济的弊端逐渐显露。首先,计划经济阻碍了经济的向前发展。当行政指令成为社会经济发展的手段后,就不存在竞争意识。而竞争机制和责任机制又是推动社会发展的手段。政府内部森严的等级计划规定导致了官僚集权主义的产生,平均主义导致工作积极性的减退,干与不干一个样,干多干少一个样的社会现状,使得经济发展遭遇到重重阻力,经济的发展开始出现停滞。其次,社会危机的潜伏。计划经济体制下,商品的价格不是根据市场而是以行政的方式规定,必然导致价格扭曲与僵化的现象出现。同时,生产的数量也是由行政的方式规定,社会上必然出现供求不平衡的现象。加上行政失误,所有权的高度集中,政治危机和经济危机同时存在,给社会带来严重后果,"文化大革命"就是最突出的例子。最后,影响了个人利益的实现。在计划经济体制下实行的是平均主义,社会成员平等地拥有社会财产,从而否定了个人利益。

(二)市场经济体制建立的必然性

当计划经济的弊端逐渐显露出来后,便出现了计划经济体制与市场经济体制的争论。随着党的十一届三中全会的召开,中国的计划经济体制落下大幕,市场经济体制开始登上历史舞台。改革始于安徽省凤阳县小岗村,开始实行家庭联产承包责任制的生产经营方式,在这种生产方式的作用下,农村经济得到了突飞猛进的发展。而后,经济体制改革全面展开。此次经济体制改革的主要任务和方向是,确定了商品经济与社会主义具有内在的统一性,改革要不断地释放企业活力,增加创新能力,发展商品经济,完善市场体系。从高度集中的计划经济体制改为以计划经济为主,市场调节为辅的经济体系。在农村经济体制改革进行得如火如荼的时候,城市也展开了企业改革,国有企业实行承包责任制,企业内部实行厂长负责制,注重企业内部的经营管理。经济体制改革一方面促进了社会经济的发展,为社会注入了新的生机与活力,另一方面仍存在着与旧体制的碰撞。一部分人认为,市场经济属于资本主义国家东西,我们应该摒弃而不是学习,发展市场经济就是资产阶级自由化的表现。在这种情况下,市场经济发展受到了严重的影响,计划经济又被提到了首位。

从1990—1991年底,中央多次召开会议深入探讨经济体制问题,并通过国家领导人与经济学家的讨论,反驳了改革无用论,澄清了市场经济的重要作用,使得改革继续朝着正确的轨道行驶。从党的十一届三中全会到南方谈话前,中国的经济体制改革经历了曲折的发展道路,虽然没有彻底改变计划经济体制,但指令性计划的范围已经大大缩小,市场的作用在逐步扩大,市场化改革的趋势已不可逆转。1992年10月,中共十四大正式提出:"我国经济体制改革的目标是建立社会主义市场经济体制,使市场在社会主义国家宏观调控下对资源配置起基础性作用"。至此,计划经济正式结束,社会主义市场经济体制改革的目标终于确立。

(三)计划经济政策终结的时间成本理论分析

从计划经济向市场经济体制的转变实际上就是计划经济政策的终结,市场经济作为一种新的政策出台的过程。该政策的终结是由于其内在的缺陷导致与现实的环境存在不匹配的情况,难以进行资源的有效配置,在其发展过程当中逐渐暴露出国民经济比例失调、积累与消费比例失调以及经济效率大幅下降等问题,在这些问题的触动下,计划经济政策必然面临着终结的境地。中国经济体制的改革是一个漫长的过程,首先源自中国农村农业生产的实践,该政策终结的时间成本,主要是来自于时间的付出,漫长的改革带来了巨大的时间成本。计划经济体制的终结不同于其他具体政策的终结,它是一种经济体制的改革,涉及的领域与范围很广。这些成本的核算不仅仅是靠数学模型和公式就可以厘清的,在中国,市场经济的建立和发展是在国家的推动和主导下进行的,这是我们分析市场化进程中中国政治转变必须明确的历史前提和理论前提。虽然市场经济是符合中国社会发展规律的经济体制,但是在其实行的同时也存在着与旧体制的碰撞。随着中国经济的高速发展,国家宏观调控的不及时与不到位,导致社会中供需要求不平衡,社会投资与消费失衡,社会问题层出不穷。党的十三届三中全会提出整顿社会经济环境与经济措施的要求,在治理期间,一些计划经济的鼓吹者又重新活跃起来,这大大加大了政策终结的时间成本。到了20世纪90年代初,世界政治格局发生翻天覆地的变化,苏联解体,东欧剧变。政治环境的变化,导致一些人又开始把计划与市场的问题同社会主义意识联系起来,试图推翻市场经济的理论。在这种情况下,改革受阻,命令性的计划方式又重新占有支配的地位。随后,中央多次召开政治会议重新审视与探讨计划与市场的问题,通过国家领导人以及专业的经济学家的讨论与发言,驳斥了改革倒车理论,错误的思想重新被肃清,捍卫了改革的正确方向。由此可见,从计划经济到市场经济的变化过程并不是一帆风顺的,这就给本就消耗过长的改革时间增加了更多的时间成本。

第七章　中国公共政策制定的时间成本管理优化的基本构想

公共政策是问题与方法交织、政府与公众交融、事实与理念结合所带来的时间结果。公共政策是一个理论性的概念，其制定、评估和实施的过程都是定性分析的过程，而用时间边界来分析政策要达到的目标、政策落实所使用的工具、限定政策的意义，要求政策制定的全过程要预设实施的各个时间节点，在面对现实问题时能够在时间效用范围内有效解决。政策制定过程是一个以时间为基本单位的政治过程。在这个政治过程中，由于各方因素的影响，如信息资源占有的不均衡，各方信息交换的不对称，受政策制定者素质的影响，公众配合度低等原因限制，政策制定存在着大量的不必要的时间成本的浪费。厘清政治过程中应有时间与不必要时间，可以为理解政策制定提供一个新的、合理的解释窗口，提供政策过程微观政治分析的可能，从而为节约交易成本，改善政策制定提供依据。公共政策的主导方面需要抓住公共政策能够产生实效、保持长效的时间主线，这就要求优化时间成本的管理。

第一节　中国公共政策制定的时间成本管理优化的理念与原则

公共政策作为政府治理国家的政治工具，其行政的主体必然是代表国家意志的政府与执政党，它们在综合观察社会发展的方方面面之后，作出规范并强制性的决定，这些决定以政治性的文件为载体，由上至下传达。而当一项致力于解决社会问题的公共政策下达到最基层，被社会各个阶级所熟悉和了解后，社会公众将不仅仅只是关注于公共政策本身，而是将重点集中于，为何要出台此政策，该政策的出台会对我们产生何种影响上。从上述政治角度去分析公共政策，无疑将其框定于基本的政治方案里。但是如果将公共政策制定的全过程进行逐一分解，就会发现每一个环环相扣的步骤都是由时间的累积而存在的，换言之，实现政策的目的、解决公共问题的方法、评估政策有效性的手段,都包含着时间。政府可以被看作一个参与政治活动的个体,但是它又与公民个体存在着明显的不同之处,政府可以决定社会做与不做的事情。政府通过公共政策决定优先处理哪些事务或放弃另一些事务。在日常生活中,政府往往要处理很多事务:解决不同阶级之间利益矛盾问题;协同社会公众促进经济的繁荣发展;通过税收的手段从社会中汲取资金;保障社会中的每个公民享受平等的待遇,等等。众所周知,时间是客观存在与流动的,政府要想更有效地处理以上问题,建立服务型的高效政府,就必须深入研究公共政策中存在的"时间"问题,也只有进一步地了解时间是如何在公共政策制定中运作的,才能够令政府为公民做更多的事情。

由此可见,研究中国公共政策制定的时间成本管理势在必行,而其管理理念是基于转型期中国政府的职能转变与责任转变。现阶段我国正处于社会转型期,建立服务型政府与法治政府是我们现在政治建设的重要环节。在政府职能理性归位的基础上,我国政府必须实现法治和服务型职能的转变。在我国社会主义市场经济条件下,坚持市场在经济发展中的主体地位,是保障我国经济持续健康发展的有效手段,但是在传统的管理体制下,政府作为一个内部庞大的管理体系,在经济发展中事事过问,事事需要政府的审批与许可,不仅增加了不必要的时间成本浪费,同时也削弱了市场发展的活力。因此为了实现服务型政府的转变政府必须要做到简政放权,优化政策制定的时间管理,把为社会、为公众服务作为政府存在、运行和发展的基本目标,以此规范其权利,改善其服务态度,提高其服务质量。2015年,作为全面推进依法治国的开局之年,法治政府建设被推上了新的阶段。依法治国要求我国政府必须以法治的理念武装自己,强化法律意识与观念。在政策制定的过程中,有法可依、有法必依,能够最大程度地减少不必要的时间成本的浪费。通过法定的规范和程序制定公共政策,在通过各种协调和补偿措施,实现个体之间、社会集团之间、社会阶层之间在机会方面的公平、平等、公正。

一、合法原则

公共政策制定与执行的优劣直接影响政府管理社会情况的好坏。在我国公共政策制定属于政策行政管理的事务,那么必然要受到行政法的约束。而以时间为准绳的公共政策制定时间管理,首先必须要遵循的也是以行政法为约束的合法原则。要想进一步的了解公共政策优化时间管理的合法性原则,我们首先来阐释一下政策与法律之间的关系。一般而言,政策与法律之间存在两种相辅相成的关系。

首先,政策通过合法合理的途径转化为法律,上升为更高层次的国家意志。在政府管理国家的过程中,政策作为行政机关的管理手段与工具,一直是政府以及其公职人员工作的行为准绳。而法律与政策相比是更高层次的准则,它拥有更高的强制力与权威性。当一项政策在实施的过程中,通过层层修改与完善趋于稳定之后,政策的内容就会上升为法律。换言之,一部分行政性法律的内容来源于行政政策,并在落实法律之后,高于行政政策。

其次,政策受法律的约束。在行政法之中,旨在限制行政权力的那部分行政法,其内容当然是限制行政权力的,同时也就约束了行政机关制定政策的行为。行政机关在制定政策时,应当考虑现有法律规定。即使那些从政策转化为过去的法律,对政策的制定也具有约束性。政策内容一旦成法,就不能再随意地改变,政府也不能再出台与其相抵触的政策。

合法原则是指公共政策的时间成本管理必须符合法律的规范,在法律规定的范围内进行。第一,进行公共政策制定时间管理的主体必须是经法律授权的,也就是说行使的公权力必须是合法的,只有合法的主体进行的时间成本管理才是合理有效的。第二,行政主体制定政策要有一定的法律依据,同时提高行政效率节约行政时间成本也要依据法定的程序。由于政策制定是一项规范化的政府行政行为,其从议程设置到政策终结都有规定的程序,时间成本相对而言是较为固定的, 在政策制定之前也经过一系列缜密的计划与核算, 所以要进行时间成本的优化管理也需要在详尽周密的制度安排下得以产生。我们提出时间成本管理的最终目的是减少不必要的行政成本,提高政府的行政效率,提升政府的公信力。但是如果本末倒置,只是一味地以降低时间成本作为工作的第一目的, 那么必然会导致不计后果的现象出现。所以,要把权力关进法律的笼子里,以法律专业的角度提升时间成本的优化管理技能。反过来,如果以不正当不合法的手段缩减了政府公共政策的时间成本,那么该项公共政策一定是存在问题的,在现实生活中并不能及时有效地解决社会问题。第三,合法原则在确定行政主体享受管理行政行为的权力的同时,还应该承担相应的责任。权力与责任的统一,能够避免出现公共政策的失误。当行政主体拥有管理公共政策时间成本的权力之后,如果没有较强的思想意识与责任担当,权力就会沦为他们渎职的工具。打着优化时间成本的旗帜,为自己谋取私利。没有在法律授权的范围内或者没有采用法定的程序进行决策属于渎职行为。明确责任与义务,实现行政人员问责制,有利于促进行政主体在进行公共政策的时间成本优化时趋于合理。公共政策制定是行使公权力的行为,具有影响利益的产生、变更及消灭权利义务关系等重要作用,而公权力存在被滥用的危险(这是历史一再证明的真理),所以要降低影响、防止不公平损害的发生,行政决策必须受到法律,特别是行政法的约束。

二、合理性原则

合理性原则是在合法原则基础上的引申。合理原则的核心是对政策时间成本规划进行灵活调整。当一项公共政策从制定到实施经历了一系列的改变,其中环境因素的改变对公共政策的走向起到一定的影响作用。当主客观条件发生变化时,相应的政策必须作出积极有效的调整,在合法的范围内,具备一定的灵活性与合理性是现代公共政策的基本价值取向之一。中国公共政策制定的时间成本优化管理的合理性原则主要由三个方面组成:平等、适当性和损失补偿原则。

首先是平等公平原则。平等公平原则是指在对具体的公共政策进行时间成本的调整时,行政主体应该一视同仁,在面对任何一项公共政策时都应该同等对待。公共政策的范围很广,包括政治政策、经济政策、社会文化政策等,有些经济政策涉及大规模的资金收入,并且要解决的问题持续的时间较长,在面对这样的政策时,行政主体不应该顾虑经济的压力而放松时间成本的管理。同时公共政策的目的是为了调整不同群体不同阶层的利益矛盾,当社会利益出现分配不均时,总有一方是处于弱势地位。这时政府应该把重点放在调整利益的分配上,而有些政策的执行会带动相关企业或部门的发展,这部分群体必然希望该政策持续永久地进行下去。并且他们会通过各种渠道进入到公共政策议程设置阶段以影响政府政策行为。但是公共政策是具有周期性特征的,当公共问题已经得到解决之后,公共政策如果继续存在会造成不必要的时间成本消耗。这时不仅不利于缩小贫困差距,而且会造成贫富差距拉大的趋势,激化社会矛盾。其次是适度原则。适度原则要求行政主体在进行时间成本管理优化时既充分考虑到公共利益实现的要求，也要将相对人利益限制或让其损害降到最少。简单来说，就是在公共利益与个人利益之间找到平衡点。在优化时间成本时，最常用的办法与手段是缩短时间与减少付出的成本，但是在这里我们首先应该确定当时间成本缩短之后是否还能达到预期的目的，政策按照缩短时间的计划表实施该政策后，公共利益是否大于被损害的利益。只有当公共利益高于被损害的个人利益时，该时间成本的优化才是有效可行的。时间成本的耗费来源有很多，这就表明优化时间成本的途径也是多种多样的。举例而言，在政策工具的选择方面，政府作为政治行政机构长期以来缺乏竞争机制，这种机构会导致官僚低效率的产生，为了高效率地解决问题，在实际生活中政府往往选择强制性工具，并且不计算成本的耗费，这不仅浪费了大量的社会资源，也在一定程度上损害了社会公众的利益。适度原则要求行政主体在进行方案选择时进行分析与比较，选择成本最少、收益最大的方案实施。在时间成本的管理中，适度原则较为重要。一方面它平衡了公共利益与个人损失利益之间的关系。另一方面它也帮助促进公共政策成本与效益之间的平衡。最后是损失补偿原则。损失补偿原则顾名思义，是在进行时间成本优化管理时，对损害的公众利益进行补偿的原则。由于公共政策具有合法性与强制性，一旦实施与落实便不得随意更改，但是在一些特殊情况下，需要对时间成本进行调整时，会损害部分公众的利益，这时必须对该部分利益进行补偿。

三、效率原则

公共政策是人类在漫长的发展中，发明出来的通过集体行动来解决社会公共问题的手段。因此，只要人类有了集体行动，并运用它来解决社会公共问题，公共政策活动就出现了。从这一意义上来说，公共政策无论是其思想，还是实际操作，早已有之。价值取向是公共政策的基本属性。在公共问题发生后，如何应对处理是评判一个政府是否作为，以及行政能力是否高效的途径。而公共政策中的价值问题已经成为人们越来越重视的政策制定哲学问题。效率是公共政策的基本价值，而公共政策制定的时间管理优化最基本的原则也是效率。公共政策制定的时间管理效率所表示的是这样一种情况，政府的资源配置达到了这样一种状态，一种资源或信息的重新配置都不可能使社会问题得到更有效的解决。公共政策从议程设置到政策终结始终受到主客观因素的影响,其时间成本也随之受到影响。对于时间成本的优化而言,效率原则也可称为可行性原则。

可行性原则包括三个方面的内容:一是政治可行性。在对时间成本进行优化时,首先要得到公众的接受,减少政治风险与政治阻碍。二是经济可行性。如果只是为了减少时间成本而去通过削减必要成本的方式进行,那么必然达不到理想的效果,反而会影响公共政策实施的情况。实施时间成本优化的方案必须是能够进行的,其需要的资源与信息是能够直接获取的,在实施之后不能产生过重的经济负担。值得注意的是,效率原则通常不作为独立的形态出现,它往往伴随着公平。只有效率没有公平,不能被称之为有效率。三是技术可行性,即将政策方案付诸实施在技术上是可行的。一项政策方案只有在这些方面都具备可行性,才可能顺利出台并真正付诸实施,才有可能取得预期的效果。

四、责任原则

公共政策制定是一个循环的过程,通过将社会中的各个阶层、不同群体的需求输入政府政策系统,行政主体通过积极的协商讨论,制定出相应的解决政策再输出至社会,进而经过社会的评估。政府根据反馈的情况以及社会情况的变动制定出新的政策方案。在整个过程中政府担负着无比重要的责任。针对公共政策制定的时间管理,政府及决策主体应尽的责任与义务包括以下几个方面:确保公共政策制定的科学性;提升公共政策制定的民主化;增强公共政策制定主体的责任动力。

第一,公共政策的制定必须具有科学性,时间成本的管理也应科学合理。从我国国内发展情况来看,我国的经济发展已经进入到了新的阶段,经济发展进入新常态。我国正处于经济增长的换挡期,这对更有效地发挥市场作用提出了紧迫要求。作为经济发展的政治工具,公共政策制定与实施的质量直接影响着社会发展的规模与水平。经过多年的探索与学习,我国的经济政策已经走出了适合自己发展的新道路,手段与方法的逐渐娴熟帮助我国向经济大国稳步迈进。在这种时候,想要进一步提升我国的经济水平与能力就要寻找新途径新办法。针对公共政策而言,就要想办法减少政策制定的时间成本,争取用最少的消耗制定出针对性最强的政策,引导经济的进一步发展。具体而言,在进行时间成本优化时,政策主体应该尊重发展的客观规律,坚持实事求是的办事原则,科学的运用相关的理论知识与方法,在有效的解决社会问题的基础上减少时间成本。科学化的内涵不仅局限在手段技术与方法上,政策制定的民主化、法制化都属于科学性内容的一部分。

第二,政府有责任提高政策参与的民主化程度。我国作为人民民主专政的社会主义国家,每个公民都有权利参与到政策制定的过程中来。现阶段,随着公民意识的增强,公民对参政议政的诉求不断增强,在信息的输入与政策的输出方面都已经表现出较高的参与意识与心理,促使参与性政治文化氛围的形成。但是理念的强化不代表民主状态的改善。这时的政府需要承担起应有的义务与责任,通过建立多种透明的渠道保证公民拥有充分了解信息的权利、充分参与政治的权利。现阶段,在我国提高时间成本管理的方式与方法较为单一,并没有形成系统化的模式,这一方面的探索与研究面临的困难较多。这时政府应该敞开大门,倾听公众的意见,在合理的意见声中汲取养分。个别公众能够接触到政府工作人员,在这种情况下他们可以把自己的想法阐述给行政主体。政府官员也可以下到基层,积极主动地听取公民的意见,并将之融入时间成本优化的过程中。

第三,行政主体的责任意识与敬业精神是十分重要的,一方面政府的责任要靠政府官员的自觉性,另一方面要加大监督的力度。行政主体需要对已经制定的政策负责,需要对社会公众负责,所以必须树立责任意识。责任意识的树立需要以加强自身的综合素质为基础,只有将充足的知识储备与正确的道德观相结合,才能保证时间管理优化的水平得到提高。同时,要加强对专门性监督机构的建设,要进一步改革行政监督体制,保证专门监督机构享有少数的授权,真正具有相对独立性、权威性,否则很难形成对决策权力的刚性约束。

第二节　中国公共政策制定的时间成本管理的战略工具选择

公共政策的政策工具研究起源于西方政策学领域,当某项公共政策决策没有达到预期的目标面临着失败的境地时,行政主体开始寻找失败的原因,继而将目光放在了政策制定与执行的工具选择上。同时随着公共政策学研究的不断深入发展,该学科朝着科学化领域大踏步前进,人们开始关注政策是否能够贯彻实施的问题,这就需要通过政策工具来保证政策的有效实际性。那么,在对公共政策的时间成本管理优化也同样需要战略工具的选择。让政策的价值、目标与政策实施后想要达到的最终状态有机结合起来的手段和方法就是战略工具。对于战略工具的理解主要有以下三个方面的内容:

一是战略工具是实现公共政策时间成本优化的机制,其内涵与公共政策工具在本质上看是相同的,政策工具是指政府为了实现解决公共问题的目的,所采取的具体的实施办法与路径选择。而战略工具是为了将公共政策的时间成本优化至最佳状态,进而推动公共政策功能的实现。

二是政府节约成本,提高公信力的手段。时间成本作为政府成本的有效组成部分,影响着政府的成本支出。只有以较低的成本做出符合社会公共利益的最优政策方案才是最佳的公共政策。而公共政策是否能够有效地解决社会问题,又能够在一定程度上反映该政府的行政效率,这就要求我们政府在政策制定的过程中合理地安排资源与时间,尽可能用最低的成本制定出高效的公共政策。

三是战略工具是为实现政策目标的活动。霍格维尔夫认为:"工具是行动者采用或者潜在意义上可能采用来实现一个或者更多目标的任何东西。"①由此我们可以看出无论是对战略工具何种层面上的理解,最终我们都可以将手段性视为战略工具的基本属性。

一、基础战略:转变政府职能

政府作为社会治理的机构,承担社会发展与变革的重要责任。但是政府职能从横向与纵向来看都不是完全相同、一成不变的。不同体制不同社会形态的国家政府,其职能的重点、内容范围是不同的。同一国家在不同的发展阶段,其政府职能也是不同的。政治环境、经济因素、社会文化环境的变化都会直接或间接地影响政府职能的变迁。当我国发展进入新世纪新阶段后,构建服务型政府已经成为我国政府建设的目标,其核心就是政府职能转变。受

---

① [美]盖伊·彼得斯、弗兰斯·冯尼斯潘:《公共政策工具:对公共管理工具的评价》,顾建光译,中国人民大学出版社,2006年,第13~14页。

传统管理制度的影响,我国原有的行政职能是建立在高度集中的计划经济体制基础上,这种模式的政府治理过程的特点是政治统治管理能力太强,忽视了市场在资源配置中的基础作用。同时政企政事混乱,职能冗余重复,该管的事情无人管,该放松的事情又重复去管,导致政府的管理能力大大下降。在这个过程中,针对公共政策制定,其时间成本的消耗可以说是巨大的。成本远远超出了既得目的。因此只有转变政府职能才能实现政府系统内部资源的合理配置,才能降低时间成本的浪费。

(一)树立服务型政府的理念

服务型政府的核心理念在于"服务"二字,服务于人民与社会。具体而言就是将民主、法治、责任和以人为本作为其运行的基础价值。在公共政策制定领域中,就经济政策而言,在社会主义市场经济条件下,政府应该充分发挥市场在资源配置中的基础作用,不应该过度干预经济活动。只有尊重社会主义市场经济的客观规律,才能保证经济平稳发展与运行。就社会管理政策而言,政府应该提供更多的公共服务内容,如教育、卫生医疗、文化等社会事业。社会管理领域能够更多地体现政府服务社会的性质,近年来,随着中国综合实力的不断提高,我们的基础设施和公共服务条件得到不断的改善,但是在一些基层地区其基础设施和公共服务与城镇仍不可同日而语。只有深层次地加大对基层的公共事业建设才能在根本上提高政府的服务能力。政府应履行好社会保障服务职能,化解农村社会矛盾,促进农村社会的和谐发展。社会保障,顾名思义,即社会向社会成员提供基本生活保障,其本质在于维护社会公平进而促进社会稳定发展。因此,基层政府应整体推进农村社会保障制度的完善,同时重点做好新型农村合作医疗与新型农村社会养老保险制度进一步发展的工作。

(二)改进政府的行政方式

在政府职能转变的过程中,最具体的转变手段就是政府行政方式。随着当代行政理念与科技水平的提升,原有的层级式的管理结构已经不适应当代社会政府的发展,层次冗余只会阻碍行政效率的提高。在当今信息化的大背景下,各个政府纷纷改进自己的行政方式,推进电子政务的发展,电子政务相对传统的办公方式,不仅节省了行政成本,而且拓宽了民众参与政治的渠道。服务型政府要求我国必须改变传统的行政方式,根据我国的实际情况创新出适合我国发展的服务方式,进一步推动电子政府的建设,打造高效的法治政府。

　　(三)厘清政府职能关系

　　厘清政府与市场、政府与企业、政府与社会组织和政府内部的关系,对于公共政策时间成本的优化有着重要的意义。它关系着政府行政的有效性和可持续性。首先要加大市场在资源配置中的基础作用,让企业在市场发展中占据最主要的地位,改革行业组织和市场中介组织的管理和监督体制,使其发挥提供服务、反映诉求、规范行为的作用,形成社会管理和服务的合力。此外,中央政府应与全国人大、各级地方政府密切联系,互相合作,保持政策实行的畅通。

二、核心战略:以公众需求为导向

　　以顾客需求为导向是强调公共政策制定的时间成本优化管理要遵循民主化的原则。公共政策是为了解决社会公共问题,作为社会公共政策的代理人——政府应该把公共利益放在第一位,也就是以公众需求为导向。但是在公共政策理论中,政府作为"经济人",政府的利益与公众的利益也会存在不一致的情况。公共政策的本质是始终代表多数人的利益,但是也要表达带有普遍意义和根本意义的社会"少数人"的利益,这就难免会导致多数人与少数人,甚至多数人中的个别人、少数人与多数人的利益矛盾。作为公共权力后盾的国家暴力机器,保证这种"民主"的治理拥有不容争辩的权威性。公共政策因此有条件产生符合本时期、本时代的实际和预期的效应。政府制定的公共政策时间成本过高经常基于以下三方面原因:一是政府在政策执行前没有进行全面仔细的预测与分析,导致政策在实施后存在漏洞;二是政府作为经济人为了寻求自身利益,故意加大时间成本便于自己进行寻租;三是由于缺乏必要的信息资源与知识导致成本的增加。因此要减少政策漏洞导致的时间成本,必须在构建成本管理模型时引入智囊团,包括利益相关者和虽然利益不相关但在某一方面具有专业知识的人员,来完成价值选择和价值实现。以顾客需求为导向的公共政策制定时间成本优化管理具体包括两个方面的内容,一是政策参与,二是政策公开。政策参与是指公共政策的实施会影响一部分相关人的利益,这部分人追求自身的利益就是他们的诉求,允许这部分人以及专业人员参与政策制定的过程,提出自己的想法,表达自己的意见,并对政策形成的时间成本优化管理发挥有效作用。在政策参与的过程中首先要抵制的是形式主义,也就是在整个过程中要积极地听取意见,并将各种不同的意见进行收集从而进行分析,以便制定出最优的政策降低时间成本。政策公开是指将政策制定过程的每一个步骤与阶段所耗费的时间成本应以社会公众看得见的方式进行公布。按照现代民主与法治的基本要求,政策公开化的内容应当是全方位的。根据公开的对象不同,一般采取不同的方式。对社会公众的公开,主要有会议旁听、媒体报道、刊载、查阅、公榜、"政府上网工程"等。

三、技术战略:以大数据为依托

当今社会已经进入了大数据时代,麦肯锡研究院于2011年5月发布了《大数据:创新、竞争赫尔生产力的下一个前沿》报告,该报告中把大数据定义为:"典型数据软件的采集、储存、管理和分析等能力的数据集"[①]。牛津大学教授维克多·舍恩伯格认为:"大数据并非一个确切的概念,最初这个概念是指需要处理的信息量过大,已经超出了一般电脑在处理数据时所能使用的内存量,因此工程师们必须改进处理数据的工具。"[②]大数据时代具有数量大、数据种类繁多、速度快、真实性强等突出特点。大数据时代的到来,无疑促进了企业的进一步发展,激发企业处理数据的能力,并且也促使商业模式的转变。对于政府而言,政府占有大量的数据与资源信息,只有将大数据部署到经济、社会生活的方方面面才能体现其潜在的价值。中国政府内部的各部门近些年来已经搜集了大量的数据,数据收集的越丰富制定政策的准确性越强,但是如何利用这些数据、在什么领域合理分配数据是管理领域内面临的全新问题。

大数据时代的到来对于我国来说既是机遇也是挑战,就机遇而言,市场经济的不断繁荣发展、民主政治的发展和效率政府的建设为公共政策制定

---

①　McKinsey Global Institute. Big Data:the next frontier for innovation,competition,and Productivity[R].May,2011.

②　[英]维克多·迈尔—舍恩伯格、肯尼思·库克耶:《大数据时代》,盛杨燕、周涛译,浙江人民出版社,2013年,第8页。

提供了变革的条件。另一方面,大数据的来临要求我国政府的行政决策科学化、民主化水平应进一步提升。

（一）大数据下以数据为依托的时间成本管理

我国经济体制已经实现了从传统的计划经济向市场经济转化的过程。政府的职能从大包大揽向"有限政府"靠拢,市场的包容性与政治的民主性体现在需要有更多的利益主体进入到政策制定的过程中来。全世界范围内资源信息化融合程度的加深,导致一国不能独立存在于世界之林内,国家社会的发展不仅受到国内经济政治社会环境的影响,同时也受到国际因素的影响,随着各种因素变得复杂,需要解决的社会问题开始层出不穷。这时要想制定出高效的公共政策及缩小时间成本的耗费,仅凭行政主体的个人直觉与经验不可能建立正确的政策模式,这时就需要拥有大数据的支持。在政府向"有限政府"转变的过程中,政府已经不能直接干预市场经济的发展,而是只能以宏观调控的手段解决市场经济运行中出现的问题,在宏观层面上的调整意味着决策一旦失误将造成难以估量的损失,这时所产生的政策成本也将付之东流。数据驱动属于理性计划范畴的概念,以数据为基础的决策能够避免由行政主体确定决策问题时所带有的主观随意性。同时以数据呈现出来的问题和由此产生的解决问题的原因,具有直观透明的特点。值得注意的是,数据驱动能够起到防患于未然的作用,在决策之前,强大的数据监控可以深入到社会的各个层面,通过实时监控能够正确把握成本的花费取向,及时纠正不必要的成本浪费。这种事前监控行为,不仅节约了行政决策成本,还减少了"事后诸葛"造成的行政成本。

（二）大数据提升政府数据资源管理

政府大数据可无限使用,并且使用不受地域时间的限制,数据是根据社会因素的变更而处于持续更新状态。利用大数据进行行政管理能够大大降低统计数据的调查成本,节省政府数据管理开支。政府对各种数据的搜集与调查活动是一项庞大的系统工程,不仅耗时耗力而且有时会因为主观因素的影响而不能得到准确的数据。政府整合利用大数据能够大大降低被调查者的负担,使其免受重复调查影响。当前政府的统计调查方式较为传统,受制于时间与成本的制约,而大数据管理致力于将信息系统化,在互联网中自动记录更新,这种专业化的技术能够保证数据获取的准确性和真实性,并且易于存储。

(三)大数据加强数据管理深度

公共政策具有周期性与时效性特征，过去政府数据管理以逐级汇总为主线，数据采集、更新周期较长，无法及时反映经济现象，导致政府信息咨询功能具有时滞性。利用大数据能改变这一现状，网络实时记录和上传的信息，通过云计算和物联网等技术进行快速分析和计算，使得数据的实时分析和实时报告成为可能。鉴于数据搜集成本的限制，政府数据收集与管理主要关注关系国计民生的宏观层面。大数据由于其数据来源的广泛性与微观性，可以通过数据挖掘技术进行分析，大大拓宽政府统计指标的管理范围，内容详尽到中微观层面。

总之，利用大数据对我国公共政策的时间成本进行优化管理能够直观清晰地分析出当前我国政府政策制定中不合理的时间成本浪费，同时发展大数据也是促进政府信息资源开发利用的必然要求。当越来越多的国家政府进入大数据管理时代后，社会管理能力与水平得到了相应的提高，数据驱动的模式能够让政府为公众提供更加优质的公共服务，最大限度地实现公共利益与价值。

四、结果战略:精细化的绩效考评管理

研究政府公共政策制定时间成本的绩效考评，具有重要的意义，通过绩效考评能够及时地发现不必要的时间成本浪费原因，进而推动政府改进工作方式方法，提高效率。首先，建立精细化的绩效考评制度能够在理论制度上为行政领导人树立正确的政绩观。确立正确的理论是保障实践沿着既定轨道发展的要求。其次，绩效考评能够促进有限的资源在各部门中进行合理的分配。虽然政府占有大量的信息资源，但是拥有资源并不是政府决策的目的，如何进行合理的分配才是政策制定时间成本优化的条件。再次，绩效导向能够保证政府责任的落实。绩效导向反映了政府部门或者行政主体在行政管理中的价值趋向，逐步演变成发自内心的自律行为，同时也能够促进行政主体责任心意识的增强，督促政府责任的落实。公共政策制定的时间成本包括三方面内容，如何确定时间成本是否浪费，这就需要政府建立专业的绩效考评制度。在政府确定的绩效考评制度中要把以人为本的思想贯穿其中，着眼于民生改善，社会公共问题的解决。

(一)建立第三方评估机制

第三方评估是具有独立性与专业性的机制,他们利用自身的专业性对时间成本进行分析,能够及时发现问题,进而解决问题。引入第三方评估机制最重要的目的是为了确保公平公正,以及考评内容的准确真实。第三方评估,包括受行政机关委托的考核机构、考核专家团队、中介组织、社会组织和公众、政府部门服务对象等多种考核主体。在第三方评估机制中,最重要的一点就是要根据不同政策的性质选择不同的评估机构。如经济政策方面我们可以邀请相关的财务部门、税务部门等金融方面的专业机构进行,其工作人员拥有这方面的专业知识,能够做到优质的考评结果报告。而相对于社会服务政策而言,可以委托专业中介机构,因为中介机构处于第三方的地位,考评结果能够比较客观准确。对重点建设项目的考评可以依托专家组进行,邀请在发改、住建、审计、税务等方面的专家组成考核组,人大、纪委专人参与监督,对重点项目进行专项考核,通过这种方式可以提高考评的质量,结论有一定的权威性,考核成本也能够有所降低。第三方评估所涉及的数据是考评的关键,其来源有两个方面:一是通过实地搜集得到的一手客观数据,二是判断数据。针对数据最重要的是保证来源的客观公正,评判数据的来源也应该拓宽,不仅只包括上级领导的评判结果还应该将同级部门、下级部门的评价数据纳入其中。

(二)建立公众参与的评估机制

社会公共问题得以有效解决的重要标志是得到公众满意。因此在进行政府绩效考评的过程中,也应该将公众的评价主体地位显现出来。公众作为最基层的群众代表,他们对社会中存在的问题更具有发言权,同时政府的行政目的是公众服务,公众有权利对其工作效果进行监督和考评。现今社会中,一些地方政府公布的政府考核成绩逐年升高,但是百姓的生活却没有得到丝毫改变。究其根本,是由于绩效考核流于形式,只有将公众充分参与政府机构考核中,才能保证政府的行政理念与行政方式在正确的轨道上运行。

(三)完善考评法律制度

考评制度的建立不是最终的目的,考评制度需要建立常态化、长效化机制。同时要保证考评制度真正起到作用,明确激励惩戒制度,根据考评的结果,进行明确的赏罚制度。对公共政策制定时间成本花费较少的行政主体予以奖赏。将考评结果进行公示,让公众与政府之间信息得到及时传递,避免信息不对称现象。绩效考评结果公示之后,进行整理和分析,对缩小成本的做法予以肯定并持续进行下去。对时间成本过高的公共政策进行分析,并加以改正。

第三节　中国公共政策制定的时间成本管理的机制创新

在过去相当一段长的时间里,物资、环境、资金等因素一直是社会生活各领域竞争的资源,随着利益格局的逐步稳定,这些资源的分配格局也逐步确定下来。同时信息化发展的加快使得时间开始成为重要的资源。公共政策制定的时间成本为公共政策制定成本的重要组成部分,也是目前我国公共政策分析及政府行政管理中容易被忽视的环节,时间成本作为成本中重要的一个分支,开始受到人们越来越多的重视。时间成本管理成为新兴的热门成本研究主题,严格控制时间成本,探索时间成本管理的科学途径等具有很强的现实必要性。公共政策具有时效性、周期性的特征,在一定时间周期内公共政策能够有效地解决社会公共问题,而过了特定的周期,该公共政策就会失去效用面临终结的境地。那么在有限的周期范围内如何将时间资源合理分配,用最少的消耗制定出最高效的公共政策,便是公共政策制定的时间成本管理优化问题需要认真思考与研究的内容。在中国,不计成本的制定公共政策的现象大量存在,而对可量化的诸如会计成本、人力资源成本等的优化研究已经接近于饱和状态,对时间成本进行研究进而降低整个政策制定的成本无疑是打开了新的视角。公共政策制定是一个系统的过程,在这个过程中只有在每一个步骤中都削减时间的花费,那么整体的效率才会随之提高,与此同时时间成本随之降低。每一项公共政策的制定都不是完美无缺的,它总是要根据内外部环境的变化,不断调整自身的政策设置,从而不断地充实、完善已经制定的政策,使最终实施的政策具有科学性与可行性。因此,公共政策制定的高效与时间成本的优化是公共政策制定在制定过程中地位的必然要求。所以尝试探究时间成本的计量方法并针对性地作出相应的提升策略,对规范我国公共政策实践,提高我国公共政策制定的效率,具有十分重要的现实意义。

一、建立科学民主的决策机制

建立完善的决策机制核心是要合理分配决策的权力，实现决策机构设置的科学化和法制化，并坚持行政决策的程序化。合理分配决策的权力就是要将权力的使用、权力的归属进行合理的分配。同时要将权利与义务相统一，有权则有责。在行政主体中间牢牢树立权责一致的思想。在进行公共政策制定时间成本优化管理之前，将权力按不同的需求进行合理分配。权力只有被安排到合理的归宿里才能得到正确的运用，这时时间成本才会降到最低。实现决策机构设置的科学化和法定化。决策机构设置科学合理，运行顺畅，将对决策进行的时间成本优化具有积极的推进作用。实现公共政策决策的程序化。一项蕴涵了正义性、合法性、科学性的行政决策，需要科学的决策程序为依托，决策失误时的责任追究更有赖于严格、规范的程序回溯。实现行政决策的程序化，就是按照行政决策的内在规律，将行政决策过程划分为若干阶段，在相互衔接的程序中，每一程序都有人负责，在程序的每一个关口都有人从技术、经济、社会的角度进行决策分析，这在某种程度上可以避免传统决策方式一个人说了算可能带来的弊端，使决策建立在科学、事实的基础之上。另一方面，程序化决策有一套比较科学的决策方法，这套方法对每一个决策者都具有较强的约束力，有利于提升决策者的责任心，也为消极责任的追究提供依据，促使行政决策中政府责任的落实。依据所采用的决策技术，公共政策的制定一般包括如下程序：①发现问题。②确定目标。③价值准则。④拟制方案。⑤分析评估。⑥方案选择。⑦试验证实。⑧普遍实施。

科学民主的决策机制，简单来说就是保证公民在时间成本优化管理过程中，能够及时提供真实有效的信息资源。在社会核心价值观的指导下，公民自身参与公共政策的制定与管理中来，不仅能够帮助时间成本进行有效的调整，而且也是促进政治民主化进程的有力手段。首先政府应该为公众提供合理的参与政治的平台。具体来说，政府应该从两方面着手，一是行政主体改变自身的旧观念旧思想。中国作为一个有着悠久历史的国家，长期以来封建君主专制思想长期禁锢了公民的生活，唯命是从是公民的行为准则。中华人民共和国的建立使得民主思想深入人心，原有的统治思想被打破，民主意识的觉醒使得公民不再满足于被动地听从指挥，而是要求拥有自己的权利与政府进行平等的对话,积极参与公共政策制定的全过程中。这时,行政主体应该摒弃自己高高在上的工作方式,深入基层倾听公众的心声与意愿。将以人为本的执政理念牢记于心,只有将百姓放在心中,百姓才会将我们举过头顶。二是作为公民,要提高自身的素质与政治觉悟。公民的受教育程度越高所掌握的知识就越丰富,在进行参政议政时能够给出的对策与意见也就越科学有效,对政策决策的影响力也就越大。综上所述,建立科学民主的决策机制,需要政府与公众双方的共同努力,政府有责任提高公民的参与程度,为其提供透明便利的参政议政途径,同时完善制度、法律给予充分的程序保障。作为公民也应该提高自身的素质,积极地参与决策的管理中来。将政府的工作与公民的参与结合在一起,才能保证时间成本的管理得到根本优化。

二、建立合理标准的管理机制

　　建立合理标准的管理机制是指将行政体制从封闭向公开、透明转变。政府在进行公共政策制定时,要将制定的全过程进行公开、透明化处理,方便群众及时了解信息。这么做一方面可以提高政府运作的透明度,增加政府的办事公信力。另一方面能够避免信息的不对称,减少由于公民的政治阻力带来的时间成本。公共政策属于政府向社会输出的公共服务内容,从其本质的角度来说也应该是面向全社会的。政务公开、政情公开是政府履行公共服务职能的有效保证。公共政策解决的是公众的社会问题,建立公开透明的制度,能够将政府的工作置于阳光下,放在公众的监督之下进行。在建设现代开放社会条件下,各类社会组织在社会事务中有着政府不可替代的重要作用,成为社会治理结构变革的中坚力量。强调政府公共服务中的公开和透明,就是要打破传统体制下政府对公共事务的垄断,以鼓励和支持各类社会组织参与社会事务,并且发挥其重要作用。目前在我国,公共政策制定的程序化建设还不够完善,一些科学的程序尚未建立起来,没有科学合理的程序就会导致政策制定成本的大大增加。比如对于危机处理,需要在危机的情况下及时地制定出最有效的政策,这里面的核心是及时,这时如果按照程序化的政策制定步骤进行,必然能够在资源信息条件有限的情况下,制定出及时、正确、高效的政策,同时保证时间成本达到最小。建立合理标准的管理机制还包括建立健全适应责任主体的政府责任体系。行政主体如果不依法行政，则必须承担相应的法律责任，只有以法律的准绳要求他们的行为，才能真正成为高效廉政的政府。

三、建立规范高效的运行机制

建立规范高效的运行机制是保证公共政策制定时间成本最少，公共政策最有效的重要手段。本书根据时间成本的运行规律和特点，及我国公共政策制定的具体情况构建了时间成本管理制度的体系。从宏观角度来看，该体系由正式制度和非正式制度两方面内容构成。正式制度就是我们在日常生活中遇到的有明确的法律规则条文规定的，如法律法规、规章制度等。而非正式制度的主体内容是人们道德层次方面的内容，没有具体的条文规定，是一种人们约定俗成的伦理道德。正式制度与非正式制度从不同的角度对时间成本进行优化管理，两者相辅相成、缺一不可。从专业化技术的角度制定的正式制度能够将不合理的管理方法与技术甄别出来，从而进行整改，尽快建立和完善时间成本法律法规体系，促使我国公共政策制定的时间成本优化管理有法可依。非正式制度要求行政主体树立时间成本的意识和概念，掌握管理的方式方法，从源头做起，尽可能地从公共政策制定的各个方面降低时间成本。长期以来，区别于企业营利的性质，政府作为服务社会的政治组织，对成本的研究不够深入。可以说为了努力解决社会问题，舍得花费一切资源与信息。但是随着精简政府、服务政府概念的提出，成本尤其是时间成本概念开始得到了各方人士的重视。因此必须将时间成本管理的概念切实地贯彻到每一个行政主体中去。让每一位参与政策制定的人员充分认识到时间成本的重要意义，在具体的政策制定过程中要合理地安排时间与资源的配置问题，尽可能地利用有限的资源创造出有效的公共政策，压缩时间成本。有了时间成本管理的意识之后，行政主体要切实提高自身的综合素质。政府的行政工作需要与时俱进，最重要的是行政主体的素质要不断的提高，学会新方式新方法，解决纷繁复杂的社会问题。公共政策制定的能力、政策评估的判断能力、政策终结的决断能力等，都是制约时间成本的关键因素，所以为了保证公共政策制定的时间资源和其他物质资源得到最优利用，行政人员必须不断地加强自身能力的建设。（见图7-1）

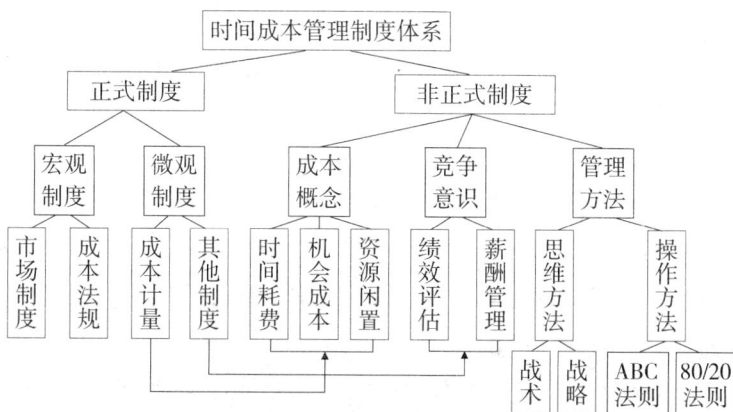

图7-1　公共政策制定的时间成本管理制度体系结构图

科学合理地制定程序也是运行机制构建的重要组成部分。就我国目前公共政策制定的过程来看，我们可以从两个方面进行完善：一是信息资源的收集以及分析程序，二是专业咨询程序。与此同时，在现有的咨询机构的基础上，建立和完善咨询系统，拓宽咨询系统的准入渠道。可以让民间的有识之士与专家参与政策制定的过程中来，鼓励民众多参与。针对公共问题的特殊性，可以将咨询系统划分成专业和非专业的两个部分。专业的咨询系统主要由专家智囊团构成，提供专业化的意见与建议。非专业咨询系统由普通的公众组成，主要是提供最基础的信息与情况，让政府充分了解基层的真实情况，以便制定出最具针对性的公共政策。

建立一套标准的专业化的成本统计及考核指标，一方面可以对政府的行政人员起到警示的作用，约束行政人员的行为。另一方面能够认真地统计出成本的去向，找到不合理的成本存在并加以改进。与成本统计考核指标体系相配套的是责任的确定和追究机制，只有明确了责任才能真正形成有效的约束机制。①

四、建立严密完善的监督机制

政府行政人员具有的责任感与道德意识在公共政策制定过程中是十分

———————

① 参见宋林霖、柳雪莲：《我国公共政策制定的时间成本管理探析》，《中国行政管理》，2010年9月1日。

重要的,但是政府责任的实现不能仅靠工作人员的自觉性,同时要建立多种渠道的监督途径。鉴于公共政策在行政管理中的地位和作用及其本身的专业化和复杂性,必须"加强对权力的制约和监督。建立结构合理、配置科学、程序严密、制约有效的权力运行机制,从决策和执行等环节加强对权力的监督,保证把人民赋予的权力真正用来为人民谋利益"。加大专门性监督机构的建设,为了保证监督的客观公正,一般选择与公共政策制定无关的人员作为监督的主体,但是这种方式同样面临一个严重的问题,由于缺乏专业知识的指导,监督无法进入专业的领域,这样会产生问题的决策、腐败与失误,依法明确规定政策制定监督的权限、方式、程序范围等,切实保障公共政策制定监督主体的法定监督权依法实施和落实。其次,加强对公共政策制定监督主体的法律保护,提高对其的资助和奖励,以提高其监督的积极性、主动性。最后,加强公共政策制定监督的政务公开,使监督主体全面及时地了解信息,从而降低监督成本,保障其有序参与政策制定过程,督促政策制定主体及时有效地依法制定政策,减少时间浪费,切实降低时间成本。所以要加强对专门监督人员的岗前培训,提高他们的专业素质与思想觉悟。

公共政策具有政治性和公共性,而公共政策制定的时间成本从这两个方面制约着公共政策产生的效用。这就要求我们从实际出发,尊重客观规律,充分利用有限的时间资源,积极推进公共政策发挥应有的作用。时间作为单向性的资源是有限并不可逆的,在公共政策制定的过程中要牢记这一特征,才能尽可能地缩短时间成本。如农业领域的公共政策要按照农业活动的节气时令,即农业生产的时间规律。遵循时间规律,其主导方面需要把握时间的节奏和严控施行的时间边界,防止出现因循守旧和急躁冒进的极端化倾向。随着经济社会的不断发展,我们党面临许多前所未有的新情况、新问题、新挑战,需要我们不断加强学习提高执政水平和为人民服务的本领。政策制定是关乎国家大计、民生福祉的大事,是我们党和政府的重要职能之一。因此政策制定必须遵循客观规律,把握科学原则,真正体现立党为公、执政为民的根本宗旨。

参考文献

中文文献

1. ［美］阿伦·利普哈特:《民主的模式——36个国家的政府形式和政府绩效》,陈崎译,北京大学出版社,2006年。

2. ［美］埃莉诺·奥斯特罗姆:《公共事物的治理之道》,毛寿龙译,生活·读书·新知三联书店,2000年。

3. ［美］埃莉诺·奥斯特罗姆:《制度激励与可持续发展》,谢明、陈幽泓、任睿译,上海三联书店,2000年。

4. ［美］安德森:《公共政策制定》,谢明等译,中国人民大学出版社,2009年。

5. ［英］安东尼·吉登斯:《资本主义与现代社会理论》,郭中华、潘华凌译,上海译文出版社,2007年。

6. ［美］B. 盖伊·彼得斯:《政府未来的治理模式》,吴爱明、夏宏图译,中国人民大学出版社,2001年。

7. ［美］保罗·A. 萨巴蒂尔:《政策过程理论》,彭宗超译,生活·读书·新知三联书店,2004年。

8. ［美］鲍姆加特纳、琼斯:《美国政治中的议程与不稳定性》,曹堂哲、文雅译,北京大学出版社,2011年。

9. ［英］伯尔基:《马克思主义的起源》,伍庆、王文扬译,华东师范大学出版社,2007年。

10. ［法］柏格森:《时间与自由意志》,吴士栋译,商务印书馆,1958年。

11. 陈振明:《政策科学》,中国人民大学出版社,1998年。

12. 崔松:《时间成本研究》,中国社会科学出版社,2011年。

13. ［美］戴维·奥斯本、特德·盖布勒:《改革政府》,上海译文出版社,

1996年。

14. ［美］戴维·伊斯顿：《政治结构分析》，王浦劬译，北京大学出版社，2016年。

15. ［美］戴伊：《理解公共政策》，谢明译，中国人民大学出版社，2011年。

16. 范绍庆：《公共政策终结：启动、执行和关闭问题研究》，中国社会科学出版社，2015年。

17. ［美］弗兰克·费希尔：《公共政策评估》，吴爱明、李平等译，中国人民大学出版社，2003年。

18. ［美］弗雷德里克·詹姆逊：《时间的种子》，王逢振译，江苏教育出版社，2006年。

19. ［德］海德格尔：《存在与时间》，陈嘉映、王庆译，生活·读书·新知三联书店，2006年。

20. 何萍：《马克思主义哲学史教程》，人民出版社，2009年。

21. ［德］黑格尔：《历史哲学》，王造时译，上海书店出版社，1999年。

22. ［英］怀特海：《过程与实在》，周邦宪译，贵州人民出版社，2006年。

23. 黄萃：《政策文献量化研究》，科学出版社，2016年。

24. ［法］吉尔·利波维茨基、［加］塞巴斯蒂安·夏尔著：《超级现代时间》，谢强译，中国人民大学出版社，2005年。

25. 蒋忠波：《网络议程设置的实证研究》，中国社会科学出版社，2015年。

26. 金太军：《公共政策执行梗阻与消解》，广东人民出版社，2005年。

27. ［德］卡尔·洛维特：《从黑格尔到尼采》，李秋零译，生活·读书·新知三联书店，2006年。

28. ［美］卡尔·帕顿、［美］大卫·沙维奇：《政策分析和规划的初步方法》，孙兰芝、胡启生译，华夏出版社，2001年。

29. ［美］拉雷·N. 格斯顿：《公共政策的制定》，朱子文译，重庆出版社，2001年。

30. ［美］莱斯特·M. 萨拉蒙：《政府工具：新治理指南》，肖娜等译，北京大学出版社，2016年。

31. 李晓轩：《基于证据的政策制定：中英比较研究》，科学出版社，2016年。

32. 李志军：《国外公共政策评估手册与范本选编》，中国发展出版社，2014年。

33. 李志军：《重大公共政策评估理论方法与实践》，中国发展出版社，2013年。

34. 刘大椿：《科学哲学》，人民出版社，1998年。

35. 刘熙瑞：《公共管理中的决策与执行》，中共中央党校出版社，2003年。

36. [法]路易·阿尔都塞：《保卫马克思》，顾良译，商务印书馆，2006年。

37. [美]麦库姆斯：《议程设置大众媒介与舆论》，北京大学出版社，2010年。

38. [英]米切尔·黑尧：《现代国家的政策过程》，赵成根译，中国青年出版社，2004年。

39. 宁骚：《公共政策学》，高等教育出版社，2003年。

40. [美]欧阳莹之：《复杂系统理论基础》，田宝国、周亚、樊瑛译，上海科技教育出版社，2002年。

41. [美]琼斯：《再思民主政治中的决策制定》，李丹阳译，北京大学出版社，2010年。

42. 冉冉：《中国地方环境政治：政策与执行之间的距离》，中央编译出版社，2015年。

43. [英]史蒂芬·霍金、罗杰·彭罗斯：《时空本性》，杜欣欣、吴忠超译，湖南科学技术出版社，1996年。

44. 陶德麟、汪信砚：《马克思主义哲学的当代论域》，人民出版社，2005年。

45. [美]托马斯·R. 戴伊：《理解公共政策》，彭勃等译，华夏出版社，2004年。

46. 汪天文：《社会时间研究》，中国社会科学出版社，2004年。

47. 汪天文：《时间理解论》，人民出版社，2008年。

48. 王海棻：《古汉语时间范畴词典》，安徽教育出版社，2005年。

49. 王绍光、樊鹏：《中国式共识型决策》，中国人民大学出版社，2013年。

50. [美]威廉·N. 邓恩：《公共政策分析导论》，谢明等译，中国人民大学出版社，2002年。

51. 吴国盛：《时间的观念》，中国社会科学出版社，1996年。

52. 吴晓明、王德峰：《马克思的哲学革命及其当代意义》，人民出版社，2005年。

53. [法]西尔维娅·阿加辛斯基：《时间的摆渡者》，吴云凤译，中信出版社，2003年。

54. 谢炜：《中国公共政策执行中的利益关系研究》，学林出版社，2009年。

55. 杨河：《时间概念史研究》，北京大学出版社，1998年。

56. 姚华：《政策执行与行动者的策略》，北京大学出版社，2010年。

57. 叶敏:《政策执行:权力运作与社会过程(皖南X区的新农村建设2006—2013)》,广西师范大学出版社,2015年。

58. [美]约翰·W. 金登:《议程、备选方案与公共政策》,丁煌、方兴译,中国人民大学出版社,2004年。

59. 张国庆:《现代公共政策导论》,北京大学出版社,1997年。

60. 张为杰:《分权治理、地方政府偏好与公共政策执行机制研究》,中国社会科学出版社,2016年。

61. 赵德余:《权利、危机与公共政策:一个比较政治的视角》,生活·读书·新知三联书店,2014年。

62. 赵德余:《政策模拟与实验》,上海人民出版社,2015年。

63. 朱光磊:《当代中国政府过程(第三版)》,天津人民出版社,2008年。

64. 陈姣娥、王国华:《网络时代政策议程设置机制研究》,《中国行政管理》,2013年第1期。

65. 陈绍芳、王春福:《论公共政策效能的衰减机制》,《浙江社会科学》,2012年第3期。

66. 陈振明:《寻求政策科学发展的新突破——中国公共政策学研究三十年的回顾与展望》,《中国行政管理》,2012年第4期。

67. 邓剑伟:《社会管理政策的多源流分析:议程、方案与机制》,《东北大学学报》(社会科学版),2013年第3期。

68. 邓晓芒:《马克思论"存在与时间"》,《哲学动态》,2000年第6期。

69. 丁煌:《我国现阶段政策执行阻滞及其防治对策的制度分析》,《政治学研究》,2002年第1期。

70. 堵琴囡、唐贤兴:《找回时间:一项新的公共政策研究议程》,《公共行政评论》,2016年第2期。

71. 恩里科·博尔盖托、庞诗、杨阳:《作为序列的立法过程:通过序列分析探索意大利立法的时间轨迹》,《国际行政科学评论》(中文版),2015年第1期。

72. 冯静、杨志云:《利益视角下的公共政策过程分析》,《中国行政管理》,2009年第1期。

73. 傅雨飞:《公共政策量化分析:研究范式转换的动因和价值》,《中国行政管理》,2015年第8期。

74. 高兴武:《公共政策评估:体系与过程》,《中国行政管理》,2008年第2期。

75. 龚虹波：《执行结构—政策执行—执行结果——一个分析中国公共政策执行的理论框架》，《社会科学》，2008年第3期。

76. 郭凤林、严洁：《网络议程设置与政治参与：基于一项调查实验》，《清华大学学报》（哲学社会科学版），2016年第4期。

77. 韩志明：《利益表达、资源动员与议程设置——对于"闹大"现象的描述性分析》，《公共管理学报》，2012年第2期。

78. 何翔舟、韩斌：《中国政府成本测度与治理：行政支出视角》，《中国行政管理》，2009年第7期。

79. 何翔舟：《中国行政管理成本问题实证研究》，《政治学研究》，2007年第2期。

80. 贺东航、孔繁斌：《公共政策执行的中国经验》，《中国社会科学》，2011年第5期。

81. 胡伟、石凯：《理解公共政策："政策网络"的途径》，《上海交通大学学报》（哲学社会科学版），2006年第4期。

82. 胡业飞、崔杨杨：《模糊政策的政策执行研究——以中国社会化养老政策为例》，《公共管理学报》，2015年第2期。

83. 黄璜：《互联网+、国家治理与公共政策》，《电子政务》，2015年第7期。

84. 黄俊辉、徐自强：《校车安全条例（草案）的政策议程分析——基于多源流模型的视角》，《公共管理学报》，2012年第3期。

85. 蒋俊杰：《焦点事件冲击下我国公共政策的间断式变迁》，《上海行政学院学报》，2015第2期。

86. 克劳斯·H. 戈茨、李欣、陈叶盛、崔玲：《欧盟委员会的时间与权力》，《国际行政科学评论》（中文版），2015年第1期。

87. 邝艳华、叶林、张俊：《政策议程与媒体议程关系研究——基于1982至2006年农业政策和媒体报道的实证分析》，《公共管理学报》，2015年第4期。

88. 李建华：《公共政策程序正义及其价值》，《中国社会科学》，2009年第1期。

89. 李瑞昌：《中国公共政策实施中的"政策空传"现象研究》，《公共行政评论》，2012年第3期。

90. 迈克尔·浩特、M. 罗密西、鄞益奋：《政策子系统框架和政策改变：政策过程的后实证分析》，《国家行政学院学报》，2005年第1期。

91. 毛寿龙：《西方公共政策的理论发展之路及其对本土化研究的启示》，《江苏社会科学》，2004年第1期。

92. 米加宁、王启新：《面向对象的公共政策分析方法》，《公共管理学报》，2009年第1期。

93. 宁骚：《中国公共政策为什么成功？——基于中国经验的政策过程模型构建与阐释》，《新视野》，2012年第1期。

94. Richard Balme、Cornelia Woll、李婷：《从议程设置到弹性：适应欧洲的法国政策决策》，《公共管理评论》，2009年第10期。

95. 尚杰：《时间概念的历史与被叙述的时间》，《浙江学刊》，2006年第3期。

96. 孙宇：《政府信息公开、公共政策议程和参与型治理》，《中国行政管理》，2009年第2期。

97. 唐贤兴、堵琴囡：《时间中的公共政策制定：一个概念化的分析框架》，《复旦学报》（社会科学版），2015年第6期。

98. 王彩波、丁建彪：《社会公平视角下公共政策有效性的路径选择——关于公共政策效能的一种理论诠释》，《吉林大学社会科学学报》，2012年第2期。

99. 王建容、王建军：《公共政策制定中公民参与的形式及其选择维度》，《探索》，2012年第1期。

100. 王茂福、李平菊：《中国城镇就业政策的形成与演变：1949—2008——基于"渐进主义模式"的分析》，《广西社会科学》，2014年第3期。

101. 王浦劬、赖先进：《中国公共政策扩散的模式与机制分析》，《北京大学学报》（哲学社会科学版），2013年第6期。

102. 王绍光：《中国公共政策议程设置的模式》，《中国社会科学》，2006年第5期。

103. 王锡锌、章永乐：《专家、大众与知识的运用——行政规则制定过程的一个分析框架》，《中国社会科学》，2003年第3期。

104. 王新明、王中伟：《领导者更迭与政策行为短期化及其约束机制探析》，《领导科学》，2013年第19期。

105. 温美荣：《论公共政策失范问题的发生机理与治理之道》，《中国行政管理》，2014年第12期。

106. 文宏：《间段均衡理论与中国公共政策的演进逻辑——兰州出租车政策（1982—2012）的变迁考察》，《公共管理学报》，2014年第2期。

107. 徐湘林：《公共政策研究基本问题与方法探讨》，《新视野》，2003年第6期。

108. 徐湘林：《面向21世纪的中国政策科学》，《北京大学学报》（哲学社会科学版），2000年第4期。

109. 徐湘林：《"三农"问题困扰下的中国乡村治理》，《战略与管理》，2003年第4期。

110. 徐湘林：《政治特性、效率误区与发展空间——非政府组织的现实主义理性审视》，《公共管理学报》，2005年第3期。

111. 徐湘林：《中国的转型危机与国家治理：历史比较的视角》，《复旦政治学评论》，2011年第10期。

112. 徐湘林：《中国政策科学的理论困境及其本土化出路》，《公共管理学报》，2004年第1期。

113. 薛澜、陈玲：《中国公共政策过程的研究：西方学者的视角及其启示》，《中国行政管理》，2005年第7期。

114. 薛澜、林泽梁：《公共政策过程的三种视角及其对中国政策研究的启示》，《中国行政管理》，2013年第5期。

115. 薛澜、朱旭峰：《中国思想库的社会职能——以政策过程为中心的改革之路》，《管理世界》，2009第4期。

116. 薛澜：《智库热的冷思考：破解中国特色智库发展之道》，《中国行政管理》，2014年第5期。

117. 薛立强、杨书文：《论政策执行的"断裂带"及其作用机制——以"节能家电补贴推广政策"为例》，《公共管理学报》，2016年第1期。

118. 严强：《公共政策分析的实质、特点和内容》，《南京社会科学》，2010年第1期。

119. 严强：《国家治理现代化要求下的公共政策分析创新》，《天津行政学院学报》，2014年第2期。

120. 张康之：《公共政策过程中科学与价值的统一》，《江苏社会科学》，2001年第6期。

121. 张璋、张忠潮、刘晨晖：《我国公共政策存在的问题与对策——基于环境保护视角》，《改革与战略》，2012年第2期。

122. 赵德余：《公共政策科学的谱系与图景：一个医学的隐喻》，《学海》，

2016年第3期。

123. 赵德余：《政策科学研究缘何进展缓慢？——兼评王绍光和张秀兰等有关政策研究的若干文献》，《社会科学》，2010年第9期。

124. 郑克强、张蓉：《公共政策制定过程中的公众参与分析——基于系统动力学视域》，《南昌大学学报》（人文社会科学版），2012年第1期。

125. 郑萍、薛冰：《网络公共舆论的形成机理及其影响政策制定的途径》，《中国行政管理》，2009年第1期。

126. 周超、林丽丽：《从证明到解释：政策科学的民主回归》，《学术研究》，2005年第1期。

127. 周建国：《公共政策评估多元模式的困境及其解决的哲学思考》，《中国行政管理》，2012年第2期。

128. 周晓中：《公共政策的"时间"问题》，《中共中央党校学报》，2012年第2期。

129. 周雪光、练宏：《政府内部上下级部门间谈判的一个分析模型——以环境政策实施为例》，《中国社会科学》，2011年第5期。

130. 朱春：《公共政策新陈代谢的逻辑及实现机制》，《行政论坛》，2012年第2期。

131. 朱光磊、张志红：《"职责同构"批判》，《北京大学学报》（哲学社会科学版），2005年第1期。

132. 朱慧涛、王辉：《行政成本概念鉴辨与重构》，《中国行政管理》，2008年第1期。

133. 朱旭峰、田君：《知识与中国公共政策的议程设置：一个实证研究》，《中国行政管理》，2008年第6期。

134. 朱旭峰：《政策决策转型与精英优势》，《社会学研究》，2008第2期。

135. 朱旭峰：《中国政策精英群体的社会资本：基于结构主义视角的分析》，《社会学研究》，2006年第4期。

136. 朱亚鹏：《网络社会下中国公共政策议程设定模式的转型——基于"肝胆相照"论坛的分析》，《中山大学学报》（社会科学版），2010年第5期。

137. 竺乾威：《地方政府的政策执行行为分析：以"拉闸限电"为例》，《西安交通大学学报》（社会科学版），2012年第2期。

英文文献

1. Adrian Kay. Path dependency and the CAP. *Journal of European Public Policy.* 2003(3).

2. Berthold Rittberger. Impatient legislators and new issue-dimensions:a critique of the Garrett-Tsebelis standard version'of legislative politics. *Journal of European Public Policy.* 2000(4).

3. Carsten Daugbjerg. Sequencing in public policy:the evolution of the CAP over a decade. *Journal of European Public Policy.* 2009(3).

4. David Kline. Positive feedback,lock-in,and environmental policy. *Policy Sciences.* 2001(1).

5. Garry D. Brewer. The policy sciences emerge:To nurture and structure a discipline. *Policy Sciences.* 1974(3).

6. Graham Avery. Uses of time in the EU's enlargement process. *Journal of European Public Policy.* 2009(2).

7. Gus Koehler. Time,Complex Systems,and Public Policy:A Theoretical Foundation for Adaptive Policy Making. Nonlinear Dynamics,*Psychology,and Life Sciences.* 2003(1).

8. Jacobs,Alan M. The Politics of When:Redistribution,Investment and Policy Making for the Long Term. *British Journal of Political Science.* 2008(2).

9. Kathleen Thelen. Historical Institutionalism in Comparative Politics. *Annual Review of Political Science.* 1999.

10. Kenneth Dyson. The evolving times capes of European economic governance:contesting and using time. *Journal of European Public Policy.* 2009(2).

11. Klaus H. Goetz,Jan-Hinrik Meyer-Sahling. Political time in the EU: dimensions,perspectives,theories. *Journal of European Public Policy.* 2009(2).

12. Klaus H. Goetz. A Questionof Time:R esponsive and Responsible Democratic Politics. *West European Politics.* 2014(2).

13. Klaus H. Goetz. How does the EU tick? Five propositions on political time. *Journal of European Public Policy.* 2009(2).

14. Klaus Mittenzwei, David S. Bullock, Klaus Salhofer. Towards a theory of policy timing. *Australian Journal of Agricultural and Resource Economics.* 2012(4).

15. Lanny W. Martin. The Government Agenda in Parliamentary Democracies. American. *Journal of Political Science.* 2004(3).

16. Laszlo Kovats. Do elections set the pace? A quantitative assessment of the timing of European legislation. *Journal of European Public Policy.* 2009(2).

17. Luc Tholoniat. The temporal constitution of the European Commission: a timely investigation. *Journal of European Public Policy.* 2009(2).

18. Michael Howlett. From the 'old' to the 'new' policy design: design thinking beyond markets and collaborative governance. *Policy Sciences.* 2014(3).

19. Paul Pierson. Increasing Returns, Path Dependence, and the Study of Politics. *American Political Science Review.* 2000(2).

20. Paul Pierson. When Effect Becomes Cause: Policy Feedback and Political Change. *World Politics.* 1993(4).

21. Paul Donnelly, JohnHogan. Understanding Policy Change Using a Critical Junctures Theory in Comparative Context: The Cases of Ireland and Sweden. *Policy Studies Journal.* 2012(2).

22. Peter A. Hall, Rosemary C. R. Taylor. Political Science and the Three New Institutionalisms. *Political Studies.* 2006(5).

后 记

现如今,中国面临着越来越复杂的社会环境,国际交流不断增强、生态环境与人口数量变化,这些不确定的因素导致社会问题层出不穷。中国政府如何利用政治权力、公共资源和各种手段来化解这些难题就成为这一问题的关键。而政府所采用的手段具体在社会中体现为公共政策。一个国家和地区能否制定出合理科学的公共政策,直接决定了社会的发展形势。

在这个背景下,进行公共政策研究就成为一个重大任务。各国学者纷纷创立了公共政策学科,从不同角度解释和介绍了公共政策学相关的概念、判断和模式。但是很少有研究成果将时间成本与公共政策联系在一起。研究公共政策的时间成本可以提高政府的工作效率,减少不必要的资源浪费。对公共政策的时间成本的分析及管理建立在公共政策理论和执行相关理论的基础上,公共政策执行理论包含行为上的研究、组织上的研究和决策上的研究,在行动理论、组织理论和博弈理论等各种有代表性的研究基础上,时间成本从政策时间执行和与时间相关成本的角度进行研究,为政策执行和政府行为提供新的管理方向,拓展和革新公共政策中时间成本的理论,开辟新的视角。目前,对时间成本的研究并没有形成完整的理论体系。时间成本是由时间管理延伸出来的,而时间管理一直注重时间的分配和时间规划,主张对时间使用者进行管理,但是却缺乏有力的时间价值证明,而引入成本,用成本衡量时间,"将成本管理理念引入时间控制",可以"完善时间成本的内涵和成本管理方式"[①]。同时将时间管理、时间成本与政策执行结合,相互融合补充,为公共政策执行提供更有效的管理手段。

任何研究都是站在"巨人的肩膀"上。在本书创作的过程中,学术界前辈的著述给了我许多的启迪。对他们的思想和观点,多有参考、吸收和借鉴,有

---

① 邢界旭:《浅析战略管理会计中的时间管理》,《商业经济》,2005年第3期。

的在文中注明,有的列在文末参考书目中,在此深表谢意,如有疏漏之处还请见谅。

最后,感谢天津师范大学政治文化与政治文明建设研究院、政治与行政学院对本书出版的资助,感谢天津人民出版社王康、王倩等同志的辛勤工作和大力帮助!

宋林霖

2016年1月

政治文化与政治文明书系书目